集人文社科之思　刊专业学术之声

集 刊 名：湘学研究

主　　办：湖南省湘学研究院

XIANG RESEARCH 2019 Vol.2 (Issue 14)

学术顾问

张岂之　西北大学中国思想文化研究所教授　　　陈　来　清华大学国学研究院教授

张海鹏　中国社会科学院近代史研究所研究员　　　肖永明　湖南大学岳麓书院教授

方克立　中国社会科学院研究生院教授　　　　　　李　捷　《求是》杂志社原社长

杨念群　中国人民大学清史研究所教授　　　　　　王立新　深圳大学文学院教授

杨胜群　原中共中央文献研究室常务副主任　　　　王澧华　上海师范大学对外汉语学院教授

编辑委员会

主　　任　王伟光

副 主 任　路建平　许又声

委　　员　王伟光　路建平　许又声　方克立　张海鹏

　　　　　刘建武　朱有志　唐浩明　贺培育　刘云波

　　　　　王继平　朱汉民　李育民　李跃龙　杨念群

　　　　　曹　新　李　斌　郭　钦　周建刚　王安中

主　　编　刘建武

执行主编　贺培育

副 主 编　李　斌

编辑部主任　毛　健

编辑部成员　李　斌　毛　健　马延炜　李　超　张　衢

联系电话　0731-84219566

电子邮箱　xiangxueyj@163.com

通信地址　湖南省长沙市德雅村湖南省社会科学院《湘学研究》编辑部

2019年第2辑（总第14辑）

集刊序列号：PIJ-2018-358

中国集刊网：www.jikan.com.cn

集刊投约稿平台：www.iedol.cn

研湘
究学

湖南省湘学研究院　主办

XIANG RESEARCH
2019 Vol.2 (Issue 14)

2019 年
（总第14辑） 2

社会科学文献出版社
SOCIAL SCIENCES ACADEMIC PRESS (CHINA)

目录

岳麓书院门联解读*

李跃龙**

摘　要：岳麓书院是中国古代四大书院之一，它的四言门联"惟楚有材，于斯为盛"也声名远播。但该楹联的来源却模糊不清，造成大多数人士对它的误读。本文爬梳剔抉，正本清源，从《左传·襄公二十六年》的"虽楚有材"起，至清嘉庆年间袁名曜任岳麓书院山长撰挂门联止，旁征博引，呈现出历时两千多年的成语楹联转承的传奇之旅，也从楹联学和荆楚文化视角分析解读该联，充分展示了湖湘人文和楹联的文化魅力。

关键词："惟楚有材"　阳春书院　岳麓书院

不论到未到过长沙，熟不熟悉湖南，对于悬挂在岳麓书院大门两侧的四言联"惟楚有材，于斯为盛"都不会太陌生。说到湖南，一般会联想到岳麓书院；说到岳麓书院，自然会首先想起这副对联。甚至可以这样说，即使没有去过岳麓书院，外省人士说到湖南，也常会提及这副对联。它已成为长沙和湖南的一张亮丽名片，所以，就它的知名度和影响力而言，将它推为湖南第一联，估计反对的人也不会很多。

但是，这副仅八个字的四言联是怎么得来的？为什么这样有名？何人所撰？我们应该如何正确理解和诠释？它蕴藏了湖湘文化的哪些底色？还有哪些问题有歧义并未真正弄明白？这些谜题依然需要探求和解答。

一　对门联的误读

对"于斯为盛"的理解没有歧义，关键在于对"惟楚有材"的解读。

---

　*　本文为"湖湘文化名言100句"系列研究之一。

　**　李跃龙，湖南省文史研究馆研究员、副馆长。

大家都认为"惟楚有材"这句话表明湖南人口气大。"惟"者，唯一也，只有也。认为只有湖南才有人才，只有湖南才出人才。这样表述完全不合逻辑，是显而易见的常识错误。

事实上，把"惟楚有材"联理解成湖南人口气大，是一种误读。"惟楚有材"的"惟"是文言助词，只起发语词作用，没有"唯一""只有"的意思。这副对联的本意就是说，岳麓书院培养了一大批人才，又以现在最为兴盛。一句平平常常的联语，被解读成如今的含义，对联的作者一定始料未及。但岳麓书院门联的出名，也恰恰是因为人们对它的误读。没有这种误读，它就不会有今天的知名度。

当前湖湘文化的研究在走向深入的同时，经过网络舆论的渲染，也存在一种简单化的倾向。在概括湖南人群体性格心理和湖湘文化特质时，经常能看到"吃得苦、霸得蛮、扎硬寨、打死仗"（也有说成"打硬仗""打呆仗"的）这一类表述，不少研究者也如数家珍，还上升到了十二字精神、十二字优良传统的层面。① 这样表述湖湘文化是肤浅的，也是不符合事实的。湖湘文化作为偏重政治和偏重军事的文化形态，它具有爱国主义、忧患意识、敢为人先的主旋律，具有重实践、经世致用的优良学风，更具有奋斗和牺牲精神。仅用"扎硬寨、打死仗""不信邪、不怕死"的精神是无法解释"无湘不成军"这种现象的。曾、左、彭、胡所领导的湘军，打出的旗号首先是"卫道"，他们优良的后勤保障、丰厚的物质待遇、先进的武器装备、平时刻苦的军事训练，与顽强的作风一起，构成湘军强大战斗力的有力保障。宣传和弘扬湖湘文化，既要正本清源，纠正误读，又要深入研究，防止简单化。

二 上联并非出自《左传》

集句联仅仅是一种文字游戏，讲求语言浑成，另出新意。梁启超在《痛苦中的小玩意儿》中说，"诗句被人集得稀烂了"②，于是他拿起《宋六

---

① 《提振湖南精气神，撸起袖子加油干——"吃得苦霸得蛮扎硬寨打硬仗"建设富饶美丽幸福新湖南研讨会观点荟萃》，《湖南日报》2017 年 1 月 7 日。
② 《饮冰室文集》卷四十五上《诗话》。

十家词》和《四印斋词》，选宋元词好句子集成对联，竟然有二三百副。可见集句联作品之多，风气之盛。但我们要探讨的岳麓书院门联，它非出于诗，也不来自词，而是来源于散文。曾经有楹联学者指出这副集句联，上联出自《左传》，下联出自《论语》。目前书院史、对联著作和媒体网络资料都采用这个说法。但笔者认为，上联并非出于《左传》。因为《左传》中原文是"虽楚有材"①，而非"惟楚有材"。而且《左传》"虽楚有材，晋实用之"属于明显的贬义用词，是对楚国不重视人才、留不住人才的反常现象的直接批评，从而派生"楚材晋用"这样一个成语。文字做些微调整，则意思已完全不同，正所谓差之毫厘，谬以千里。

下联出自《论语·泰伯》中的"唐虞之际，于斯为盛"，符合集句联的规则。从楹联学的视角看，此联出句与对句在意义上和语法结构上不是相对，而是上下相承，但两句又不能互相脱离，更不能颠倒，在语言结构上有一定的先后次序，是典型的流水对。上下联脚落底字正格必须是上仄下平，但门联上联句脚"材"字却为平声，下联句脚"盛"是仄声字，属于不合规。集句联只能用原文，不好改动，这是一条原则，我们只能当成特例看待，不值得提倡，这也是集句联"作茧自缚"的地方。因为它的上下联对仗不太工整，有一部楹联学著作把它看成宽对。但细究起来，它的上联、下联自行对仗，于一句中自成对偶，比较符合自对（边对）的规则。说成宽对，有点牵强。看成自对，则更能体现出楹联创作中补工的技巧。王力先生在《汉语诗律学》中说："如果上联句中自对，则下联也只需句中自对，上联和下联之间不必求工。""甚至于上联和下联之间完全不像对仗，只要句中自对是一种工对，全联也可以认为工对了。"这也是我们不能把此联说成宽对的理由。

三 门联的由来

"惟楚有材，于斯为盛"联，丁善庆山长纂修的《岳麓书院续志》有记载，但未注明作者，相传为嘉庆时山长袁名曜和学生张中阶所作。志书编纂者共收集旷敏本讲堂长联、罗典红叶亭联等多副楹联作品。旷、罗两位

---

① 《左传·襄公二十六年》。

在乾隆时期先后出任岳麓书院山长，他们都是袁名曜的老前辈，他们的作品也都是楹联名作。但丁善庆仍将"惟楚"联排第一位，可见它的分量，他还强调"岳麓联语，佳者如林，今俱散佚。编入《楹联丛话》者惟大门：惟楚有材，于斯为盛"。查梁章钜《楹联丛话》并未录入此联，应是丁善庆的误记。这副作品后来人气特别高，广为流传，闻名遐迩，进而又成为宣传湖南最响亮的口号。

最早把"虽楚有材"变成"惟楚有材"，从目前所掌握的资料来看是在元代，方回的《送常德校赵君》已有"惟楚有材"之谓，但赵某是常德人氏还是为官"常德校"，已无法厘清。后来明代王世贞、清代朱彝尊等名家都说过这句话。其中，方濬师在《蕉轩随录》中甚至说"惟楚有材，信矣"。明初宋濂开始将《左传》"虽楚有材，晋实用之"转化为"惟楚有材，晋实用之"。宋濂的初衷，是从元初名臣耶律楚材（字晋卿）的名字来历以及他身为契丹贵族而成为蒙元重臣出发发表议论，何乔远、吴兆宜、徐炯等人跟进转述。本质上仍然是沿袭《左传》的说法。但把一个贬义词改造成褒义词，把批评语气转换成肯定语气，专门针对楚地培育人才这个主题，进而写到文章中，要归功于清顺治年间一位已经离任的湖广巡抚林天擎。顺治十四年春，新修武昌府学落成，他应邀作文以为纪念："余思惟楚有材，自昔艳羡。况我清宾兴叠诏，已多联翩而登为之前茅者矣。后之龙鹏奋，何可数量?"①林天擎以前湖广巡抚身份说出"惟楚有材"，那么这个"楚"当然是指湖北和湖南，没有歧义。

由"惟楚有材"扩充到"惟楚有材，于斯为盛"，则出自康熙四十八年安陆知府杨绿绶撰写的《创建阳春书院记》，该文共 587 个字。钟祥为郢中故地，安陆府治所在，留有楚宋玉阳春台遗址。从宣传和弘扬优秀传统文化角度看，打通文脉，激励莘莘学子见贤思齐，把新创办的书院命名为阳春书院，的确是个好创意。杨知府认为创建书院的目的，"一以仰古人，一以开后学，欲使肄业其中者，词擅《阳春》，文赓《白雪》，惟楚有材，于斯为盛"。文章第一次把"惟楚有材"和"于斯为盛"两个成语组成一个新的词组，并赋予了新的含义。

湖南使用"惟楚有材"一词，稍晚于湖广巡抚林天擎。康熙中查昇

---

① 《湖北通志》卷五十八《学校志四·贡院》。

《岳麓书院赋》中的"惟楚有材，文教兴兮；书院攸崇，萃群英兮"①，非常明确，这个"惟楚有材"指的就是岳麓书院。查昇是浙江海宁人，他的定调为后来湖南人所沿用，并且发扬光大。

嘉庆年间，袁名曜出任山长，在岳麓书院的发展史上有不少建树，比如创建濂溪祠，重修六君子堂，改建自卑亭，捐资修葺朱张渡、圣庙、文昌阁和御书楼，但最为人所共知的，却是他与学生张中阶共同创作的这一副大门楹联。第一次引散文入联、化文为联，把"惟楚有材，于斯为盛"这句话作为书院的对联。虽然一字未改，但不失为一次成功的创作。

以上我们通过检索文献，还原了岳麓书院门联形成的历史过程：由《左传》中"虽楚有材"脱胎到元代方回的"惟楚有材"，历1700余年；再由有地方官员身份的前湖广巡抚林天擎提出"惟楚有材"，历300余年；安陆知府杨绿绶将"惟楚有材"与《论语》的"于斯为盛"组合在一起，历52年；经岳麓书院袁名曜、张中阶把文章版的"惟楚有材，于斯为盛"变成对联版的"惟楚有材，于斯为盛"，又用了大约90年时间，漫漫两千余年的成语楹联转承演义，让人叹为观止。

四 "惟楚"指湖北，还是湖南？

《左传》的"虽楚有材"，指的就是历史上的楚国，既不是湖北，也不是湖南。"惟楚有材"另出新意，因为它的正面意义得到广泛认同，湖广的文人士大夫广泛运用并将其发扬光大。在使用"惟楚有材"一词的过程中，要根据具体语境来确认"楚"是哪一个"楚"。比如宋濂说的"楚材"是契丹人耶律楚材，既不是说楚国，也不是说湖南、湖北。比如杨绿绶所述"惟楚有材，于斯为盛"，具体所指的是湖广省安陆府，此时的"惟楚有材，于斯为盛"与湖南没有关系。又如康熙中后期湘潭籍名宦陈鹏年，享有清誉，苏州人曾立专祠四所，其中就有纪念他的陈公祠。据《楹联丛话》记载其祠联："洛蜀任分门，惟楚有材，增赋肯凭官似虎；河淮方夺路，如尊乃勇，拯民忍使国无鸠。"联家把"惟楚有材"这个评价送给了出生在湘潭的著名清官，说明"惟楚有材"的"楚"包括湖南。而袁名曜、张中阶化

① 《湖南通志》卷六十八《学校志七·书院一》。

文为联的"惟楚有材，于斯为盛"，虽晚于杨绿绥撰文 90 多年，我们也无法确认袁、张二人是否看到《创建阳春书院记》一文，但岳麓书院门联上的"惟楚有材，于斯为盛"指的已是岳麓书院而非阳春书院，"楚"已是湖南，而非湖北。

因为历史和文化的传承，湖北人对"惟楚有材"有一份特殊情感，尤其是武昌，并且积累为一种具有地域特色的历史文化现象。2006 年，武汉市政府将"惟楚有材"传说颁布为武汉市的非物质文化遗产。武昌贡院悬挂有"惟楚有材"匾额。"惟楚有材"还融入了地名，有楚材街、楚材巷。前辈的湖南人士是认可的。曾国藩在咸丰八年六月经水路抵达武昌，盘桓 8 天。现存武昌的"惟楚有材"匾额就是曾国藩题写的，我们可以从其六月二十八日的日记"早，写贡院匾，至午刻毕"找到佐证。湖南和湖北两省都曾经是楚国的核心地区，有很多共同的历史文化资源，应该合作而不排他，共享、共同开发而不否认对方。一个"楚材"，各自表述，在湖北即言湖北，在湖南即言湖南，这是应有的基本态度。《对联话》曾记载清代武昌两湖书院门联，"荆衡秀气、邹鲁遗风"。两湖书院为湖广总督张之洞创办，它招收的是湖南、湖北两省的优秀子弟，长沙人黄兴就是两湖书院的学生。"荆"当指荆楚湖北，"衡"则泛指南楚湖南，吴恭亨评价此联"八字包罗万有"，个中深意值得我们今天一些意见极端的人士好好学习。

五 何谓"湖南第一联"?

湖南在历史上一直是中原地区进出西南和南粤的门户与通道，起着沟通南北、连接东西的枢纽作用。因此，古今政治上、文化上有影响的重要人物基本上都到过湖南，并且留下了非常多的文化遗产。湖南又是楹联大省，要能摘得湖南第一联的桂冠，其作品从形式到内容必然要有可圈可点的硬指标方能名副其实。但文无第一，武无第二，在湖南楹联的海洋中遴选第一名，实际上没有可能。这里提出"湖南第一联"的概念，主要是从作品的知名度或者影响力来看，而不完全从楹联创作的形式和内容而言，因此它又是相对的。

安陆知府杨绿绥为阳春书院撰文，首推"惟楚有材，于斯为盛"这一组词语，袁名曜、张中阶引文成联，化平淡为传奇。这八个字本来属于阳春书院，但默默无闻，知道的人很少。袁、张二人将其改成对联悬挂于岳麓书院后，却名声大噪，无人不晓。楚人遗弓，楚人得之，不失为一段佳话。

"惟楚有材，于斯为盛"这副门联，已是推介湖南最常用的"广告词"。它凭什么知名，为什么这样有影响，乃至于区区八个字，成为"湖南第一联"？

首先，它的知名度与人们对它的误读有重要的关系。被误读后的对联，表现出张扬的个性，强烈地冲击读者的内心，它用了一种有别于传统的、逆向述事的方式，所以特别吸睛。比如岳麓书院还有很多的楹联佳制，旷敏本的长联："是非审之于己，毁誉听之于人，得失安之于数，陟岳麓峰头，朗月清风，太极悠然可会；君亲恩何以酬，民物命何以立，圣贤道何以传，登赫曦台上，衡云湘水，斯文定有攸归。"令游人驻足，流连忘返。罗典题红叶亭（今爱晚亭）联："忽讶艳红输（现在刻挂为'山径晚红舒'），五百夭桃新种得；好将丛翠点（'峡云深翠滴'），一双驯鹤待笼来。"罗典还写有"地接衡湘，大泽深山龙虎气；学宗邹鲁，礼门义路圣人心"。这些都是名作佳构。但它们都是中规中矩的正向述事，虽有手法和意境，但读者内心的感受还是不深。其次，名人加持，它蕴含了湖湘文化的氤氲底色。我们回到此联的原发地钟祥阳春书院和长沙岳麓书院。前者有钟祥名人宋玉为例，后者岳麓书院是后盾。阳春书院现已不复存在，在历史上影响也比较有限。杨绿绥心中的"惟楚有材，于斯为盛"虽然指的就是安陆府学子，但阳春书院没有达到他的期许。岳麓书院有"天下四大书院"之一的美名，特别是清代中叶以后，岳麓书院培养了一大批国家栋梁之材，科举鼎甲有彭浚、胡达源、龚承钧、曹诒孙、尹铭绶等人，状元、榜眼、探花郎，非浪得虚名；开官场经世风气之人物如陶澍、魏源、贺长龄等，无一等闲之辈；中兴将相曾国藩、胡林翼、刘长佑、郭嵩焘、曾国荃，都是岳麓书院的学生，他们的名字串在一起就是半部中国近代史。"惟楚有材，于斯为盛"这副对联所指就是岳麓书院，它也实至名归。阳春书院在这一条上与岳麓书院不属一个层级，不可比。所以"惟楚有材，于斯为盛"用于阳春书院，没有激起一丝波澜；而用之于岳麓书院，地因人显，人以文传，则拥有了巨大的传播能量，从而闻名遐迩，妇孺皆知。"相看两不厌，只有敬亭山。""我见青山多妩媚，料青山见我应如是。"从李太白到辛稼轩，说的都是同一个道理，名胜如此，文艺亦如此。最后，我们不能小觑楹联的影响力。中国的汉语之美、文字之美，最集中的表现之一就是楹联，它蕴藏了中国人的审美方式，具有思想之美、哲学之美、韵律之美和意境之美，与旧诗词相比，虽然也用典，但可文言可白话，相对开放，是传统文化中最具亲和力、认同度最高的一种文化符号，有哪一位中国人没有听说过对对子？楹联活动可以说地域不分南北，参与者年龄不分老幼。看一看书院的门联，"造化赋形，支体必双"①，八个大字，排成两行，美观醒目，朗朗上口。再看一看那篇《创建阳春书院记》，收录在金石录著作中，应该是被镌刻在石碑上。"词擅《阳春》，文赓《白雪》，惟楚有材，于斯为盛"，杨绿绥这一华丽的句子，躲在篇幅比较长的文章中，没有被读者重视。同样一句话，同样的八个字，内容没有变，但形式上发生了变化，我们可以认为，楹联的表现方式似乎更具有传播力，人们也更加易于接受。

　　不改一字，尽得风流。袁名曜、张中阶化文为联，我们不能看成是一次简单的重复，更不能说成抄袭，而应当看作一次再创作的过程，是一次按照对仗和格律规则重新进行的艺术创作。诗联有相似之处，但也有很多不一样的要求，比如楹联既讲对仗又讲平仄，不是所有的诗词名句都能化诗为联。我们可以举几个反面事例来说明化诗文为楹联的不易，切不可等闲视之。如岳阳楼的大门，引明魏允贞"洞庭天下水，岳阳天下楼。谁为天下士？饮酒楼上头"一诗的前两句作楹联，它就不符联律，不能当成对联，但至今还在悬挂。君山岛公园也曾把元代诗人许壬"水环千里萃万景，天下奇观唯君山"作为大门楹联刻挂，因为遭到楹联界专业人士诟病而撤下。古人创作的诗并非都是格律诗，大量古风、乐府民歌一类，不讲究对仗，也不计较平仄格式，如"水环千里"两句，上句四连仄（仄平平仄仄仄仄），下句五连平（平仄平平平平平），上下联也构不成对仗关系，作对联用就很不合适。虽然一般认为，对联是由骈文和律诗派生出来的，但事实上，骈文名句中可以作为楹联用的也不多，五言、七言律诗中仅三、四、五、六句即颔联、颈联可以入联，其他的均应根据具体情况谨慎使用。岳麓书院大门"惟楚"联是由散文到韵文，引用古人散文入联比较成功而又声名远播的为数不多的几例之一。目前，引用古人诗文改作对联悬挂但不

---

① 《文心雕龙·丽辞》。

合联律的现象，在国内其他风景名胜区仍然存在，有识之士应以为鉴。

由"虽楚有材"到"惟楚有材"，由"惟楚有材"到"惟楚有材，于斯为盛"，是一次又一次的创作过程。再由文章版的"惟楚有材，于斯为盛"到对联版的"惟楚有材，于斯为盛"，更是一次升华。岳麓书院的名气成就了这副对联，反过来，这副对联又广泛宣传了岳麓书院，乃至宣传了湖南。从鲁襄公二十六年算起，到清嘉庆年间，历两千多年的悠久岁月，岳麓书院门联的形成是一次汉字的传奇之旅，它彰显了湖湘文化的持久魅力。

六　门联的书写

与这副楹联的创作一样，它的书写同样尚需做进一步探讨。岳麓书院这一副门联从悬挂的第一天起就没有署名作者和书写者，亦无上款。文献不足征，为今天厘清书写人信息徒添了难度。

楹联的书写从初始到悬挂，约定成俗，是有规可循的。但从目前来看，要素不齐，书写不规范已是一种普遍现象，表现在很多的楹联类著作中，或者在名胜风景区的楹联刻挂上。目前流传一种说法，"惟楚有材"门联8个字是集欧阳询帖而成。因为欧阳询居唐人楷书第一，欧颜柳赵四大家之首，又是长沙人，门联在无人题写的情况下，集欧阳询帖是顺理成章的。但笔者不认同这种意见，理由如下。首先，欧字结构紧密内敛，笔画之间的距离大致相等，极具规范性，在楷书家中这一点他遵守得最好[1]，他之后如颜真卿、柳公权等书家扩大了笔画之间的间距。门联书者用笔凝重，字体略丰腴，而欧楷字形狭长，笔画略为偏瘦，两者差别十分明显。其次，以欧阳询《九成宫醴泉铭》帖检索比对，缺"楚""材"二字。以另外六个字体对照便知并非集字。其中，欧帖中有9个"于"（於）字，偏旁均写成"才"字旁，而无一处写成"方"字旁。在欧阳询的另一件名帖《皇甫诞碑》中，也有10个"于"字，其中正文中9个"于"字均写成"才"字旁。还有一个"于"字是碑文作者于志宁的姓名，"于"字写成"干钩于"。目前我所见欧阳询字帖，尚未发现一处是方字偏旁的繁体"于"字。

---

[1] 笔者与中南大学余德泉教授、湖南省文史研究馆谭秉炎馆员的切磋讨论。

而门联"于"字的偏旁写的却是"方"，这是非集欧字的铁证。最后，古人以毛笔为基本书写工具，写一手好字是读书人的初步训练，会写字的人多，题匾写联往往一蹴而就，举手之劳，乃友朋之间儒雅应酬的常态。招牌匾联使用集字，是现代人的习惯而非古人的做派。而以岳麓书院的人才之盛，所培育的名宦名家如过江之鲫，不缺书联的人选，根本用不着去集前人的字应景。要搞清楚这副对联究竟何人书写，仍需进一步探索。

《铜官感旧图》上的“援溺”公案

王澧华*

摘　要：长沙城外靖港铜官渚为曾国藩兵败投水、章寿麟援溺救主旧址，时隔二十余年，章寿麟绘《铜官感旧图》并作《自记》一篇，并征请李元度、陈士杰、左宗棠、王闿运等见证人作文题诗。在他去世后，其子章同、章华广邀权贵与诗友作文题诗，于宣统二年（1910）石印出版《铜官感旧集》四卷。今题跋手迹重现，李元度文作“援溺”者三见，石印本挖补为“感旧”，意在照顾曾氏情面。作为“援溺事件”的间接当事人与直接见证者，李氏不仅首次披露了曾国藩投水前后的若干重要事实与细节，而且率先提出的“援一人以援天下”说、“不言禄禄亦不及”说，成为后续题跋的争论焦点，直接引发了后续题跋的命笔走向。章氏作图征文，事态发展乃不能自主，形成一桩“援溺施报”的公案，或为抱屈，或为辩白，或为道德虚誉，其间立论取舍、异同是非，超出且偏离了章寿麟作图感旧的本意。

关键词：《铜官感旧图》　曾国藩　章寿麟　李元度　援溺

清咸丰四年（1854）四月，守孝开缺回籍的前礼部侍郎曾国藩（1811～1872），奉旨统帅湖南团练追击太平军，救援湖北失地。适逢太平军南下，曾国藩分兵迎击，自率新军出战长沙城六十里外的靖港镇铜官山，兵败溃散，曾国藩投水自殉，被幕中佐杂章寿麟（1835～1887）奋身救出，逃回省城。九年后，曾国藩指挥湘军攻克太平天国京城天京，受封一等侯爵，同治十一年（1872）以武英殿大学士卒于两江总督任内。光绪二年（1876）秋，章寿麟从江南回湘，路过铜官山，触景伤情，感怀旧事，绘《铜官感旧图》并作《自记》一篇。

---

* 王澧华，文学博士，上海师范大学对外汉语学院教授。

此后十余年间，章寿麟先后征请李元度、陈士杰、左宗棠、王闿运等见证人作文题诗。在他去世后，其子章同、章华广邀权贵与诗友，或作文，或题诗，积久共得 106 篇，于宣统二年（1910）以长沙盎山旧馆的名义，石印出版《铜官感旧集》四卷，章同、章华各作《跋》一篇。该本曾数次翻印，计有《近代中国史料丛刊》初编本《铜官感旧集》（台湾文海出版社，1969）、《中华历史人物别传集》之《铜官感旧集》（线装书局，2003）与袁慧光标点本《铜官感旧图题咏册校订》（岳麓书社，2010）。

章寿麟手绘原图早已不存，在石印四卷本之后，章氏兄弟又续邀名流百余人，作画作文，题诗填词，直至 1931 年，但未再出版。2012 年，岳麓书社据藏家原本出版八卷本《铜官感旧图题咏册》，仍由袁慧光标点，共计189 篇，收入大型丛书《湖湘文库》。

中国台湾学者柯秉芳最早发现并著文指出，此前各种翻印本中，李元度《题铜官感旧图》在 2012 年八卷本中，"其题名不称'感旧图'而称'援溺图'"。① 笔者在读其初稿时得知此一疑点，经与各本逐一比对，确认八卷本中的李文，不仅题目写作"援溺图"，而且正文还有两处"援溺图"，可在其他各本中，皆为"感旧图"，而且章寿麟的手书自记，题目就是《铜官感旧图自记》。

为什么章同兄弟石印本作"感旧"，而章氏家藏本作"援溺"？李元度手迹，到底是"援溺"，还是"感旧"？此一变动，谁人所改？为何要改？章寿麟是否作有"援溺图"？诸多疑点，如何解释？

三十多年前，笔者从台版《近代中国史料丛刊》得见《铜官感旧集》，并据此写有短文，近年因整理出版李元度《天岳山馆文钞》并搜访遗佚，故对此一集外文重为考订，② 并将《铜官感旧集》逐一细读。而李文几为众矢之的，焦点在于其"援一人以援天下"说，以及随之而来的"不言禄禄亦不及"说。

---

① 柯秉芳：《一官落寞画平生——论〈铜官感旧图〉题咏与章寿麟沉浮晚清的宦途得失》，台湾《汉学研究》2018 年第 3 期。

② 《天岳山馆文钞》李元度光绪四年自编，光绪六年刊行，《题铜官援溺图》作于光绪七年，故未及收入。

一 《铜官感旧图》题咏手迹重现，
李元度题记三作"援溺"

（一）"援溺"为李文之真，"感旧"当为章氏兄弟石印之前拼集挖补

岳麓书社《湖湘文库》版《铜官感旧图题咏册》，前有熊治祁（《湖湘文库》编委会副主任）序言，称"多亏章氏后人，将所有诗文原稿完好无损地保存了下来。2008 年，长沙谭国斌兴兰堂艺术陈列馆从嘉德拍卖公司购得全部原件。①《湖湘文库》编委会邀请多名字画鉴定专家三次鉴定，一致认为确系真迹无疑。这次出版的《题咏册》，即是据原件缩小后影印成书的。虽然补收了宣统二年以后题写的诗文，但这次仍以原书名之"。②

为此，2017 年夏，笔者借友人之介，偕数位文博专家专访谭国斌现代艺术馆，得其慷慨出示原本，细心审读，全程录像。在场者一致认为，此三处"援溺"，题目 1 处，正文 2 处，确无挖补迹象，当为李元度手书原样。由此推定，如果此"从章氏后人传出转卖"（谭国斌先生见告）不能证其为伪，则宣统石印本之李文三处"感旧"字样，便需要接受质疑与检验。但经过比对审验，我们得出另一结论：石印本三处"感旧"，审其笔迹，与李元度其他手迹高度近似；从通篇行文走笔与行数字数校验，完全排除了李元度书写两遍的可能性。至此，初步认定，石印本当系人为拼集挖改。

稍后，笔者反复审视李文手迹本，又察觉石印本若干疑迹，为此，笔者特意持此二本就教于书法家、篆刻家林公武先生。林先生认定，"援溺"走笔确实较"感旧"与上下文更为连贯，如手迹本首句"铜官援溺图"，"溺"字末笔与"图"字首笔一笔相连，浑然一体，而石印本则有不易察觉的波折；石印本三处"感旧"，"感"字皆有草书笔意，而"旧"字则确实偏于行楷，尤其是末段"握手话旧，价人出铜官感旧图属题"，"话旧"之"旧"为连笔草书，而紧接其后的"感旧图"之"旧"，反倒笔画规整，确

---

① 该书扉页作"本书影印原件由谭国斌雅兰堂艺术陈列馆提供"。
② 章寿麟等：《铜官感旧图题咏册》，岳麓书社，2012，"前言"第 4 页。

与"图"字之草书反差较大；再看手迹本，"溺"字末笔与"图"字起笔又是一笔相连，一气呵成。林先生特别指出三点，第一，"李元度印""次青"两方印章之间，手迹本左右上下皆略有歪斜，而石印本左右高低整齐，两印上下间距，又较手迹本稍短；第二，手迹第 1 页第 7 行之"人情匈"右下角还有两个连笔小点，当为"人情匈匈"（汹汹），而石印本缺此两点，作"人情匈"，不成句；第三，末页末行之"後"字，石印本少"幺"字末笔那一"点"。他认为，这些应该都是印工处理过的痕迹。

上述疑点，应该都可作为石印本"感旧"挖补拼集之旁证。

那么，挖补者为谁？李元度应该可以排除，手迹具在，并无涂改，此其一。石印出版在李元度去世 23 年之后，此其二。改动的动机是推测改动者的逻辑依据：石印本为何要将三处"援溺"逐一改为"感旧"？究其原因，可能在于，"援溺"触目惊心，语义深长，"感旧"则温柔敦厚，大气谦和。"援溺"云者，存于家中犹可，石印公之于世，则不免刺眼，且违背章寿麟自名"感旧图"之本心。如此，则石印本将李文三处"援溺"改为"感旧"者，当是章氏兄弟。

（二）李文"援溺"说乃有意为之

李元度何以如此标新立异？

据章寿麟《铜官感旧图自记》，知其于光绪丙子秋从江南重返湖南，道经靖港，感怀旧事，爰有该图该文之作。而据李元度《题铜官援溺图》，则章、李二人"握手话旧"也正在"光绪丙子"，"价人出《铜官援溺图》属题"。由此可见，李元度确实是章寿麟最早征求题咏者之一。但李元度当时客游南京，[1] 故"诺之而未及为"，五年后，章寿麟丁忧回籍，李元度这才"补书其简首"，落款时间是"时辛巳长至后三日"，即光绪七年十一月冬至后。[2]

据章寿麟之子章同、章华兄弟所编印之《铜官感旧集》，应章寿麟之求而题图者共 7 位，依次为李元度、薛时雨、陈士杰、左宗棠、梁肇煌、卞宝

---

[1] 沈葆桢于光绪二年八月调任两江总督，李元度于当年冬自湘造访（沈葆桢与李元度于咸丰六、七年间共同防守江西广信，约为儿女亲家，作伐者为曾国藩）。

[2] 夏至、冬至皆为日长至。据薛时雨光绪八年《铜官感旧图叙》称"客秋君以忧归"，则李文之"长至"不可能是夏至，故定此文作于十一月冬至后三日。

第与王闿运。章同之跋明言"第其年月，以定先后"，① 今查李、薛、陈、左、卞文各有落款年月，分别为光绪七年冬、光绪八年春、光绪九年春、光绪九年秋。② 再证以李文之所明言"书其简首"，则李元度不仅是章寿麟最早索题之人，也是最早题咏之人。

究其原因，乃是章、李二人当曾国藩出战靖港之时，同居曾国藩幕府，章寿麟还是受李元度与陈士杰之密派而匿藏船尾以防不测，如此则李元度是章寿麟援溺曾国藩事件的重要当事人与见证者。章寿麟作图作记数月之后，在南京邂逅李元度，因此出图索题。从咸丰四年到光绪二年，二十多年过去，一个天涯沦落，一个身世漂泊，昔日同袍，握手话旧，当有许多感叹。李元度就这样成为章寿麟最早索题之人与最早题咏之人。

李元度此文，其首要价值在于将当年亲历亲闻的"曾国藩投水"与"章寿麟援溺"若干重要细节首次披露。

第一，曾国藩冒险出战靖港，是"独以谓贼势盛，官军必不支，惧且莫不得死所"，此说不见于他人，李元度当时与曾国藩朝夕相处，应该得之于亲身感受。太平军当时所向披靡，短短一两年间，上至总督巡抚、下至知府知县，曾国藩的座师吴文镕，亲友常大淳、江忠源、陈源兖、魏承柷等人接连丧命，曾国藩丁忧开缺，回籍守制，又奉旨出征，在责难逃，唯有死得其所。此时太平军进攻湖南，离省会仅三十公里，曾国藩一则"久置死生于度外"，二则"愤甚"，故不听李元度劝阻而"亲帅留守之水陆营进剿"。

第二，"余亟止之"，"文正不许"；"余与陈公及价人并请从行，亦不许"，"陈公固请从，峻拒之"。曾国藩不许幕府随军参战，此举见出其爱惜人才，也旁证他此出似有易水之志。

第三，曾国藩"濒行，以遗疏稿暨遗嘱二千余言密授余，曰：'我死，子以遗疏上巡抚，乞代陈，遗嘱以授弟辈。营中军械辎重，船百余艘，子且善护之。'"曾国藩战前密授遗疏与遗嘱，他书（如《曾文正公年谱》）均记作战后，且此际亲笔家书未见"二千余言"者，或者为"遗疏暨遗嘱"

① 章寿麟等：《铜官感旧图题咏册》，岳麓书社，2012，第308页。
② 梁肇煌《题铜官感旧图序》称"光绪纪元之六年……来藩江宁……识章君……今披此图"，但并不能据此推定此文作于光绪六年。据章寿麟之子章同、章华兄弟所编印之《铜官感旧图题咏册》，李文居首（李元度已明言"书其简首"），梁文已在左文（光绪九年秋）之后。

合计而言；而李文则在本文后进一步坐实，"移居城南妙高峰，再草遗属，处分后事，将以翼日自裁"。①

第四，"余与陈公谋，令价人潜往，匿后舱，备缓急，文正不知"；"贼艘直犯帅舟，矢可及"；"文正愤极投水，将没顶矣，材官傔仆力挽，文正大骂，须髯翕张，众不敢违，将释手"；"价人自后舱突出，力援以上"；"乃挟登渔艇"。既然章寿麟是受李、陈密派以防不测，曾国藩果然兵败自殉，则李元度是"援溺事件"的重要当事人与见证者。

第五，"文正笑曰：'死生盖有命哉。'""先是，曾太封翁曾书示文正曰：'章某国士，宜善视之。'且令冯公卓怀传其语"；"戊午、己未间，余数从容言及价人，文正怃然曰：'此吾患难友，岂忘之哉？'"皆为独家披露的第一手史料。

李文的第二个特别之处是，李元度率先提出了"禄不禄"、"遇不遇"与"援一人以援天下"的观点，为章寿麟鸣不平。

第一，径独称"援溺图"，不作"感旧图"，以预先密派以防不测的当事人，揭橥"援溺事件"的重要性，章寿麟可以"感旧"以见其忠厚，李元度则不吐不快："当是时，文正生死在呼吸间，间不容发，脱竟从巫咸之遗则，天下事将谁属哉？"

第二，曾父寄信称"章某国士，宜善视之"，且令曾国藩旧友冯卓怀传达指示；四五年后，李元度又几次旧事重提，为章寿麟请功，迫使曾国藩不得不承认，"此吾患难友，岂忘之哉"，以此敦促曾国藩报恩章寿麟。

第三，李元度揭示曾国藩矛盾心态："窃窥文正意，使遽显擢君，是深德君以援己，而死国之心为伪"；所以面对李元度的几次督促，曾国藩只能一脸"怃然"。

第四，质问"江宁既拔，湘军自将领以至厮养卒并真身通显，价人独浮沉牧令间垂二十年，傥所谓'不言禄，禄亦弗及'邪，抑曲突徙薪，固不得为上客邪"？

综上所述，李元度作为最早的题图者，不仅披露了具体的历史细节，

---

① 战前作奏稿、家书，此说后又见于清史馆协修奭良《题铜官感旧图书后》："夜分，草疏报阙，草家书谢父，以付李君。李啃曰：'公死矣！'陈亦呼曰："公死矣！为之奈何？"前后尚有"无辞以谢省吏""吾治兵者也，何厚于湘潭而薄于靖港哉"，且明言是"参荟诸说"，是则不仅据李文也。

而且尽可能直抒胸臆，表达真情实感，其率先提出的"援一人以援天下"与"不言禄，禄亦弗及"说，在很大程度上触发了后来题咏者的行笔走向。

二 如何评价后来题咏者的认同与质疑

（一）陈士杰的认同与左宗棠的诮责

曾国藩带兵之初，陈士杰与李元度同居曾幕，是陈、李二人合谋，密派章寿麟藏匿船舱以备缓急之需，战事的胜负与援溺救主，证明了此二人身为军幕高参的远见与谋断。李元度因为徽州失守而革职回乡，陈士杰则步步高升，他在山东巡抚任内因事路过江苏，应转徙江南的章寿麟之求，在宝应县旅途之中，匆匆写下短短四百字的题记，篇幅不及李文之半，但其立意，与李文的"援一人以援天下"之说，并无二致。

> 今事隔三十年矣，从公游者，先后均致通显，而价人犹浮沉偃蹇，未得补一官，将无遇合通塞自有数存耶？余既悲价人之坎坷不遇，且欲天下后世共知公之戡定大乱，皆由艰难困顿中而来，而价人之拯公，所关为不小也。①

陈士杰作记，后于李元度一年有余，且历任浙江、山东巡抚，与章寿麟沉沦下僚有云泥之别，但能在题记中直言"余既悲价人之坎坷不遇"，"而价人之拯公，所关为不小"，亦属难能可贵。相比之下，当年的水师神将、而今的兵部尚书彭玉麟，却在题咏者中缺席。是章寿麟未便求索，还是彭玉麟不愿应承，今已不得而知。

当曾国藩出征之际，左宗棠正在湖南巡抚幕中。曾国藩寻死不成，退还长沙城外，左宗棠连夜缒城出见，一则安慰，二则督责，也是"援溺事件"的重要见证人。光绪八年（1882），左宗棠调任两江总督，出于故人情义，先后委任章寿麟担任江苏仪征县令、海州知州、泰州知州，由此得见《铜官感旧图》，并应章寿麟之请，光绪九年亲笔写下《铜官感旧图序》。此

---

① 章寿麟等：《铜官感旧图题咏册》，岳麓书社，2012，第 26～30 页。

时左宗棠七十二岁，此文也少见地表现出对曾国藩的平允之气，称"公在朝以清直闻，及率师讨贼，规画具有条理，卒克复江东枝郡，会师金陵，歼除巨憝"，"中兴事功，彪炳世宙，天下之士，皆能言之"。① 但是，文中两处行文，却又锋棱毕露。

一曰："公不死于铜官，幸也；即死于铜官，而谓荡平东南、诛巢鼠讧，遂无望于继起者乎？殆不然矣。事有成败，命有修短，气运所由废兴也，岂由人力哉？"② 此处显然是否认时人对曾国藩的过度感激：咸丰四年死个开缺守孝的礼部侍郎，难道就没人继之而出了吗？

二曰："而论者不察，辄以公于章君不录其功，疑公之矫，不知公之一死生、齐得丧，盖有明乎其先者，而事功非所计也。论者乃以章君手援之功为最大，不言禄而禄弗及，亦奚当焉？"③ 此处两次提及的"论者"，应该就是李元度，左文的"以公于章君不录其功，疑公之矫"，訾议的就是李文的"窃窥文正意，使遽显擢君，是深德君以援己，而死国之心为伪"之说，左文的"以章君手援之功为最大，不言禄而禄弗及"，也显然是暗指李文，但是左宗棠大不以为然，驳之曰"亦奚当焉"。

（二）局外人的评判是非

陈士杰与左宗棠，对李元度的"援溺"说，一则附和，一则批评。此后数十年间，近二百篇诗文，或然或否，或出以第三说，即曾、章二人志量高远，各得其所。

第一，对李文的附和。

曾国藩昔日僚属薛时雨："论者谓东南底定，公身系焉，微君事几不可测……文正之功在天下，君之功在援文正以援天下。"④

曾国藩阅卷门生俞樾："大将一星危欲摧，有人扶起上云台。乾坤旋转皆由此，只算手援天下来。"⑤

① 章寿麟等：《铜官感旧图题咏册》，岳麓书社，2012，第 31～32 页。
② 章寿麟等：《铜官感旧图题咏册》，岳麓书社，2012，第 36～37 页。
③ 章寿麟等：《铜官感旧图题咏册》，岳麓书社，2012，第 39 页。
④ 章寿麟等：《铜官感旧图题咏册》，岳麓书社，2012，第 23、25 页。
⑤ 章寿麟等：《铜官感旧图题咏册》，岳麓书社，2012，第 7 页。

江宁布政使梁肇煌："其功尤伟,而独浮沉牧令","援一人以援天下"。①

戊午年(1918)十二月,江苏冒广生:"交情以生死见,报施以德怨殊,此常人之情而圣哲所不能易也……谓施者无望报之心,诚哉其是也;谓受人之施可不必报,不报之报乃或甚于报焉,得无陈义之过高……患难相共,富贵相忘,此而犹以文正之所为为是,吾不敢知……桐城吴先生引韩公之言,以为此儿童之见,呜呼,此岂儿童之言哉?"②

福建曾福谦:"天下溺矣文正援,文正自溺谁图存?先生能援援溺者,只手洵足回乾坤。文正声施烂天下,先生一官滞民社。援者虽无望报心,溺者莫讳酬恩寡。"③

第二,对李文的批评。

光绪十七年(1891)八月,曾国藩后期幕僚吴汝纶:"妄者至谓使文正公显擢章君,是深德君援己而死国为伪,此则韩公所谓儿童之见者矣。"此前他还在写给章同的回信中,直言"李方伯之于文正,盖不能无稍宿憾","其于尊公,则李方伯似为之发愤,亦《传》所谓'浅之乎为丈夫'矣"。④

入民国,清遗老、前军机大臣瞿鸿禨:"绵田不言禄,拟论恐未当。苛责及报牛,臆测抑又妄。春风苏草木,施受固两忘,徒持时俗见,宁识贤者量。"⑤

第三,对曾、章二人各唱赞歌。

光绪十三年(1887),湖南巡抚卞宝第:"文正不以拯己之德为公功,公也,非私也;君知中兴事业非文正公莫能任,拯文正即以拯天下,不言功,亦不望报,公也,非私也。两人度量均侗乎远矣。"⑥

光绪十七年,工部侍郎徐树铭:"章公远权,希圣者也,遇之显不显,度外置之;曾公所深知,是以优游于岁月,不亟以节钺职事相浼,成其志也,权也。"⑦

① 章寿麟等:《铜官感旧图题咏册》,岳麓书社,2012,第40、42页。
② 章寿麟等:《铜官感旧图题咏册》,岳麓书社,2012,第378~380页。
③ 章寿麟等:《铜官感旧图题咏册》,岳麓书社,2012,第476页。
④ 章寿麟等:《铜官感旧图题咏册》,岳麓书社,2012,第67~68、440、443页。丁卯六月,吴开生36年后抄录尺牍,"辛卯八月,观瀛刺史属先公题跋是图,先公初稿,大略如此,继复改定,别为一文,即册中所题是也。初稿所论,则移入尺牍中。"
⑤ 章寿麟等:《铜官感旧图题咏册》,岳麓书社,2012,第451~452页。
⑥ 章寿麟等:《铜官感旧图题咏册》,岳麓书社,2012,第46~47页。
⑦ 章寿麟等:《铜官感旧图题咏册》,岳麓书社,2012,第61页。

宣统元年（1909），监察御史胡思敬："当时，李次青、吴挚甫二先生皆未达其意……文正骤获死所，方幸息肩以趋于逸，而太守必欲坚任其劳，太守于天下信有功矣，论者并欲以此责报于文正，是妇妪箪豆之见，非太守所以自待，亦非文正相待以国士之意也。"①

第四，由李说而生发。

光绪二十二年（1896），郑孝胥："曾章今往矣，意气固同尽。时髦论纷腾，何事挟余愠。道高迹可卑，子贤身不泯。报恩浅者事，岂以律贵显。彼哉李子言，徒示丈夫浅（自注：'次青先生有"不言禄"之语。'）。"②

清末状元张謇："施有异乎？有小人之施，有大人之施……有报而后人有伦，有报而后人相仁，有报而后礼义兴，有报而后事功成……是故施而不望报，虽凡人有之矣；受人之施而不报，虽圣人不能为深高不可测之论以自殊于人。"③

（三）题咏者的直言、曲说与借题发挥

援溺有德，援溺有功，于情于理，获救者皆当尽心尽力施报。而曾国藩封侯拜相，位极人臣，章寿麟却一直处于一个"直隶州候补知府"的下僚境地，为章寿麟抱屈、对曾国藩质疑，应该是多数人都能形成的共识。对此，有人仗义执言，有人响应附和，有人曲为立说，还有人首施两端。立言各有所本，也各有所取。上述题咏者中，李元度首倡"遇不遇""禄不禄"之说，陈士杰、俞樾、薛时雨等人与之呼应，而左宗棠、吴汝纶、瞿鸿禨等人则力辩其污，卞宝第、徐树铭、胡思敬等人持"两贤两相得"之说，郑孝胥、张謇则既不同意李元度之说，又对曾国藩语含讥刺。"援溺"公案，日久愈见纷纭。

三　曾国藩如何对待章寿麟

不论是附和李文、质疑李文，还是折中调和，《铜官感旧图》的题咏者，都曾纠结于"曾国藩应该如何对待章寿麟"这一难题。在此，先说

---

① 章寿麟等：《铜官感旧图题咏册》，岳麓书社，2012，第 90～91 页。
② 章寿麟等：《铜官感旧图题咏册》，岳麓书社，2012，第 139～141 页。
③ 章寿麟等：《铜官感旧图题咏册》，岳麓书社，2012，第 77～79 页。

"应该"如何对待，再看"已经"如何对待。

（一）曾国藩"应该"如何对待章寿麟

曾国藩三任两江总督，前后几近十年。在此期间，章寿麟一直身在两江辖地，或江西知县，或安徽知州，或南京营务处，但官职级衔都不高，连个知府都没得到（该职位江苏有 9 个，安徽有 10 个，江西更有 13 个之多），更不用说道台藩臬等高级职位了。藩臬职位，江宁、江苏、安徽与江西，共 7 个，自同治三年到光绪十三年（章寿麟本年八月卒于泰州知州任内，终年 55 岁），共有王梦龄、吴棠、乔松年、万启琛、李宗羲、梅启照（以上江宁布政使）、薛焕、毛鸿宾、华日新、曾国荃、万启琛、刘郁膏、郭柏荫、丁日昌、钟秀、张兆栋、恩锡（以上江苏布政使）、张光第、贾臻、江忠濬、马新贻、英翰、张兆栋、吴坤修（以上安徽布政使）、孙长绂、文辉、刘秉璋、李文敏、彭祖贤、边宝泉、刘瑞芬、张端卿、卢士杰、李嘉乐（以上江西布政使）、宁曾纶、汤云松、陈士杰、刘郁膏、郭柏荫、刘秉璋、李鸿裔、李元华、应宝时（以上江苏按察使）、毛鸿宾、李续宜、张学醇、万启琛、马新贻、英翰、何璟、李宗羲、吴坤修、裕禄（以上安徽按察使）、张敬修、文辉、王德固、俊达、李文敏（以上江西按察使）58人次担任此省级官职。为章寿麟"一官落寞""浮沉牧令"而鸣不平者，即认为在这么多人次担任府道监司高级职位，应该有章寿麟一份。

问题是，果真如此吗？清朝官制甚为缜密，检《清史稿·选举志五》载："任官之法，文选吏部主之……吏部四司，选司掌推选，职尤要。凡满、汉入仕，有科甲、贡生、监生、荫生、议叙、杂流、捐纳、官学生、俊秀。定制由科甲及恩、拔、副、岁、优贡生、荫生出身者为正途，余为异途。"① 章寿麟既无科甲功名，又非荫生议叙，起步于从九品的"巡检"小吏，纯属"杂流"与"异途"，知府、道台则属于实缺中高级官职，品级为四品，布政使、按察使则位居二品、三品。据《清史稿·选举志五》所叙，晋升布政使、按察使需事先"开列""引见"，晋升道府还有"请旨""拣授""题授""调授""留授"等名目，选缺又有"即选""正选""插选""并选""抵选""坐选"等区分，及至启动铨选程序，还有"按格拟

---

① 《清史稿·选举志五》，中华书局，1977，第 3205 页。

注，凭签掣缺"的不确定因素。① 章寿麟出身佐杂，在清朝如此严密的官员铨选制度与严格的任命程序面前，曾国藩哪能从心所欲，而且，从他的平素为人与舆论顾忌来说，他也是难以上下其手的。

（二）曾国藩"已经"如何对待章寿麟

王闿运为章寿麟所作《清故资政大夫江苏补用知府章君墓志铭》，对此略有交代：

> （援溺救主后）君遂从军出征，叙劳累官至直隶州知州留安徽补用知府。②

本文据《曾国藩全集·奏稿》，查得曾国藩保举章寿麟记录于下。咸丰八年十月十六日，曾国藩上奏《遵保防守广丰玉山两城出力员弁折》，李元度平江营立功，摺尾"……安徽亳州义门巡检章寿麟……该弁等搴旗杀贼，屡战得力……章寿麟，请开缺以府经历县丞仍归安徽遇缺即补。"③ 十一月二十日，奉旨钦准。

按，咸丰二年六月至咸丰八年六月，曾国藩未有日记（八年再出，称"此行写有日记"）；咸丰五年至咸丰六年，曾国藩奏报颇有遗失（鄱阳湖水师战败，座船被劫），因此，章寿麟在铜官援溺之后，曾国藩与之如何交往，皆不得知。咸丰八年再出，他一反以往作风，保举从宽，刚到江西军营，便借李元度平江军防守广丰、玉山两城，保举军营内外文武员弁一百余名。身为安徽亳州义门巡检的章寿麟，④ 是否在江西广丰、玉山与平江营各"弁等搴旗杀贼，屡战得力"，不得而知，但将身为安徽亳州义门巡检的章寿麟列入李元度平江营军功保举名录，应该与李元度大有关联。

咸丰九年十月十七日，曾国藩上奏《酌保攻克景德镇浮梁县城出力员弁折》将文职人员保单穿插在武职保单，其中便有"安徽候补府经历县丞

① 《清史稿·选举志五》，中华书局，1977，第 3206～3210 页。
② 闵尔昌：《碑传集补》第 25 卷，台湾文海出版社，1973，第 19 页。
③ 《曾国藩全集·奏稿》（二），岳麓书社，1987，第 908 页。
④ 检《曾国藩全集·日记》（一），咸丰八年九月二十七日"派章寿麟监印委员"，可见"安徽亳州义门巡检"似乎只是挂名。岳麓书社，1987，第 307 页。

章寿麟，请免补本班，以知县仍归安徽补用"。① 十月二十六日内阁奉上谕，仅批准武职保奖，"其文职湖南候补知府李瀚章等一百五十一名，均着交部核议具奏"。②

按，此次保举，不仅人数众多，而且时而文职，时而武职，难怪朝廷驳回，令其核实复议。曾国藩只好拖延到次年闰三月初五日，趁着攻克太湖城池的机会，上奏辩驳，称"臣查湘勇带队打仗者，文员居多，即随营转运支应各员，遇有战阵，亦帮同守墙督队，躬冒矢石"，③ 言下之意，去年那151名文职并无冒滥，并逐一写明功绩，其中就有"安徽候补府经历县丞章寿麟，该员等干事明敏，临战坚定"，"章寿麟请免补本班，以知县仍归安徽补用"，④ 闰三月二十七日，吏部核议清单批准，章寿麟得遂其愿。章寿麟"临战坚定"，并未见诸王闿运所作墓志铭，似乎也只能看作曾国藩的溢美之词。但经过与朝廷的这番折腾，此后四年，再也不见曾国藩将章寿麟列入保单。

同治三年八月十三日，曾国藩上奏《攻克金陵陆军员弁请奖请恤摺》，称"在事文武员弁，钦奉谕旨，饬臣查明保奏"，"兹据各营开列劳绩等差，呈送请奏前来。臣复加详核，无滥无遗，相应缮具清单，仰恳天恩准照所请给奖，以示鼓励"。⑤ 其中就有"知州章寿麟着免补本班，以直隶州知州仍留安徽补用，并赏加知府衔，赏戴花翎"。⑥ 八月二十七日，内阁奉上谕，一律照准。自咸丰十年至同治三年，章寿麟在曾国藩《奏稿》与《日记》中毫无踪影，他与"攻克金陵"关系何在，如何"在事"，何处"在事"，大概只有曾国藩心中有数了。

此后，章寿麟再没有出现在曾国藩的保奏名单中。王闿运所作《墓志铭》称"安庆既复，曾公以总督开府镇焉，奏牧滁州"，"既克江宁，调缩营务。君起军中，娴于戎事，竭其罢罢，期有设施。会曾公薨，亦即引去"，⑦ 曾国藩为章寿麟奏报滁州之职，章寿麟重返曾幕，综理营务，此二

① 《曾国藩全集·奏稿》（二），岳麓书社，1987，第 1038 页。
② 《曾国藩全集·奏稿》（二），岳麓书社，1987，第 1051 页。
③ 《曾国藩全集·奏稿》（二），岳麓书社，1987，第 1069 页。
④ 《曾国藩全集·奏稿》（二），岳麓书社，1987，第 1071 页。
⑤ 《曾国藩全集·奏稿》（七），岳麓书社，1989，第 4305 页。
⑥ 《曾国藩全集·奏稿》（七），岳麓书社，1987，第 4316 页。
⑦ 闵尔昌：《碑传集补》，台湾文海出版社，1973，第 19 页。

说仅此一见。州县官员任免，虽说是布政使职权所在，但此时曾国藩以江督坐镇安庆省会，则章寿麟此一正五品的直隶州官缺，应该说与曾国藩颇有关系。何况据王闿运所作墓志铭，曾国藩还曾将此事奏报朝廷（现存曾国藩奏稿未见此举）。又据曾国藩同治四年闰五月初二日日记的附记，他曾下札委任彭嘉玉办理金陵粮台，同治六年七年，曾国藩又饬派安徽候补知府彭嘉玉帮同核查湘军历年军需款目。此人即是章寿麟舅父，当年力主出战靖港，害得曾国藩铜官投水之人。曾国藩不报答恩人章寿麟而施惠误事之彭嘉玉，想来既有难言之隐，亦是权宜之计。军功保举，须有战功。章寿麟既非带兵将领，自难下笔破格保奏。而且，当年纵身救主，主帅也非策马陷阵，而是投水自裁，正是这一点，让曾国藩不堪回首。

四　章寿麟的图文感慨与章华兄弟的广征题咏

曾国藩兵败投水，章寿麟援溺救主，22 年后，章寿麟旧地重游，挥笔作图作记，抒发"感旧"之叹。此后十余年间，他还先后向事件见证者与曾国藩朋僚近十人征文征诗，应该说，他的心情是不太平静的。

（一）章寿麟亲手绘图，非同一般

作为纵身救主的当事人，在事件过去 22 年，所救之人去世 4 年之后，章寿麟亲手绘图，传示世人，意义很不寻常。绘画可以逼真再现特定的山川人物，章寿麟此图中所画何物，今人已经无法得见。因为据章寿麟的长子章同在宣统二年为石印《铜官感旧集》所作之跋，已经宣称"原图遗亡"，故请"姜、林两君为之补续"。问题是，章寿麟当时是这样画的吗？也许不一定，他画的更可能是当年的战场。这一推断，首先来自李元度的题记，还有王闿运的日记。

李元度不仅自书题目"《题铜官援溺图》"，而且开篇就说"《铜官援溺图》者，吾友章价人太守之所追缋"，结尾再次强调"价人出《铜官援溺图》属题"。揆以情理，为人题图，不大可能不知其名，更不大可能故意变易其名。因此，李元度三作"援溺图"，如果不是依据章图之原名，那就很有可能是依据章图之画面，即章图所画，并非事后之感怀，而是当日之援溺。

王闿运题诗,末行作"价人仁兄寄示《铜官感旧图》,率题长句,闿运并书",由此可见,章图之名,确为"感旧"而非"援溺"。此诗后以《铜官行,寄章寿麟,题感旧图》之题收入《湘绮楼诗》第十一卷,该卷作年,起于庚辰,止于癸未,即光绪六年至光绪九年。寻检《湘绮楼日记》,在光绪八年七月七日,得见"题《铜官手援图》,记靖港事,文颇慷慨"之记载。① 也就是说,王闿运看到的章图,图名为"感旧",但画面应该有"援溺",否则他不会凭空写作"《铜官手援图》"。1914年,清亡三年,王闿运在北京再次题图,仍有"援手","当时一暝"等句。②

再者,证以章寿麟《铜官感旧图自记》,篇末"舟中望铜官山,山川无恙","惟时秋风乍鸣,水波林壑尚隐隐作战斗声,仿佛公之灵爽呼叱其际","故为兹图而记之,以见公非偶然而生,即不能忽然而死"等语,③ 也部分隐含图中的战场救护画面。

此外,还有若干题句的明示与暗示,如俞樾的题诗:"大将一星危欲摧,有人扶起上云台。乾坤旋转皆由此,只算手援天下来。"④ 马绳章的题跋:"此图有可注意者二:一以著文正徇国之忠,气机所感,动而弗止,有激励万类、扶植人纪之功;一以见章公处文正之正,守经达权,引而致之于道,有及身不遇、功在天下之量。"⑤ 卞宝第的题记,"拯文正"凡四见,"拯"字且八见;傅云龙的题跋,更有"后之人""如见价人掖文正于港风怒鸣时"之语。⑥

如果是这样,那么,如何评价章寿麟的作图心情呢?

(二) 章寿麟的自记表述与出图征题

铜官感旧图自记

湘乡曾文正公以乡兵平贼,抵触凶锋,危然后济。其所履大厄凡

① 王闿运:《湘绮楼日记》,岳麓书社,1997,第1125页。
② 章寿麟等:《铜官感旧图题咏册》,岳麓书社,2012,第353~354页。
③ 章寿麟等:《铜官感旧图题咏册》,岳麓书社,2012,第12~13页。
④ 章寿麟等:《铜官感旧图题咏册》,岳麓书社,2012,第7页。
⑤ 章寿麟等:《铜官感旧图题咏册》,岳麓书社,2012,第86页。
⑥ 章寿麟等:《铜官感旧图题咏册》,岳麓书社,2012,第76页。

三：盖湖口也，祁门也，与初事之靖港也。而予于文正，惟靖港之役实从。

道咸间，粤贼再攻长沙不克，乃北涉洞庭，屠岳州，蹂武汉，已乃掠商舶，乱流而东，疾驰入江宁，穴而居之，复西向以争湘楚。

咸丰四年，贼由武昌上犯岳州，军官御之羊楼峒，失利，遂乘胜进逼长沙。四月，贼踞靖港，而别贼陷宁乡、湘潭。湘潭，荆南都会，军实所资。时公方被命治军于湘，乃命水陆诸将复湘潭，而自率留守军击靖港贼，战于铜官渚，师败，公投水。

先是，予与今方伯陈公、廉访李公，策公败必死，因潜随公出，居公舟尾，而公不知。至是掖公登小舟，逸而免。公怒予曰："子何来？"予曰："师无然，湘潭捷矣，来所以报也。"已而湘潭果大捷，靖港贼亦遁去。公收余众，师复振。

盖尝思之：兵者阴事，惟忍乃能济，非利所在，故诟于前，民疑于后，勿动也。公既尽锐以剿湘潭，若需之以俟其捷，而会师击靖港之堕归，贼虽众，可以立尽。惟不忍于靖港之逼，故知其不利而不能出赞公事者。又予辈三五书生，亦知其不利而出，而无术以止公。盖非公之疏于计画，实忍之心非久于军者不能，尤非仁义之徒所素有也。犹忆败归时，公惟籍甲兵储偫之属以遗湘抚，尚壹意以死谢国，及闻捷乃不死。然当日即不捷，公固可以死乎？公死是役，固不与丧师失地、穷蹙而死者同，且足使丧师失地穷蹙而不死者恧焉而有以自励。然由今以观，其多寡得失之数为何如也？

光绪丙子秋，予归长沙，道靖港。舟中望铜官山，山川无恙，而公已功成事贵，返马帝乡。惟时秋风乍鸣，水波林壑尚隐隐作战斗声，仿佛公之灵爽呼叱其际。因不禁俯仰畴昔，怆然动泰山梁木之感，故为兹图而记之，以见公非偶然而生，即不能忽然而死，且以见兵事之艰，即仁智勇义如公者，始事亦不能无挫，而挫而不挠，困焉而益励，垂翅奋翼，则固非公之定力不及此。至于大臣临敌，援桴忘身，其为临淮之靴刀与蕲王之泅水，均各有其义之至当焉，并以谂后之君子。长沙章寿麟自记。①

---

① 章寿麟等：《铜官感旧图题咏册》，岳麓书社，2012，第 10 ~ 13 页。

章文不长，短短700余字，言简意赅，语意温良敦厚，于千钧一发之际纵身救主的壮举，仅以"掖公登小舟，逸而免"一笔带过，而着意于为曾国藩情急投水找原因，为曾国藩舍生取义做表彰，更以曾国藩困而知勉、愈挫愈勇的精神为作图命意。如此立意，确实境界不凡。

儒臣练勇，料敌不审，初战失利，临阵自裁，日后却力挽狂澜，平定天下，一再感叹的是"忍之心非久于军者不能，尤非仁义之徒所素有"，是"兵事之艰，即仁智勇义如公者，始事亦不能无挫"，是"挫而不挠，困焉而益励"。如此感慨交集，情不自禁，于是先后多次向人展示图画，征求题记。

究其本意，章寿麟应该不是自我表曝，而在寻求知音，寻求共鸣，即创业艰难，成事不易。但是，他与曾国藩当年的生死情谊，他与曾国藩日后的地位悬殊，以及图画中很有可能再现的"援溺"场景，将在何种程度上刺激题咏者的情绪与命笔，则是他始料不及的。而李元度的直抒胸臆，代为鸣屈，更是触发了不同身份、不同见识者的好恶争辩。

五　结论

第一，章寿麟还乡作图感旧，与李元度久别重逢，章寿麟最早索题，李元度最早题图。其题跋手迹重现，作"援溺"者三见，而章寿麟之子的宣统石印本，则三次挖补为"感旧"，意在照顾曾氏情面。

第二，李元度明知该图为《铜官感旧图》，而且章寿麟作有《铜官感旧图自记》，但却赫然声称"援溺图"者至于再三，显系为章寿麟张扬功勋。此外，他还以"援溺事件"的间接当事人与直接见证者身份，首次披露了曾国藩投水前后的若干重要事实与细节。而他率先提出的"援一人以援天下"说、"不言禄，禄亦弗及"说，成为后续题跋的争论焦点之一，直接引发了后续题跋的命笔走向。

第三，曾国藩对救命恩人章寿麟，既有直接保举军功，又有间接委任官职，且变通性施惠章寿麟舅父彭嘉玉若干次，也算已经尽其所能有所报答。其所不能，主要是国家出仕规范限制，其次是他对自身的约束与对舆论的顾忌。

　　第四，章寿麟青年发愤从军，中年仕途漂泊，途经援溺旧地，追忆当年之苦战，感叹人事之变迁，图名虽为"感旧"，而图景当有"援溺"。且一旦传示世人并征请题记，事态发展乃不能自主，形成一桩"援溺施报"的公案，或为抱屈，或为辩白，或为道德虚誉。更有其子弟持续数十年的广为征求，其间立论取舍、异同是非，已经超出甚至是偏离了章寿麟作图作记的本意。

黄冕与湘军武器装备的近代化

李超平　彭石序*

摘　要：通常认为，湘学的"经世致用"思想主要体现在治国安邦方面，故长期以来，人们更关注的是曾国藩、左宗棠、胡林翼等这样有着重要军、政影响力的经世人物的杰出事功，而像黄冕这样为湘军造船炮的能吏（实干家）则鲜为人知。从黄冕的族谱、奏稿、文集、书信、日记中可以看出黄冕对湘军征战的极端重要性，以及他屡遭贬抑却依旧执着的爱国初心。黄冕不仅是一个需要"同情之理解"的历史人物，更是一个践行"经世致用"思想的近代湖湘人物，是近代中国工业的可贵探索者。

关键词：黄冕　湘军　经世致用　湘学

黄冕（1795～1870），字服周，号南坡，人称南坡公。清代湖南长沙县清泰都第六甲白石乡（今开慧镇石燕村）人，出生于乾隆六十年（1795）八月廿八日，比嘉庆十六年（1811）出生的曾国藩大了整整十六岁，是当之无愧的前辈。他于同治九年（1870）十一月廿七日在长沙家中去世，享年76岁，这时离湘军攻克南京已经过去了四年。他的出身是监生[1]，其父黄博曾官至甘肃岷州知州，约在嘉庆二十年（1815），黄冕刚20岁时经捐纳在江苏任官。郭嵩焘撰《黄南坡事略》，其中也明确提到："年二十，莅官两淮盐大使，奉檄治赈淮扬，有能声。"[2] 时任江苏巡抚、湖南人陶澍大力整顿淮盐、开办海路漕运，黄冕奉命参与其中，因功获擢江都、上元、

---

* 李超平：湖南人文科技学院区域文化研究基地研究员；彭石序，曾国藩与湘军文化研究会常务理事。

[1] 黄冕的科举出身在《长沙县志》、《湖南通志》及《清史稿》简传、家传中都无涉及，仅在《中国地方志集成·江苏府县志辑·同治苏州府志》第56卷《职官五》第552页中载明为"监生"。

[2] 郭嵩焘：《黄南坡事略》，载《郭嵩焘全集·文集》卷十三，岳麓书社，2013，第519页。

上海等地知县，在各处都创下了良好政绩。《清实录》道光十一年（1831）七月廿四日有记："据御史范承祖奏，江苏上元县知县黄冕，奉委至龙都地方拿赌，转被奸民纠众抵敌，打破头颅，武营员弁均受重伤。"林则徐继任江苏巡抚后，对黄冕的才干比较肯定，调任太仓州知州，修整娄东书院，创建安道书院。黄冕升任常州知府后，又修建了龙城、延龄等书院，革除弊政。转任镇江知府，因勤于政务，颇受两江总督裕谦赏识，向朝廷疏荐"其才可大用"，得旨"送部引见"。这个时期的黄冕，俨然一颗耀眼的政坛新星。可相佐证的还有黄氏所撰《戴氏通谱赠序》，其落款为"道光十六年丙申岁仲夏月谷旦，历任江苏省江都上元元和等县，现任上海县知县、卓异即补直隶州知州星沙黄冕南坡氏"①。

综观黄冕的一生，曾经在官场两起两落，生前身后毁誉交加，"野史上说，黄为人贪。他在办东征局期间，利用手中的实权为自己聚敛了大量钱财。但他筹粮筹饷置办军需上都很有办法，故曾氏一直重用他"。②尽管如此，黄冕以其卓越的干济之才与湘军相始终，尤其对湘军装备近代先进兵器做出巨大贡献，也是中国近代军事工业的可贵探索者。

一　流放新疆期间学习近代兵器制造

道光二十一年（1841）是第一次鸦片战争爆发的次年，大清国因为《穿鼻草约》割让了香港，但英国并不满足，就在黄冕将要北上觐见之际，英军舰队北上，侵犯浙江镇海，两江总督裕谦任钦差大臣，赏识黄冕的才干，奏请暂缓入京，一同往镇海抗敌。该年八月廿六日凌晨，英国舰队攻陷定海，随后进攻招宝山，镇海陷落，裕谦投水自杀。"浙江巡抚刘韵珂诿罪谦，词连冕，遣戍伊犁。"③因上司的死而遭连累，这是黄冕在仕途上遭遇的一次重大挫折。兹据《清实录》道光二十一年九月廿六日载：

据谢朝恩之子候补县丞谢荣光禀称，该员先奉鹿泽长委令带乡勇，

---

① 陈建华等主编《中国家谱资料选编》（3），上海古籍出版社，2013，第 671 页。
② 唐浩明：《唐浩明点评曾国藩家书》（下），广东人民出版社，2016，第 94～95 页。
③ 郭嵩焘：《黄兰坡事略》，载《郭嵩焘全集·文集》卷十三，岳麓书社，2013，第 519 页。

在金鸡山后小浹港防堵，旋奉江南候补知府黄冕将乡勇撤退，令同官兵在沙蟹岭防堵。迨至接仗时，夷匪由小浹港上岸，以致势不能支等语。小浹港地方，既经鹿泽长饬委谢荣光率勇防堵，何以黄冕忽令撤退，着详细查明，毋稍含混。黄冕现已回苏，并着该将军等于路过江苏时，即将该员传讯确情，据实具奏。

《清实录》道光二十二年五月廿八日：

谕内阁：余步云现据奕经等派员解京。俟解到时。着交军机大臣会同三法司严讯定拟具奏。候补知府黄冕、裕谦家丁余升，着一并归案质讯。

曾国藩道光二十二年（1842）十一月二十日日记：

辰正，岱云来早饭，与同至刑部署内看黄兰坡。

"岱云"指曾国藩的进士同年友陈源兖，"兰坡"即黄冕，"兰""南"常有混用现象。这说明黄冕已经被递解到京城。

《清实录》道光二十二年十二月四日：

又谕：军机大臣会同三法司奏、遵旨严讯定拟一摺，已革江南候补知府黄冕，讯无擅撤乡勇情事。惟既带兵防堵，即与同城知府无异。黄冕著照议发往新疆充当苦差。

可见，黄冕擅自撤勇之事没有确凿证据，但是他不得不为裕谦的死付出连坐的代价，理由就是随同参战就如同命官，有守土之责，这就是黄冕被遣戍的原委，也无意间在北京和曾国藩产生了交集。而曾国藩对黄家并不陌生，他与黄冕的堂弟黄晃关系密切。黄晃字晴初，号荷汀，嘉庆十五年（1810）生，为道光十五年（1835）乙未恩科举人，曾任江苏宝山县（今上海市宝山区）、上海县（今上海市闵行区）知县，松江府海防同知、候补知府及简放苏松太兵备道。

黄冕的前上司林则徐也在这一年先降调镇海，六月廿八日被罢职，遣戍新疆伊犁。

黄冕的流放生涯总体上并不算太糟糕，他的才干得到了乌鲁木齐都统惟勤的赏识，命随同赴伊犁"勘问回疆要案"。不久，伊犁将军布彦泰奏陈请开垦屯田，诏林则徐与都统大臣遍历塞外各城，择机开垦，两年中得田六十万亩，黄冕是主要参与者，"惟公奏请留公办伊拉里克垦务，于是边徼穷荒渐臻富庶。在吐鲁番开渠，人呼为黄公渠，迄今利赖入关。有旨，赏六品顶戴"①。

据《林则徐年谱长编》所载，林则徐与黄冕于道光二十三年（1843）重逢，具体日期欠详，他们大谈"御夷之事，制船炮，断接济，以夷制夷诸策及塞上屯田水利、中外地形、南北水土之胜，往往至夜分始散"②。

道光二十五年（1845）正月，林则徐受命从伊犁出发，到库车、阿克苏、乌什、和阗等地勘办开垦事务。正月初四，行至呼图壁，黄冕由红庙来会。随他先至迪化（乌鲁木齐），再至吐鲁番、托克逊，这是黄冕督垦伊拉里克之处，也是内地钱与新疆钱的兑换地。林则徐为祝贺黄冕即将获释而赠写行楷七言楹帖，即："西塞论心亲旧雨，东山转眼起停云。"并跋道："南坡仁弟大人，去岁访余伊江，作数月聚。今复于红山话旧，同行至高昌而别，盼余有回疆之役。而南坡以塞北城工襄力，已荷赐环。因伊拉里克垦田，留督起事，行将光复旧秩，良可慰也。嘱书楹帖，遂述其事如右。道光乙巳（1845）孟陬下浣。"③

九月六日，林则徐再到托克逊，查勘黄冕主持的伊拉里克续修工程，黄冕后来对此有所回忆：

> 彼时塞外垦务，如伊犁数处及乌鲁木齐之伊拉里克，较有实在济。冕所承办（即伊拉里克水渠工程），亦自信未敢草率。公偕全公验工时，公独测量土方，逐加驳诘，加工补挑至再，意犹未慊。冕不测公意，请曰："在事诸人，实已智能索尽矣，未审公意且云何？"公笑曰：

---

① 佚名：《南坡公传》，载黄庆光主修长沙《汀龙黄氏四修族谱》卷二，光绪十六年。

② 来新夏：《林则徐年谱新编》，南开大学出版社，1997，第 574 页。

③ 来新夏：《林则徐年谱新编》，南开大学出版社，1997，第 595 页。

"诚为是乎！上可对朝廷，下可对百姓，中可对僚友，亦且休矣。"乃命停止。①

之后，林则徐奉召回京，随后署理陕甘总督。十二月廿七日，黄冕到达甘肃凉州。林则徐在家书中提及：

> 南坡于十二月二十七日到凉州，现尚在此。因我欲铸炮，伊力任自赴江苏，劝同寅捐办前来，日内议尚未定，大约初十外始能前进耳。②

次年二月，他奏请黄冕"暂留西宁差遣"：

> 臣林则徐先在凉州驻扎，旋复移至西宁，该两处正印人员不敷派审，适有原任江苏知府黄冕，因奉奏派开垦伊拉克里地亩事竣，由口外回至甘肃，顺途来见。臣林则徐因其曾任江宁、苏州两处首县，委审疑难案件，均能推鞫精详，因将狡黠汉奸令其设法诱审……此次臣等仿照洋法制造炮车炸弹，委令督匠密制，尤能加意讲求，得资实用……拟将黄冕暂留西宁差遣，禅审办番案，制造利器，均资得力……③

林则徐的这个奏章透露了一个非常重要的信息，那就是黄冕在新疆、甘肃学会了造炮、炮车和炸弹，这是林则徐一直念兹在兹的事情，也是未来他能扛起湘军造炮重任的坚实基础。

黄冕因"垦伊犁田十余万亩，得免罪，赏六品顶戴，还至江南"。旋即，"江苏巡抚陆建瀛方议海运，以冕初办海运有成效，喜甚，与议方略。于是尽革漕费，岁省银数十万，加运京仓米三十余万石。为御史劾奏，归长沙"。④

---

① 来新夏：《林则徐年谱新编》，南开大学出版社，1997，第609页。
② 来新夏：《林则徐年谱新编》，南开大学出版社，1997，第620页。
③ 林则徐：《拟将黄冕暂留西宁差遣片》，载《林则徐全集·奏折》第三册，海峡文艺出版社，2002，第517页。
④ 郭嵩焘：《黄兰坡事略》，载《郭嵩焘全集·文集》卷十三，岳麓书社，2013，第519~520页。

黄冕是被御史曹懋坚奏参的。据《清实录》道光二十七年十二月初十：

> 谕内阁：御史曹懋坚奏革员逗留江苏请勒令回籍等语。已革知府黄冕从前因案遣戍，今已释回，仍在江苏逗留。着李星沅、陆建瀛查明该革员现在何处，即行饬令回籍。交裕泰、陆费瑔转饬该地方官严加管束，毋许出外滋事。

黄冕被奏参的深层原因，郭嵩焘后来也有所揭示，那就是：

> 京师转漕独有海运，冕始终赞成其议，功为多。亦以是积怨江浙之食漕利者，屡被劾，不一尽其用。[①]

表面上看，黄冕的能干挡住了一些人的财路，而深层原因则是朝廷的保守势力依旧压制林则徐，而黄冕本是到江苏为林则徐造炮而募捐的。

二　为湘军督造船炮，装备近代先进兵器并主持东征局

咸丰三年（1853）冬，曾国藩在衡州府（今湖南衡阳市）训练湘军水、陆师，并在衡阳、湘潭两处设立造船厂，赶造水师战船，这完全是没有经验的"摸着石头过河"之举，不断遇到各种困难，故他写信邀请已经回到长沙的老友黄冕来帮忙：

> 弟奉命带勇赴皖会剿，在衡兴办战舰，已近一月，毫无头绪。顷又分局在湘潭修造，董其事者，为广西委员褚太守汝航。大约分为三宗：一造快蟹船，一造长龙船，一改钓钩船。鄙人才智短浅，又乏阅历，即委员任事者，亦未知果否适用。阁下于水师事宜讲求有素，现虽赋闲家居，而国家大事未尝须臾去怀。敢乞阁下即日翩然命驾，至湘潭船厂，就褚太守一商办船始末曲折。如能乘兴一过衡州，使弟得

---

① 郭嵩焘：《黄兰坡事略》，载《郭嵩焘全集·文集》卷十三，岳麓书社，2013，第 519～520 页。

咨诹一切，尤所企望。①

黄冕如约应邀前往。据曾国藩事后第二信：

> 客岁风雪中蒙棹舟枉访，指示水师事宜，公忠之谊，不弃之雅，衔感奚如！比想动履康胜，餐卫无恙，至以为颂。此间办船，粗已就绪，惟张观察之炮迄未续到。褚太守在潭经理船务，亦已毕工，而招练水勇，茫无头绪。湖南于舟师一事，本为目所未见，耳所未闻，草昧开辟，人人疑惧。鄙意专恃巨炮，恐生拙之勇难以取胜，不如多用三板艇，行驶如飞，抛掷火球火罐之类，或可得力。尊处所制火器，远胜官□数倍……②

衡阳之行，曾国藩与黄冕可能商定了在长沙铸造大炮的事宜。水师是曾国藩编练湘军的主力，黄冕的参与，于解决各种实际困难是非常重要的。可能是有在甘肃仿制洋炮的基础，黄冕在长沙造出的大炮，很令曾国藩满意，它对于确保水师的战斗力至关重要。黄冕究竟造了多少炮？曾国藩在一份奏折中有交代：

> 前任知府黄冕，专办湖南炮局，前后造炮六百余尊之多。不特外江水师借此大振军威，即臣在鄱湖亦提来炮位一百零二尊。其所造皆精练光莹，与洋炮无异。所制竹筒炸弹之类，亦皆具有精心，利于攻剿。实属有用之才……③

这是他于咸丰五年九月九日上奏于江西，此时曾国藩正遭遇低潮时期，陆师大将塔齐布遽尔病逝；水师则被分为外江和内湖两支，互相不能配合，

---

① 曾国藩：《与黄冕》（咸丰三年十二月初五日），载《曾国藩全集·书信（一）》，岳麓书社，2011，第379页。
② 曾国藩：《与黄冕》（咸丰四年正月），载《曾国藩全集·书信（一）》，岳麓书社，2011，第465页。
③ 曾国藩：《师久无功自请严处并兼保各员片》，载《曾国藩全集·奏稿（一）》，岳麓书社，2011，第540页。

实力锐减，他自己只能坐困南昌城。黄冕充分发挥才干，在长沙主持筹饷和造炮，给湘军水师从鄱阳湖脱困提供了极大的支持。三个多月后，曾国藩以一份请奖奏折再次对黄冕的功绩进行了具体的说明：

> 前任江苏知府候选同知直隶州知州黄冕，该员精于铸炮，在湖南筹集捐款，铸造铜、铁各炮至八九百尊之多，外江、内湖两路水师皆资利用，洵属于干济之才，应请交军机处记名以知府用，并赏戴花翎。①

赶造近千尊大炮，就是黄冕才干的具体展现，他主持的湖南炮局，不啻是湘军的装备部。咸丰六年（1856）初，以造炮有功重新起步的黄冕开始参与救援曾国藩的江西困局。曾国藩在致罗泽南信中说道：

> 顷接黄南坡兄来信，湖南拟以六千兵勇救援江西，系黄与夏恕亭方伯、朱石翘太守三人董其事。此举果成，则由袁州建瓴而下，较之阁下从外兜剿而入尤为得势。②

曾国藩"建瓴而下"的说法，与同治《长沙县志·黄冕传》称其"首倡高屋建瓴之义"是吻合的。曾国藩先是请求朝廷颁发执照，以利黄冕用来劝捐筹款，作为组建新军之经费，"新授吉安府知府黄冕，自奉特旨简放之后，忠义奋发，于湖南劝捐募勇，急图另集援师，规复吉安"③。此外，他也有让曾国荃跟随黄冕领兵打仗的考虑：

> 黄南坡兄劝捐募勇规复吉安，此豪杰之举也。南路又出此一枝劲兵，则贼势万不能支。南兄能于吉安一路出师，合瑞、袁已列为三路，

---

① 曾国藩：《遵旨汇保克复义宁州城攻破湖口县城出力员弁兵勇请奖折》，载《曾国藩全集·奏稿（一）》，岳麓书社，2011，第 583 页。
② 曾国藩：《致罗泽南》（咸丰六年正月十三日），载《曾国藩全集·书信（一）》，岳麓书社，2011，第 509 页。
③ 曾国藩：《请饬部颁发执照交黄冕等劝捐济饷片》，载《曾国藩全集·奏稿（二）》，岳麓书社，2011，第 136 页。

是此间官绅士民所祷祀以求也，即日当先行具奏。沅弟能随南翁以出，料理戎事，亦足增长识力。南翁能以赤手空拳干大事而不甚著声色，弟当留心仿而效之。①

《南坡公传》对此段经历是这样记述的：

> 曾文正被围南昌，吉安、瑞、袁诸郡俱为贼踞，声势阻绝，以蜡丸至湖南，请济师。朝命公知吉安府事。时吉安一厅九县均陷于贼，公慨然以平贼自任，募湘勇二千人，属候选同知、今威毅伯、两江总督曾公国荃总军事，直捣吉安，进克安福，遂围郡城。②

由此可见，黄冕是日后湘军劲旅"吉字营"的创始人之一。至于其实际表现，曾国藩的评价是："周凤山、黄冕等之师，初赴吉安，差称劲旅。"诚然，黄冕并不是个出色的带兵之人，他的搭档周凤山也不是一个能征善战的将领，他本隶属罗泽南，在大将塔齐布病故后接掌该军。咸丰六年（1856）二月十八日，周凤山率部在江西樟树镇与太平军石达开部展开激战时遭惨败，被革职。黄冕再次被连累，革职留用。

时至今日，黄冕留下的只字片语非常有限，湖南省博物馆存有一份他致当时配合援赣的湘军游击之师主将王鑫的亲笔手札，时间约是咸丰七年（1857）闰五月十八日。该年可谓湘军的多事之秋，二月廿一日，曾国藩未等允准即离开瑞州军营返湘奔父丧，援赣湘军刚有周凤山惨败，随后又是刘腾鸿战死于瑞州府（七月十三日）、王鑫病故于乐安县（八月四日）等一系列挫折。在江西战场群龙无首之际，曾国荃于九月八日应江西巡抚耆龄之招扩募吉字营，正式投身湘军，黄冕则因被革返回长沙。对此曾国藩还是没有另眼相看，他在家书中叮嘱曾国荃："黄南坡太守有功于湖南，有功于水师，今被劾之后继以疾病，弟宜维持保护，不可遽以饷事烦之。"③ 曾

① 曾国藩：《致沅弟》（咸丰六年九月十七日），载《曾国藩全集·家书（一）》，岳麓书社，2011，第 287 页。
② 佚名：《南坡公传》，载黄庆光主修长沙《汀龙黄氏四修族谱》卷二，光绪十六年。
③ 曾国藩：《致沅弟》（咸丰七年十月初十日），载《曾国藩全集·家书（一）》，岳麓书社，2011，第 310 页。

国荃与黄冕保持了终生的私谊，子弟也曾由黄冕授读。

咸丰八年（1858），曾国藩再次出山，受命援浙。六月十三日抵长沙后，即连续三天与黄冕、左宗棠等人见面商谈，这无疑是两人再次合作的开端。从咸丰九年底的一次通信来看，黄冕重操旧业，继续在后方为湘军督造火炮，"前承代制劈山炮十尊，兹特备公文催取，便中尚祈搭解"①。曾国藩还于咸丰九年（1859）十月奏请开复黄冕之前的处分：

> 即用道前吉安知府黄冕，该员当吉安未复之先，首倡援剿之举，筹兵筹饷，饱历艰虞。此次肃清江省，未便没其微劳。前在吉安，有摘去翎顶革职留任处分。此次应请开复，免缴捐项，仍以道员不论单双月遇缺尽先选用。②

时局的变化也使得曾国藩、黄冕的思路不断更新。那就是随着战事的推进，战线的拉长，曾国藩统辖的湘军规模越发庞大，粮饷需求的压力与日俱增，在湖南设立东征局的构想开始形成，事后看，他们显然就此问题进行了充分沟通：

> 阁下轸念时艰，许于桑梓之邦，代筹两江之饷，已照意城所拟札稿，办牍寄南。时翁系湖南之官，阁下系两江之员，共筹此举，名实亦尚相副。俟会议就绪，两君子公牍到日，再行奏明办理……阁下久官苏省，犀鉴澄澈，如地利之要害，官绅之贤否，盐务之积弊，务祈逐时记忆，开录一单。③

在家信中，曾国藩对黄冕赞誉有加："南坡信大有可采，此人真有干济之

---

① 曾国藩：《加黄冕片》（咸丰九年十二月十一日），载《曾国藩全集·书信（二）》，岳麓书社，2011，第 345 页。
② 曾国藩：《酌保攻克景德镇浮梁县城出力员弁折》，载《曾国藩全集·奏稿（二）》，岳麓书社，2011，第 377 页。
③ 曾国藩：《复黄冕》（咸丰十年七月初三日），载《曾国藩全集·书信（二）》，岳麓书社，2011，第 636 页。

才，可敬可敬！"①东征局于咸丰十年七月在长沙初办时，湖南布政使文格是最为反对的②。幸好咸丰皇帝特谕湖南大吏必须支持接济湘军的饷需，③加之巡抚骆秉章的支持态度始终坚决，文格的阻止没有得逞，其人后也被调离。曾国藩基于稳妥考虑，并未及时上奏报告设立东征局一事，而是延迟到咸丰十年（1860）末，这期间，他已经认识到东征局的前期运作已经有所成效：

> 窃湖南一省，向称瘠苦之区。年来防剿本省，援应邻封，兵勇分道四出，而饷糈犹能为继，良由经理得人，取民有道。前此助剿江西，协济黔、粤，岁费百余万两……本年夏间，臣与左宗棠在湖南招募勇丁，数近二万，饷项、军装，为款甚巨，皆由湖南竭力协济，得以从容集事。臣以一省之物力只有此数，协助外省者日多，则供给本省者日少。此有所盈，则彼有所缺。本不欲再用湖南之饷，致蒙竭泽而渔之讥。无如添募勇丁，添制枪炮，添造船只，在在与湖南相交涉，不得不借资湘中之力，挹注皖省之师。爰与湖南抚臣熟商，札饬臬司裕麟，道员黄冕、郑元璧等，会同藩司文格，在于长沙设立东征局，凡盐、茶货物，酌抽厘金。④

这个东征局的设立，其实是以湖南境内商品附加半厘的形式名正言顺地为湘军筹饷。由此湖南境内流通的商品实际抽税为1.5%，东征局所提取的这多出来的0.5%，三分之二用于接济安徽南部区域湘军，三分之一用于胡林翼辖安徽北部之湘军。

东征局的作用有多重要？可从曾国藩这一时期致黄冕的信中管窥一二。

其一："承解饷七万，如枯旱甘霖，既沾既足，三军万众欣欣向荣，感慰何涘……祁门各营欠饷太久，转眴又成涸鲋。即日当派船至东局提饷。"⑤

① 曾国藩：《致沅弟季弟》（咸丰十年七月初三日），载《曾国藩全集·家书（一）》，岳麓书社，2011，第499页。
② 王闿运等：《湘军史料四种》，岳麓书社，1985，第254~255页。
③ 《清实录》第44册，中华书局，1987，第853页。
④ 曾国藩：《湖南设立东征局请颁部照折》，载《曾国藩全集·奏稿（二）》，岳麓书社，2011，第662页。
⑤ 曾国藩：《复黄冕》（咸丰十一年六月十五日），载《曾国藩全集·书信（三）》，岳麓书社，2011，第452页。

其二："接奉惠书，并解二万八千之款，此次与前次七万一批，正如大旱之雨，严寒之炭……提饷炮船自五月十三以后，每月十三皆有船携文回湘守提。文皆载定三万之数。以月有衰旺，收有丰歉，酌以三万，则虽衰月亦尚易凑足，赊望则不止此。"①

其三："此次贵局解到十月协饷三万，又给舍沅弟二万，冬月、正月饷项并可年内赶解。阁下大力维持，诸君子同心经画，感赖何极！"②

在积极筹饷的同时，黄冕的造炮工作并未停止。如同治元年（1862）十月曾国藩在安庆的日记中所载："出城至盐河看黄南坡所铸大炮者，解金陵者共五尊，内万三千斤者一尊、万斤者二尊、六千斤者二尊。"显然，大炮重量的增加，也意味着技术的提升和威力的增大，能满足攻克南京坚城的需要。至年末，鉴于东征局卓有成效的筹饷业绩，曾国藩奏请嘉奖：

> 计自咸丰十年八月开局之日起，截至本年六月底止，共抽取湘平银一百九万六千余两、钱三十万二千余串，先后解台充饷及回籍募勇、制造军械之用……举办未及二年，解数已逾百万。自七月至今，续解又逾三十万两。维持全局，保固军心……论功不在前敌猛将之后，迥非寻常粮台、厘局所可相提并论。③

他着重奏报了黄冕、恽世临这两位主持者的功劳：

> 湖南东征局襄办各官绅……主持其事最为出力者，如布政使衔江西即用道黄冕，自前年八月创始设局，任劳任怨，巨细不遗……臣每当万窘之时，该局常能如期接济……其采办谷米，制造枪炮，亦皆取之不尽，呼应极灵。又如火药一项，局中原未制备，乃一闻金陵吃紧，江、皖各军皆缺火药，该二员禀商湖南抚臣毛鸿宾借拨三十万斤，飞

---

① 曾国藩：《复黄冕》（咸丰十一年七月二十三日），载《曾国藩全集·书信（三）》，岳麓书社，2011，第481页。
② 曾国藩：《复黄冕》（咸丰十一年十一月二十八日），载《曾国藩全集·书信（三）》，岳麓书社，2011，第623页。
③ 曾国藩：《湖南东征局筹饷官绅请予奖叙折》，载《曾国藩全集·奏稿（五）》，岳麓书社，2011，第423页。

速分批起解，仍由东征局陆续制造归还。他省纵敦恤邻之谊，断不能如此踊跃……①

从这些情况来看，黄冕他们不仅筹钱，还要筹粮米，赶制火药、枪炮、军装等一切军需物资，给湘军提供了稳固而强大的后勤保障。它的作用之大、功能之强，显然并非王静雅认为"东征局的主要职能为抽厘筹饷，偶尔还为湘军采办谷米、督销淮盐、制造火药和枪炮子弹"那样简单，持续不断地提供火药和大炮等大宗军需绝不只是"偶尔"事务②。

同治三年（1864）六月十六日，曾国荃率部攻克太平天国的首都天京。至此，曾国藩所创立的湘军已经完成了其历史使命。黄冕的"米盐互市"方案在上年遭否之后，积极性也不免大大降低，萌生退意。该年末，曾国藩代奏黄冕因病开缺：

> 咸丰四、五年，湖南设厘金、盐茶诸局，骆秉章委任黄冕经理，历著成效。十年八月，臣设立东征筹饷局，亦令总持大纲。该员任事最勇，苟可勉力支持，断不至托病辞劳。兹据称年逾七十，腿疾增剧，由本省抚臣委验属实，应恳天恩，准开云南迤东道缺，并准销各局差使，令其安心调理，以示体恤。至黄冕函禀请撤东征厘局，以符当年金陵克复即裁东厘之初约。本应历践前言，惟臣目下统军尚多，欠饷过巨，江西、广东之厘，皆已归还该省，臣处入款太少，应暂留东征局之半厘，稍清遣勇之欠项，待至四年夏间，再当裁撤该局，以纾商力而符初议。③

东征局所遭到诸多物议与阻力是无疑的，即毛鸿宾所谓"浮议繁兴，怨谤交作，几于不可终日"。④ 阻挠者甚至假借德高望重的岳麓书院山长丁

---

① 曾国藩：《黄冕恽世临主持东征局最力请从优奖励片》，载《曾国藩全集·奏稿（五）》，岳麓书社，2011，第438页。

② 王静雅：《清代咸同年间湖南东征局兴废考析》，《近代史研究》2017年第4期，第154页。

③ 曾国藩：《迤东道黄冕年老疾剧请准开缺及缓撤东征厘局片》，载《曾国藩全集·奏稿（八）》，岳麓书社，2011，第147页。

④ 曾国藩：《调黄冕胡大任办理广东厘务片》，载《毛尚书（鸿宾）奏稿》，台湾文海出版社，1971，第1042页。

善庆的名义发出公开信，黄冕也进行了针锋相对的反击，曾国藩称之"力诋不便，传播远近，几将停办。厥后局绅亦借贱名作一长函，痛辩其非，浮言遂熄"。① 他提到的"局绅"即是黄冕。

郭嵩焘的日记也能印证此事，其一为咸丰十年（1860）十二月廿九日记：

> 得南老信。南老为涤帅设立东征局，排众议独力任之。南老复书，略言其事，其用心良善，而其牢骚之气亦甚矣。涤帅之于南老，所以奖藉之，盖亦未足偿其劳也。丁伊辅前辈力诋东征局，至为说帖痛陈其弊，遍示士大夫。南老乃以涤帅所复伊老书缮写多通，散布一时，就伊老所诋，逐条指驳，明辨痛快，直可作王阳明告示读也。②

其二为咸丰十一年（1861）正月十四日记：

> 阅南老寄意城书，为之慨然。办天下事，先破利字一关而后能公……今之能者，窥上之所尚，而假荣名美政以邀其利者，犹有其人。能实破利字一关者，盖已难矣，况进而求其所谓德与量乎。人才之乏至于今日，可胜叹惋。③

郭崑焘是郭嵩焘的胞弟，他和黄冕都是湘军东征局的主要负责人，交往自然密切，也一同遭受巨大压力。崑焘之子庆藩后来谈道：

> 曾文正公倡义旅东征，兵与饷惟后继者，悉恃先大夫办治。黄南坡先生为设东征局，同城官颇抵牾，昌言沮挠，黄公以为患。④

曾国藩素来坚持原则，如金安清虽然能干，但自身品行不良，就坚决不予重用，仅适当采纳其建言。而针对听闻到黄冕的所谓问题，他在遣人

---

① 曾国藩：《复晏端书》，载《曾国藩全集·书信（四）》，岳麓书社，2011，第 489 页。
② 郭嵩焘：《郭嵩焘日记》第 1 卷，岳麓书社，1981，第 424~425 页。
③ 郭嵩焘：《郭嵩焘日记》第 1 卷，岳麓书社，1981，第 429~430 页。
④ 郭庆藩：《先府君郭公行述》，载《郭崑焘集》，岳麓书社，2011，第 188 页。

实地调查的基础上，认为问题并不大。同治三年（1864）正月初一日，他曾致信恽世临，就专门谈及黄冕之事：

> 南坡兄顷来安庆，具一禀牍，备言昔日官江苏并无劣声。弟历询元、长、吴、武阳、上江等县士绅，俱言南叟当日官此数处，无可訾议。惟寄谕并未饬令复奏，若遽附片剖辩，反多一重斧凿痕迹，只好批答以慰其意，得间再为疏陈一二。大抵任事之人，断不能有誉而无毁，有恩而无怨。自修者但求大闲不逾，不可因讥议而馁沈毅之气；衡人者但求一长可取，不可因微瑕而弃有用之材。苟于娆娆者过事苛求，则庸庸者反而幸全。①

这也就意味着，黄冕也曾试图有所申辩。曾国藩也没有苛求黄冕是一个完美无缺的人，毕竟"有誉而无毁，有恩而无怨"是不可能实现的境界。再如同治二年（1863）十月致曾国潢信：

> 东征局之得差委者，多黄、郭之族戚故旧，或并不到卡而得干支薪水优加保举，外间颇有违言，余亦颇有所闻。然黄、郭于此事实苦心经营而后办成，且黄受其怨而我享其利，不忍更责之也。②

显然，东征局不可能没有问题存在，且这个机构远在湖南，曾国藩难以全面掌控。但与筹集粮饷、制造军火等关键大事相比，这些管理与运作上出现的问题又只能看作小事，即他要极力避免因修正枝节而毁及主干。他后来在南京攻克后即果断撤裁该局，也避免了某些问题进一步衍生。但即便如此，他还是对郭嵩焘有所警示：

> 东局有功金陵，似已中外共喻。现已奏明于夏间停撤，届时再行详述。东局之功，南叟之劳已在，南叟开缺数月之后，则议者不疑，

---

① 曾国藩：《加恽世临片》（同治三年正月初一日），载《曾国藩全集·书信（六）》，岳麓书社，2011，第386页。

② 曾国藩：《致澄弟》（同治二年十月二十四日），载《曾国藩全集·家书（二）》，岳麓书社，2011，第222页。

全篇皆因南翁而发。七十老翁，身外之荣，本无所求，但求致仕时内
无严谕，外无闲言，即足差慰……且湘人过此者，多议厘、东两局之
员薪水太丰，保举过优，气焰甚大，如不加畏惧，恐为言所纠，又有
星使查办之事。①

　　毋庸置疑，湘军能战胜太平军和捻军的一个重要原因是具有强大的后
勤供应保障，湘军既积极拓展饷源，又有较为完善的后勤保障和运输供应
系统，并设有专门的机构，拥有流畅的运转机制。也因为有这个可靠的后
方保障，曾国藩才能顺利实施他攻克南京的战略。但由于晚清政府的国库
无比空虚，加之连年的战争导致基层行政效能基本丧失，朝廷根本无力为
四处作战的湘军拨饷，故曾国藩只有物色能干之人自行筹饷，以维持湘军
的巨大开支，其饷源主要集中于地丁、漕政、盐政、关税等，此外还有针
对大户人家的劝捐，总体上对普通百姓的影响不太大。他和郭嵩焘、黄冕
之所以很重视淮盐的整顿，就是因为扩大淮盐的销售区域后能增加收入，
而这笔费项不必上交户部，可直接用于湘军的军需开销。整个东征期间，
曾国藩报销军费二千万两有余，其中厘金一项，大约一千六百万两，之后
的八年盐政收入也有二千万两左右。这主要得益于自咸丰十年至同治四年
间，他先后在江西、湖南、安徽、江苏、广东五省征收厘金以及大力整顿
两淮盐运，而黄冕无疑是一个忠实而勤勉的执行者。

　　湖南是湘军源地，湘军四处援攻，足迹遍及十八行省，凡由湘抚派遣，
均由湖南供饷，这也从一个侧面反映出东征局的强大运作能力。要建立湘
军坚强有力的后勤系统，自然离不开干济之才，曾国藩素来知人善用，他
把人才问题提升到了决定成败的高度，故早年曾有"若能引出一班正人，
倡成一时风气，则侍与公借以报国者也"的抱负。至于人才对筹饷的重要
性更是毫无疑问的，胡林翼曾说："理财之道，仍以得人才为先……得一正
士，可抵十万金。"曾国藩也称："兵饷事唯在得人。"曾国藩与黄冕能紧密
合作，显然就是因为黄冕是一个恰当的人选。

　　同治四年四月，曾国藩依约奏请停办东征局。借此，他也详细奏述了

---

① 曾国藩：《复郭嵩焘》（同治四年正月十八日），载《曾国藩全集·书信（七）》，岳麓书
　社，2011，第 314 页。

黄冕办事的艰难与勤勉：

> 咸丰十年，长沙创立东征局，于本省厘金之外，重抽半厘，本属
> 商贾积不能平之事。当时冒不韪之名而坚持定义者，黄冕一人之力为
> 多。其局即设于黄冕宅内，是以百口讥议，多方阻挠，且有扬言焚烧
> 黄冕住屋以恐吓之者……该局于八月办成，骆秉章于十月赴蜀，臣于
> 腊月底始行具奏。乃湘省商民不怨骆秉章之主持，亦不甚怨臣之妄取，
> 而专归咎于黄冕之倡议，盖筹饷本为怨府，筹本省之饷专供越境之军，
> 尤为各省所无之创举，众口铄金，势所必然。[①]

继而，他也委婉为黄冕辩白：

> 同治二年钦奉十月初二日寄谕，以黄冕贪横恣肆，声名狼藉，饬
> 臣查核。臣查黄冕前官江南府县，并无劣迹。后随浙江军营，获咎甚
> 重，然皆在二三十年以前。近年黄冕大招物议，则惟东征局一事。而
> 其事实大有益于臣处，是以未及复奏，盖既不敢辩人言之无因，而又
> 不欲东征局之遽罢也。咸丰十一年安庆垂克之际，粮饷罄尽，赖东征
> 局解银七万，立慰军心。厥后进兵雨花台，孤军深入，时虞饥溃。臣
> 统军过多，不能专顾金陵一军。每当万分危迫之际，臣弟曾国荃飞书
> 乞饷于东征局，无不立时应付。外间不知者，但觉该局筹饷裕如，实
> 则通省商民之心，以谓金陵早克一日，则此局早停一日，并心一志以
> 助其成功者，非有余也，求速停也……臣伏念五年以来，湖南一省独
> 加半厘，本已偏枯；臣奏停广东、江西之厘，而于桑梓独食其言；臣
> 实用湖南各卡之厘，而令黄冕代被其谤；均有甚不安于心者……[②]

即便如此推心置腹，朝廷并没有就此改变态度，且看四月初三日的廷寄：
"黄冕未尝无才，而人品心术俱不可恃。前在江、浙时，声名狼藉已久，亦

---

① 曾国藩：《陈明请停湖南东征局片》，载《曾国藩全集·奏稿（八）》，岳麓书社，2011，第
256 页。
② 曾国藩：《陈明请停湖南东征局片》，载《曾国藩全集·奏稿（八）》，岳麓书社，2011，第
256 页。

非因其办理东征局，朝廷始疑此人也。"①

　　事实上，黄冕当初被查处，并非因哪位御史提起弹劾，也未要求黄冕自辩，该廷寄仍依据二十多年前的所谓理由显然是站不住脚的，清廷对黄冕的偏见如此根深蒂固，黄冕在湘军攻克南京的使命完成之后即求退，也是一种必然选择。

三　历史定位：黄冕对湘军近代
军事工业的杰出贡献

　　众所周知，湖南人素有"敢为天下先"的文化传统，这是因为湘学具有"学贵力行""经世致用"等特质，同时也存在一定的保守性和封闭性。直至近代，因为时局的变化，湘人也开始突破传统的局限，尝试放眼世界，邵阳魏源是最先涌现的代表人物。他先是深受传统湘学人物周敦颐与王夫之的影响，再是长期在江浙活动，这是近代中国经济最发达、与世界距离最近的区域，能比内陆地区更早了解世界与时局的变化。他还深受陶澍和林则徐的赏识，对时政的沉疴有深刻的体会。尤其他也亲历了鸦片战争，在前线对英军坚船利炮的巨大威力有着切身的感受。道光二十八年（1848）他还曾南下广东，进一步认识到了西方的政治、经济、文化与科技的先进性，也对资本主义世界有了粗浅的认识，从而逐步建立起自己的世界视野。《英吉利小记》《道光洋艘征抚记》等文章先后问世，直至推出巨著《海国图志》，这是当时介绍西方各国政治、经济、军事、文化、宗教等情况的最全面的一本书。

　　黄冕与魏源是同一时期之人，仅小魏源一岁。尤其，他们都在江苏任职，都与总督陶澍、巡抚林则徐等人有密切交往。魏源也曾入两江总督裕谦幕府，同往宁波前线，但仅数月即辞职离开，从而未受兵败的牵连。《魏源全集》中有记录与黄冕相逢的诗作，其首句就道及："相逢依旧十年前，万里归来尚黑颠。"② 足见他们是旧识。

① 曾国藩：《附录廷寄：答通筹滇黔大局等折片》，载《曾国藩全集·奏稿（八）》，岳麓书社，2011，第 252 页。
② 魏源：《吴门重晤黄南坡太守》（五首），载《魏源全集·古微堂内外集·古微堂诗集补录》第 12 册，岳麓书社，2005，第 707 页。

魏源在《海国图志》中收录了黄冕有关制造炸弹、地雷的技术资料，即《炸弹飞炮轻炮说》《炮台旁设重险说》《地雷图说》三篇，这也是目前仅见的黄冕著述。在《炸弹飞炮轻炮说》一文里，黄冕首先谈及他所见到的英国炮弹的威力："其炮弹所到，复行炸烈飞击，火光四射，我军士多望风胆裂。其实夷船亦不尽飞炮，大抵攻坚城，沉敌船，则用实心之弹；惊敌阵，溃敌众，则用空心之炸弹。"① 继而指出本土铁炮的局限："而内地大炮，则惟有实心铁弹，故止能透一线，洞一孔，而无益于行阵变化之用。有正无奇，非善策也。惟飞炮、炸弹之法，内地罕见，多骇为神奇，不知如何制造。"② 进而，他道出仿制原委，那就是在遣戍期间，在林则徐的支持下取得了成功："道光二十四五年间，剿番青海，曾随林制军讲求火器，师心创铸，居然造成。曾经演试，其弹炸裂，飞击远到。边方聚观，无不骇异。且其弹浑成铸就，较之洋夷飞弹，用两瓣合成者，更为圆巧适用。"③

客观而言，无论是制造炮、弹还是地雷，这个时候尚处于手工操作状态，因为中国古时没有机械工业，在很长时期里，机械制造技术属于"奇技淫巧"之术，更不在科举选拔之列。明末清初，中国引进过西方的机床技术，但并没有让其国产化，且仅仅局限于用来仿制西洋钟表，在利用机床制造火炮方面则基本失败。嘉庆四年（1799），清廷曾改造160门前朝的旧式神枢炮，结果却使射程由原来的百步滑落到不足百步④，其原因主要是这种制造技术过于依赖传教士等西方技术人员。如康熙朝所造的905门火炮，半数以上与比利时传教士南怀仁有关，一旦南怀仁病逝，火炮制造质量随即下降⑤。在这种情况下，本土的能人巧匠就更弥足珍贵了，魏源在《海国图志》中收集到的本土技术专家也不过十人左右，黄冕是其中之一，且是湖南唯一一位。

尽管魏源开始用世界眼光来思考和探索中国落后的原因，提出了"师夷长技以制夷"的著名主张。但他的这番思想终归只停留在纸面上，并没有机会将主张付诸实际行动，但对国人尤其是湘人曾国藩、左宗棠等的启

① 王兆春：《中国火器史》，军事科学院出版社，1991，第 280 页。
② 王兆春：《中国火器史》，军事科学院出版社，1991，第 280 页。
③ 王兆春：《中国火器史》，军事科学院出版社，1991，第 280 页。
④ 胡建中：《清代火炮》，《故宫博物院刊》1986 年第 2 期。
⑤ 魏源：《魏源全集·海国图志》第 7 册，岳麓书社，2005，第 2049 页。

蒙作用是毋庸置疑的。曾国藩也就是在安庆内军械所的轮船和枪炮仿制取得初步成功之后，进一步采纳了容闳的建议，决心引进国外先进设备来设立"机器母厂"，即以先进机床来制造相关部件，以彻底摆脱低水平、低效率的手工制造，这表明以曾国藩为代表的晚清军政精英开始具有更加系统也更为深刻的技术引进思想①，这显然是从之前的一系列实践中得来的。

咸丰十一年（1861）秋末，当安庆攻克，曾国藩即设立了内军械所。虽然在初期仍避免不了以手工仿制开花炮、弹药及以蒸汽为动力的轮船，但所内却聚集了一批当时中国最好的技术专家，如华衡芳、徐寿、徐建寅、张斯桂、李善兰等人，还有上百名工匠。从黄冕与曾国藩的通信来看，这些工匠中有些甚至还被派往设在长沙的东征局。

显然，因为有了黄冕制造战船、炮、弹的基础，曾国藩选择了在恰当的时期扩展规模，并招揽湖南以外的人才，正式开启了洋务运动，这无疑是克服了湘学传统中"保守"与"封闭"缺陷的创举，从引进开始，从仿制起步，翻开了近代中国制造业的第一页。

以今天的眼光来看，曾国藩的一系列实践虽不算很宏大，但贵在迈出了开创性的第一步。而黄冕显然是最先的一个实践者，让曾国藩体会到将蓝图变为现实的必要性、可行性，是促成他进而创设安庆内军械所的重要因素之一。随后，左宗棠在兰州设立制呢局，在福州马尾设立船政局等，基本都是遵循了类似的路径。

一般认为，曾国藩、李鸿章等人所开创的"洋务运动"（自强运动）以失败而告终，从表面来看，这是不可否认的事实，因为仅学习西方的先进技术是远远不够的。而从深层来看，失败并不意味着这场运动就毫无价值，毕竟即便是简陋、落后的工业制造，也锻炼了技术人才队伍，积累了实践经验，并使国人意识到建立配套体系的必要。更重要的是产生了思想上的启蒙，使更多人认识到工业制造带来的多种优势，认识到科学技术的重要性和紧迫性，以早日"以夷制夷"。因此在曾国藩、左宗棠相继离世之后，湖南人的近代工业实践进程并没有停歇，即便有李元度、王之春等湖南籍

---

① 严鹏：《战略性工业化的曲折展开——中国机械工业的演化（1900—1957）》，华中师范大学博士学位论文，2013，第 26 页。

保守官僚犹谓"机巧，天所忌也，洋人无事不用机械，犯天之忌二"①，连颇受曾国藩赏识的俞樾对西方人的"心计奇巧、器械精良"也不以为然，为时局开出的药方仍旧是"省刑罚，薄税敛"② 等保守做法，但图强的趋势终究难以改变，"经世致用"的风气依旧在延续，湖南相继涌现了以蒋德钧、梁焕奎、范旭东等人为代表的实业人物，不同的是他们的思路和所涉足的领域已经有了极大的拓展，如蒋德钧除兴办电灯公司、矿业公司及时务学堂外，甚至还动员一切力量改变了粤汉铁路的走向，极大地促进了湖南经济社会的发展。

由此可见，从魏源开始，到曾国藩（及黄冕、左宗棠等人）、蒋德钧（及梁焕奎、范旭东等人），这是一条近代湖南人秉持湘学"经世致用"思想开创出的近代中国工业发展脉络，且随着时间的推移和时局的变化不断递进、薪火相传，所涉及领域不断扩大，技术水平不断提升，认识不断加强，并吸引了更多的人投身其中，既赓续了湖南人敢为人先的传统，也表现出家国天下的担当、兼收并蓄的胸怀和突破保守封闭的自觉。

黄冕无疑是介于林则徐、魏源和曾国藩、左宗棠之间的一个承前启后式的人物。他和魏源是两个在第一次鸦片战争中亲历了"数千年未有之强敌"的湖南人，对于国力羸弱有着切肤之痛，他在艰苦的边陲试制大炮和炸弹，并不是常人所能之为，这既是对"师夷长技以制夷"思想的初步践行，也是对曾国藩开启洋务运动的启发。

黄冕具有强烈的爱国情怀。他虽亲历第一次鸦片战争的屈辱，又多次遭受朝廷的贬抑，仍不惜为谋求"强国"之道坚持探索，也由此展现了超强的学习能力和出色的实操能力。至于他的人生起落，或许有"满汉相争"的政治因素在内，但他能扛住那些不公的遭际，也从侧面体现出这个湖南人的坚韧个性。

如果说"经世致用"是曾国藩一代人身上的一个湖湘文化特有的标签，那么黄冕同样是"经世致用"理念熏陶下的杰出践行者。他虽然没有依靠领军打仗建功，但其对湘军军饷与军火两个领域的巨大贡献其实不逊于那些运筹帷幄的将帅，他注定是一个为湘军而生的人物。

---

① 《李元度序》，载《清朝柔远记》，中华书局，1989，第 11 页。
② 《俞樾序》，载《清朝柔远记》，中华书局，1989，第 8 页。

黄冕并非文人，其传世诗文、书信极为罕见，因此很难更深入地了解他的内心世界。他辞世后，挚友郭嵩焘为其撰祭文，其中有云："抚摩方寸，委心来去。"他专门解释，黄冕临终之际"以手抚膺曰：'方寸地，来去清白。'"① 这寥寥七个字，是他留给这个世界最后的辩解。

曾国藩则以挽联的形式表达对他的评价："伟人事业无恒蹊，任侠而作循良，权算而平祸乱；晚岁林泉有至乐，真率以娱耆旧，经纶以付儿孙。"②

"恒蹊"乃指平常之路，显然，集火炮专家、理财高手、围棋国手为一身的黄冕走的不是平常路，他的担当与作为，于湘军取得攻克南京的大功至关重要，才深得曾国藩一以贯之的认可与感激，他的幕僚之一四川李榕在卸任湖南布政使时也撰诗《赠黄南坡老人》（五首）以赠，其第一首即是非常直白的赞扬："白下曾传老吏声，更烦大计赞东征；全开郡县鱼盐利，饱饷湖湘子弟兵；裙屐交游儿辈事，笙歌领略暮年情；不因三度芳园醉，那识汪汪万顷清？"③

"白下"指南京，首句回顾黄冕在江南多地任职时就以"能干"知名，而湘军东征的最终目标也是南京。"全开郡县鱼盐利，饱饷湖湘子弟兵"之句，无疑代表了时人对黄冕能力的高度认同。

经曾国荃、郭嵩焘等人的努力运作，黄冕以其早年助守长沙省城、主持火药局之功，被准袝祀于前巡抚骆秉章、张亮基和前布政使潘铎专祠。家传则称，光绪皇帝亲政后，"追思平定寇乱功，加恩中兴功臣，在廷公卿咸谓一时忠义多出湘军，请于京师建祠，合祀曾文正公国藩、左文襄宗棠、胡文忠林翼，公暨有功诸将帅均入祀焉"。④

这或表明，至清末，黄冕的事功在一定程度上得到了清廷的认可。这无疑有助于平反当初清廷给他制造的那些冤屈，因为长期来，无论是在湖南省内还是在省外学界，黄冕都一律被给予负面评价，这与当初那些上谕有莫大的关系，也与他的家传材料传播范围有限有关。

当下史料来源已经丰富，笔者参照多种材料，考察魏源、林则徐、陶

---

① 郭嵩焘：《祭黄兰坡文》，载《郭嵩焘全集·文集》第 22 卷，岳麓书社，2013，第 673 页。

② 曾国藩：《挽黄兰坡观察冕》，载《曾国藩全集·诗文》，岳麓书社，2011，第 126 页。

③ 李榕：《十三峰书屋全集》，载《清代诗文集汇编》第 677 册，上海古籍出版社，2010，第 46 页。

④ 佚名：《南坡公传》，载黄庆光主修长沙《汀龙黄氏四修族谱》卷二，光绪十六年。

澍、曾国藩、郭嵩焘等著名人物与黄冕的实际交游，以陈寅恪先生所提出的"理解之同情"态度，尝试为黄冕重新画像，以还其本来历史面目，并从总体上客观认识黄冕经历的复杂性、探索图强的艰难性、于湘军取得成功的极端重要性。虽然历经道、咸、同三朝的内忧外患，由体制内到体制外，不畏流放与贬抑，不惧误解与非议，黄冕以其卓越的干济之才与湘军相始终，无疑是湘军不可或缺的人物之一，也是中国近代工业的可贵探索者。

谭嗣同著述新考

张玉亮[*]

摘 要：关于谭嗣同研究的著述汗牛充栋，一些学者认为已达到较高的高度和"饱和程度"。本文试图以谭嗣同本人记述为基本材料，通过史事考订，对谭嗣同的重要著述"三十以前旧学"、"三十以后新学"和《仁学》之刊行提出新见。

关键词：谭嗣同 唐才常 三十以前旧学 新学 《仁学》

关于谭嗣同研究的著述汗牛充栋，一些学者认为已达到较高的高度和"饱和程度"。本文试图以谭嗣同本人记述为基本材料，通过史事考订，对谭嗣同的重要著述"三十以前旧学"、"三十以后新学"和《仁学》提出新见，力求将谭嗣同著述研究在前人基础上有所推进。

一 关于"旧学四种"

据《刘善涵集》之年表，刘于光绪十七年春考入武昌两湖书院[①]。两年后唐才常也至两湖书院。这样，自光绪十六年随父谭继洵赴湖北巡抚任的谭嗣同，得与同乡好友刘善涵、唐才常聚首武汉，时常切磋。甲午、乙未之间，中国经历"三千年未有之大变局"，这些热血的湖湘志士，也密切关注着时局发展，并时时校正自己的人生方向。谭嗣同"东海褰冥氏三十以前旧学四种"（以下简称"旧学四种"）的刊行，就是颇具象征意味的出版事件。

谭嗣同《秋雨年华之馆丛脞书》中，收录了他与挚友唐才常的书札三

---

* 张玉亮，中华书局副编审，《中国出版史研究》编辑部副主任。

① 《刘善涵集》，岳麓书社，2017，第 241 页。

通，以及联语一副、五律一首。三通书札对研究谭嗣同著述刊行过程颇为重要。其第二通云：

> 绂丞同门足下：
>
> 昨寄近刻，到否？三十以前旧学凡六种，兹特其二，余待更刻。三十以后，新学洒然一变，前后判若两人。三十之年，适在甲午，地球全势忽变，嗣同学术更大变，境能生心，心实造境，天谋鬼谋，偶而不奇。故旧学之刻，亦三界中一大收束也。①

前人研究谭嗣同，多征引此信以阐发"旧学四种"作为谭对旧学总结、决裂的思想意义，其实这封信对于考订"旧学四种"的刊行过程，厘清一些论著中尚可商榷之处，也具有重要价值。

（一）刊行时间

此信中提道："又尝语淞芙曰：'大地山河，了了到眼。'"按此语出自谭嗣同《寥天一阁印录跋》："维丁丙之春，伏遇大善知识刘淞芙者，笃嗜愚鄙所造语言，虽我亦不能名其故，殆灵山法会早种此因耶？偶又索手镌印章，印之此幅，兼令跋其意。大地山河，了了到眼，更无处可容言说，因为谨录摩诃衍大方广唐译《华严》一小品，以见印玺亦佛所用心者也。"②此跋语赖刘善涵之《寥天一阁印录序》转录，序称："余自金陵告归，谭子出以志别。"刘善涵离开南京的时间，在光绪二十三年（1897）二月。据《刘善涵集》中之年表，在"二月十五日"③。

此信前为《金陵测量会章程》和《吴铁樵传》。按《金陵测量会章程》草拟于光绪二十三年二月前后，出现在郑孝胥本年二月十一日之日记中，以及谭嗣同于本年二月十四日写给汪康年、梁启超两人的信件中。《知新报》第20册亦载"金陵新设测量会"事，并言"谭君复生嗣同倡议，草定章程九条"（按，实为十条，据后文详列十条章程之名目，可知其为笔误），

---

① 《谭嗣同集》，浙江古籍出版社，2018，第203页。
② 《谭嗣同集》，浙江古籍出版社，2018，第645页。
③ 《刘善涵集》，岳麓书社，2017，第262页。

此册虽然刊行于本年五月二十，但考虑到《知新报》是在澳门出版，所以该报获知此消息当在更早。而吴樵则卒于光绪二十三年四月二十一日，可参谭嗣同所撰《吴铁樵传》。

据此，"旧学四种"中，至这通书札所发出之时，亦即光绪二十三年四月下旬或之后，还仅仅只有前两种付梓，而此时刘善涵则已离开南京前往上海。

（二）刘善涵在"旧学四种"刊行中的作用

刘善涵作为谭嗣同最为要好的同乡挚友之一，对"旧学四种"的刊行功不可没。一些专以交游为主题的论著对此未加论述，如丁平一《谭嗣同与维新派师友》①；而在另外一些记载中，则有尚可探讨之处。《刘善涵集》之年表云："教授谭嗣同侄儿谭传炜读书，同时帮助整理校刻谭嗣同《东海褰冥氏三十以前旧学四种》……"②

以笔者所见，贾维先生《谭嗣同与晚清士人交往研究》对这一问题的论述最为平允："刘善涵钦佩嗣同的为人和才华，对谭氏文字极为珍惜，平日交往之余，注意代其收集和整理。嗣同在《莽苍苍斋诗补遗序》中说：'刘君淞芙独哀其不自聊，劝令少留，且捃拾残章为补遗，姑从之云尔。'致刘氏函又云：'承代搜残稿，此名士之流落不偶，得足下拂拭而大用之，在施者不期报，而受者亦思自奋矣。'"③按该书札作于光绪二十年十二月十七日（1895 年 1 月 12 日）。

如前文所述，刘善涵离开南京到上海后，"旧学四种"也仅前两种付梓，"余待更刻"。而且，据存世版本来看，前两种为刘善涵题，后两种为唐才常题，这一变化也耐人寻味。尽管无其他史料佐证，但同样地，刘善涵协助整理刊行"四种"之说，在无进一步史料支撑前，似亦当存疑。

·（三）四种还是六种

"东海褰冥氏三十以前旧学"，现存四种，故笔者在参与整理"新编戊

---

① 丁平一：《谭嗣同与维新派师友》，湖南大学出版社，2004，第 108～113 页。
② 《刘善涵集》，岳麓书社，2017，第 262 页。
③ 贾维：《谭嗣同与晚清士人交往研究》，湖南大学出版社，2004。

戌六君子集"之《谭嗣同集》时，根据四种从未单行的实际情况，将其合编为"东海褰冥氏三十以前旧学四种"，以期"整旧如旧"（吴仰湘先生在该书发布暨研讨会上点评语）。但后来根据深入分析，笔者此举也不无疏失。

从存世版本来看，从来未见"东海褰冥氏三十以前旧学四种"之文献依据，金陵初刊本的牌记，仅仅是"东海褰冥氏三十以前旧学第✕种"。前引谭嗣同致唐才常书札中云明确提出，"三十以前旧学凡六种"，一个"凡"字，透露出写此信时，谭嗣同已将自己对旧学的总结与编次基本确定，总共六种，先行付梓的仅是前两种而已。因此，从文献整理的规范来说，"东海褰冥氏三十以前旧学四种"，其实是包括笔者在内的后来者根据现存种数所编，至多只能加引号，而不可加书名号。谭嗣同原先的出版计划为六种，至于是刊行四种而作罢还是最后两种刊而未印抑或其他情况，文献无征，只得暂付阙如。但我们可以根据谭嗣同著述中的一些记述发挥一下想象。

谭嗣同在《三十自纪》中总结道：

> 今凡有《寥天一阁文》二卷，《莽苍苍斋诗》二卷，《远遗堂集外文初编》一卷、《续编》一卷，《石菊影庐笔识》二卷，《仲叔四书义》一卷，《谥考前编》二卷，《浏阳谭氏谱》四卷，都十五卷。又《纬学》，翼经也；《史例》，书法也；《谥考正编今编》，名典也；《张子正蒙参两篇补注》，天治也；《王志》，私淑船山也；《浏阳三先生弟子著录》，欧阳、涂、刘也；《思纬吉凶台短书》，甄俗也；《剑经衍葛》，武事也；《楚天凉雨轩怀人录》，思旧也；《寸碧岑楼玩物小记》，耆古也：未成，无卷数。惟《史例》有叙。①

其中，《浏阳谭氏谱》四卷，据谭嗣同收入《寥天一阁文》卷二的叙例称，"凡为世系十，图十，家传十三，叙例目录终焉"，而其中家传十三亦皆收入《寥天一阁文》卷二。《寥天一阁文》已为旧学之第一种，则《浏阳谭氏谱》被谭嗣同列入旧学六种之中的可能性相对较小。那么，"旧学六种"中除目前已见的四种之外，另外两种最有可能的就是《仲叔四书义》

---

① 《谭嗣同集》，浙江古籍出版社，2018，第64页。

一卷和《谥考前编》二卷了。

据《仲叔四书义》之序言，此为收录谭嗣同与其兄谭嗣襄四书文的集子，"仲兄仅乃著录其二，知不欲以此见也"①。《极盩歌并叙》之叙云："先仲兄手书，亦既联为大卷，乃开罪脉望，毁于柔口，生而不阅，死无幸焉，相苦亦何迫耶?"②《远遗堂集外文初编》之自叙云："乃克检仲兄遗文手书一通，单辞夺简，莫成卷帙，言行之大，见于行述志名及哀诔之文，无所离丽，命曰《集外文》尔。"③可见谭嗣同对于仲兄嗣襄去世之哀悼、对其遗文之珍视，单辞夺简，莫不宝重。《仲叔四书义》也是反映两兄弟同窗共读的制义之作结集，可惜最后因故未见刊行。

《谥考前编》二卷，今已难获见。前辈学人对目前已散佚的谭嗣同著作进行了颇有意义的梳理与研讨，其中《谭嗣同早期佚著探隐》较为重要④。该文通过内容相关性的比勘认为："谭嗣同 12 种早期佚作，除《谥考前编》、《谥考正编今编》、《仲叔四书义》、《剑经衍葛》和《史例》5 种，其内容已经遗失外，其他 7 种，即《王志》《张子正蒙参两篇补注》《纬学》《思纬吉凶台短书》《浏阳三先生弟子著录》《楚天凉雨轩怀人录》《寸碧岑楼玩物小记》等，其部分内容仍然保留于《石菊影庐笔识·思篇》之中，为我们分析和研究谭嗣同早期生活和思想提供了重要线索。"其实，在《石菊影庐笔识·学篇》里，保存了谭嗣同对古代谥法的研究心得，第二十四则云：

> 谥法之义，有裨于形声训诂者。如"仁义所往曰'王'"，"从之成

---

① 《谭嗣同集》，浙江古籍出版社，2018，第 22 页。
② 《谭嗣同集》，浙江古籍出版社，2018，第 91 页。
③ 《谭嗣同集》，浙江古籍出版社，2018，第 103 页。
④ 按该文刊于《湖南科技学院学报》2014 年第 4 期，作者署名为王娟，单位为浏阳市文物管理局。然 1999 年由岳麓书社出版的田伏隆、朱汉民主编《谭嗣同与戊戌维新》论文集中，收录了贾维的同题文章，内容也几乎全同。贾维自著《谭嗣同与晚清士人交往研究》的参考文献中，也列入了自己的这篇论文。查该文中谓刘善涵"特意写了《〈寥天一阁印录〉序》，以作纪念。序言详细介绍了《印录》所辑印章的形式和文字内容，并转录了谭氏的跋文，从而为我们保留了这一珍贵佚著的主要内容。刘淞芙此文载《蛰云雷斋诗文集》，方行先生已将其收录于即将再版的《谭嗣同全集》中"，按中华书局版《谭嗣同全集》于 1998 年 6 月第 3 次印刷，增收了谭氏跋文。似不致晚如 2014 年发表的文章尚称其为"即将再版"。此文作者究竟为谁，未敢自专，谨录相关线索于此以备考。

群曰'君'","敬事供上曰'共'","执事坚固曰'共'","执礼敬宾曰'共'","温年好乐曰'康'",皆六书之学。故《周书·谥法》一篇,释说字义,当与《尔雅》《急就》同科,未可忽略读之。又凡古人之字,必与命名相表里,或相因,或相反,莫不各有义焉。取其相因者汇为一书,往往得三代以前古训为后儒所不达者。因知假借、引申之所自,且又可以解经,如公山不狃字子泄,可证《释兽》阙泄多狃,而订王引之《周秦名字解故》之误。言偃字子游,可证许慎之说,冉耕字伯牛,可证牛耕之不始于秦之类。暇当辑为《唐以上名字解诂》,与王引之及近人俞樾《春秋名字解诂》,用意微别。①

可惜的是,谭嗣同关于谥法的论述,当下仅存此吉光片羽,无论当时已完成的《谥考前编》,还是未完成的《谥考正编今编》,今皆散佚。

至于原定计划的六种为何刊行了四种后就未再继续,我们已难以确知,但可以肯定的是,一直对"日新"保持高度自觉的谭嗣同,在此期间,把对"新学"的关注、学习、研究与著述,排到了日程表上越来越靠前的位置。

二 关于《秋雨年华之馆丛脞书》与"新学"著述

"旧学四种"之所以重要,是因为这是谭嗣同生前亲自编纂并刊行的著作。其后,他开始了"新学"的学习、研究与著述。这其中,就有一部尚未编定的著作,即《秋雨年华之馆丛脞书》。此书目前已知稿本、刊本两个版本。

最早对稿本进行整理刊布的是《湖南历史资料》。该刊创刊于1958年初,为季刊,据发刊词,是响应"向科学进军"的号召而创办的。该刊1959年第4期刊发了《〈秋雨年华之馆丛脞书〉未刊稿》,编者按云:"谭嗣同的《秋雨年华之馆丛脞书》稿本,为张篁溪收藏。原稿凡一百四十八页,书面有谭氏手书签题及'乙丁之际'字样。原稿首页书名下有'东海

---

① 《谭嗣同集》,浙江古籍出版社,2018,第126页。

寨冥氏三十以后新学第二种'十四字，后复涂去。文中且多增改之处，字迹与谭氏其他笔札相同。封面及书底之里页为当时两湖公文书之官封所改装，似亦当时原物，其为谭氏手订之稿无疑。"

而当年参与编纂三联书店版《谭嗣同全集》的方行先生的两份回忆，也颇有参考价值。在《谭氏两书编印琐话》一文中，方先生道："忽闻北京张次溪藏有谭氏《秋雨年华之馆丛脞书》未刊手稿，即托友人向他商借一阅。据答借是可以，但要有偿，且索价不菲。我亟求得读，立即照数把款汇去。不久书寄来了，我与顾廷龙同阅，原疑为刊本之底稿，经校确为另本，我们为慎重起见，特向谭氏老友曾为两书题签的张元济（菊生），请他鉴定，时菊老因中风仰卧在床上，他逐页翻阅，认为是谭氏手笔。言未竟，突然有感而泣，两颊涨得通红，我们大惊，劝他镇静，才渐渐平复。概菊老睹物思友，激起旧情，而难以控制。此书稿后归湖南历史研究所，并发表在《湖南历史资料》上。"① 在自印本的回忆录中，方行先生记述道："解放后，听说北京有人有一册谭嗣同的手稿本（即《秋雨年华之馆丛脞书》，收藏人张次溪）。我向收藏人借，他说借阅可以，但是要 50 元，我就汇了 50 元给他，不久书果然寄来了。我和顾廷龙一看，里面有的是抄件，有的确是谭氏真迹，是有涂改的文稿。我们商量请张元济看看真伪，于是，一起去上方花园拜望张元济。张元济这时九十岁了，中风了，但人情况还是好的。他躺在床上，床上放着个小茶几，我们把手稿放在小茶几上给他看。张元济一看之下，竟然'啊——'一声大哭起来，脸涨得血红！他看到了老朋友的东西，哭了，真是百感交集，老泪纵横。当时我吓坏了，老夫子这么大年纪，有个什么不测怎么办，我怎么担得起这个责任！这样看来，稿本中的一些手迹确是真的。想买又买不起，我让顾廷龙拍份照片下来，也不知道这份照片现在在哪里。这个稿本后来被卖给了湖南历史研究所。"② 按方氏为谭嗣同文献搜集刊布之功臣，以笔名"文操"刊行《谭嗣同真迹》，其评价具备相当的权威性，然文章毕竟为回忆性质，且前后两文所记有所参差，又未能备述判断为抄本的依据，判断"有的确是谭氏真迹"

① 方行：《谭氏两书编印琐话》，载田伏隆、朱汉民主编《谭嗣同与戊戌维新》，岳麓书社，1999，第 480~481 页。
② 《文献选编二三事》，载方放编《行南文存》，2015 年自印本，上海图书馆藏。

的依据则系"是有涂改的文稿",录以备考,而暂且将此本仍称为"稿本"。

谭嗣同对《秋雨年华之馆丛脞书》的重视,在其被捕后致仆人的书札中也有所反映:

> 昨闻提督取去书三本,发下否?①
>
> 再前日九门提督取去我的书三本:一本名《秋雨年华之馆丛脞书》;二本《名称录》,现送还会馆否?即回我一信。②

至于该书稿本如何辗转落入张篁溪之手,以目前文献恐难以考索了。

关于刊本,则有民国元年长沙刊行《秋雨年华之馆丛脞书·兴算学议》(合订一册),附于辛亥年重刊"旧学四种"之末以行。笔者于"新编戊戌六君子集"之《谭嗣同集》前言中已加考述,兹不赘述③。

此处想要进一步探讨的是,谭嗣同手笔"东海褰冥氏三十以后新学第二种"字样。这一标识为我们揭示了谭嗣同对"三十以后新学"著述的初步规划。此成于"乙丁之际"者为第二种,那么第一种有可能是何著?

就目前我们所能见到的谭氏著述,成于三十以后且略早于"乙丁之际"的有两种,一是《兴算学议》,二是《思纬吉凶台短书》。那么,哪一种更有可能是谭嗣同的"新学第一种"呢?这涉及两书的公开刊行时间。

刊行《兴算学议》的动议,起于浏阳兴算活动中,发起人为欧阳中鹄。欧阳《与涂舜臣明经启先论兴算学书》作于乙未七夕,书云:"鄂中中丞初见及此,拟上变法疏,属稿已定。唐生才常、刘淞芙秀才善涵,肄业两湖书院,请先试于一县,中丞允之。其子门人嗣同具函复鄙人,洋洋万数千言,乞速起专任其事。……嗣同虽压于父命,不欲题名,而其前书所言,最为剀切详明,不得已为删去十分之二,再以鄙意加批加跋,用活字板刷出……兹特将稿专人送呈,乞加披阅。其原函及眉端批语,有应从删者,即请删节;或执事更加跋语,尤为征信。字数过多,检子需时日,令来足恭候,希交带回。"④ 可见此《兴算学议》乃欧阳中鹄动议,寄给涂启先审

---

① 《谭嗣同集》,浙江古籍出版社,2018,第636页。
② 《谭嗣同集》,浙江古籍出版社,2018,第637页。
③ 《谭嗣同集》,浙江古籍出版社,2018,前言第20~21页。
④ 《谭嗣同集》,浙江古籍出版社,2018,第283~284页。

订并参加意见后，以活字排版刷印的。欧阳《书兴算学议后》称："因将嗣同此书，用活字板刷出，并以鄙意，加批于眉端，俾用传观，知非冒昧。"此文末署"光绪二十一年七月"，则此时《兴算学议》已经刊行，在后文《再书兴算学议后》（末署"中元日"）之前①。

而《思纬吉凶台短书》则更为复杂一些。其刊行时间，笔者于新编《谭嗣同集》之前言已提出，目前所见最早版本为麦仲华所编《皇朝经世文新编》（前有戊戌年正月序）石印本。而完成时间，此著作所包括的叙、《报贝元征》和《治言》三个部分，成于三个不同的时间。《报贝元征》末署"甲午秋七月"，然文中有涉及甲午战败后签约事，则当系乙未年之笔误。《治言》完成最早，谭嗣同于前特地加有按语云："此嗣同最少作，于中外是非得失，全未缕悉，妄率胸臆，务为尊己卑人一切迂疏虚骄之论，今知悔矣，附此所以旌吾过，亦冀谈者比而观之，引为戒焉。"论者多谓此《治言》系光绪十五年前后所作。值得进一步探究的是此篇序言。

文中有言："故观化学析别原质七十有奇，而五行之说不足以立。"按，关于化学元素（即文中所称"原质"），《仁学》中也有论及。《仁学》第十一则载：

> 或难曰："草木金石，至冥也，而寒热之性异；鸟兽鱼鳖，至愚也，而水陆之性异。谓人无性，毋乃不可乎？"曰：就其本原言之，固然其无性，明矣；彼动植之异性，为自性尔乎？抑无质点之位置与分剂有不同耳。质点不出乎六十四种之原质，某原质与某原质化合则成一某物之性；析而与他原质化合，或增某原质、减某原质，则又成一某物之性；即同数原质化合，而多寡主佐之少殊，又别成一某物之性。纷纭蕃变，不可纪极，虽聚千万人之毕生精力治化学，不能竟其绪而宣其蕴，然而原质则初无增损之故也。……然原质犹有六十四之异，至于原质之原，则一以太而已矣。……

"六十四种"，《清议报全编》本、国民报社本作"七十三种"。本则下

---

① 《谭嗣同集》，浙江古籍出版社，2018，第 288～290 页。

一"六十四"同。无独有偶，六十四种与七十三种之文字差别，也出现在梁启超《校刻浏阳谭氏仁学序》的不同版本中，此序《清议报》本为：

> 今夫世界乃至恒河沙数之星界，如此其广大；我之一身，如此其藐小。自地球初有人类，初有生物，乃至前此无量劫，后此无量劫，如此其长；我之一身，数十寒暑，如此其短。世界物质，如此其复杂；我之一身，分合六十四原质中之各质组织而成，如此其虚幻。

"六十四原质"，《清议报全编》本、《饮冰室合集》本则作"七十三原质"。

根据汤先生考证，《清议报全编》本出版于《清议报》终刊（1901年12月21日）之后，且《清议报全编》中提及《新民丛报》，《新民丛报》创刊于1902年，则《全编》本当在1902年出版。

清华大学邓亮先生在其论文《化学元素在晚清的传播——关于数量、新元素的补充研究》，列举了晚清时期化学元素（"原质"）种数的数种说法[①]。其中64种之说最为普遍。这得益于傅兰雅和徐寿的《化学鉴原》（1871）。当然，后来在《化学鉴原补编》（1875）中他们又加入了一个元素镓，但若剔除实为化合物的伪元素镝则仍为64种。1896年南京汇文书院福开森与李天相合译《化学新编》，称"现时所察知之原质，已有七十余种，但罕见者居多"，然而所列出的"最要原质表"仅列举了44种较为常见的元素。直到1898年2月，《教务杂志》刊载了狄考文的《修订化学元素表》，才列举了71种元素，并增加了两种具有元素性质的化合物Ammonium 铔（即铵）和Cyanogen蓝（即氰）。也就是说，七十三种之说，不当早于1898年2月。

据此，则《思纬吉凶台短书》的叙中所提七十余种，当在1898年，至早不会早于1896年。若如此，最终完成叙文的《思纬吉凶台短书》，似当在《秋雨年华之馆丛脞书》之后。那么"新学第一种"，以《兴算学议》可能性为更大。民国元年刊行《秋雨年华之馆丛脞书·兴算学议》时合订为一册，或许正是冥冥中与谭氏本意相合的处理。

---

① 《中国科技史杂志》2011年第3期。

三　关于《仁学》

谭嗣同最重要的著作《仁学》，前人对其的考论，较有代表性的是汤志钧《仁学版本探源》①、印永清《仁学版本考》②，以及日本狭间直树《梁启超笔下的谭嗣同——关于〈仁学〉的刊行与梁撰谭嗣同传》③。兹就笔者所见，略做申说。

关于《仁学》的写作，各家著述颇多，且其中有矛盾之处，笔者认为，谭氏自家文字中之记述，当是更可信据的线索。

谭嗣同著述中关于《仁学》的记述，当始于《秋雨年华之馆丛脞书》所收之《与唐绂丞书》：

> 若夫近日所自治，则有更精于此者，颇思共相发明，别开一种冲决网罗之学。亦拟还县一游，日期又急不能定，大要归则甚速耳，彼时当畅衍，此书其先声也。④

由此信可知，"别开一种冲决网罗之学"的《仁学》的写作计划，在此时已经有了。

在另一封给唐才常的信（光绪二十三年三月十四日，1897 年 4 月 15 日）中，谭嗣同再次提到了这个计划：

> 乃嗣同蒿目时艰，亟欲如前书所云，别开一种冲决网罗之学，思绪泉涌，率尔操觚，止期直达所见，未暇弥纶群言，不免有所漏耳。⑤

从"率尔操觚，止期直达所见，未暇弥纶群言，不免有所漏"的描述

---

① 《学术月刊》1963 年第 5 期。

② 《华东师范大学学报》（哲学社会科学版）2000 年第 6 期

③ 《文史哲》2004 年第 1 期。

④ 《谭嗣同集》，浙江古籍出版社，2018，第 193～194 页。据黄彰健《戊戌变法史研究》（上海书店出版社，2007）、王夏刚《谭嗣同与晚清社会》（中国社会科学出版社，2015），此信写于光绪二十二年九月（1896 年 10 月）。

⑤ 《谭嗣同集》，浙江古籍出版社，2018，第 582 页。

里可以看到，这时《仁学》已开始撰写，而且进展较快。

值得指出的是，汤先生文章中引述章太炎《太炎先生自编年谱》光绪二十三年："春时在上海……会平阳宋恕平子来，与语，甚相得。平子以浏阳谭嗣同所著《仁学》见示，余怪其杂糅，不甚许也。"并引谭嗣同《酬宋燕生道长见投之作即用原韵》跋曰："丙申秋八月，偶客上海，燕生惠我以诗。人事卒卒，未有以报。及还金陵，乃克奉答，并书扇以俟指正。"同时，汤文认为宋恕《赠谭复生》"五十年来数壮夫，南州一郭圣人徒。神交昔坠千行泪，声应今传万字书"中之"万字书"很可能指《仁学》。此说不确，按宋诗此句有自注云："比读君上师某书，洋洋万言，虽于鄙见或有小离，而痛切之处得未曾有，于是方寸中有谭子矣。"谭嗣同写给老师欧阳中鹄之长书现存有二，一为后来刊行之《兴算学议》，二为谭氏自称"北游访学记"之书信，后者当时未见刊行、宋恕当无由得见，则此"万言书"当指《兴算学议》，虽然这两通长书中的思想乃至语句有不少后来写入《仁学》，但丙申秋八月宋恕赠诗中的"万字书"当非指《仁学》。

而谭嗣同在给好友汪康年的书信（光绪二十三年正月十八日，1897年2月19日）中，也有关于《仁学》的记述：

> 去年吴雁翁到金陵，述卓如兄言，有韩无首大善知识，将为香港《民报》，属嗣同畅演宗风，敷陈大义。斯事体大，未敢率尔，且亦不暇也。近始操觚为之，孤心万端，触绪纷出。非精探性天之大原，不能写出此数千年之祸象，与今日宜扫荡桎梏冲决网罗之故，便觉刺刺不能休，已得数十篇矣。少迟当寄上。①

这时，《仁学》已得数十篇，但揆其语气，当尚未完成。

梁启超《与严幼陵先生书》（光绪二十三年三月，1897年4月）亦云：

> 侪辈之中，见有浏阳谭君复生者，其慧不让穗卿，而力过之，真异才也。著《仁学》三卷，仅见其上卷，已为中国旧学所无矣。②

① 《谭嗣同集》，浙江古籍出版社，2018，第591页。
② 汤志钧、汤仁泽编《梁启超全集》第十九集，中国人民大学出版社，2018，第535页。

据此，光绪二十二年十月已有写作计划，至光绪二十三年三月间，已开始写作并完成数十篇，但此时应尚未终卷。

那么，《仁学》大体完成于何时呢？谭嗣同《与唐绂丞书》（收录于《秋雨年华之馆丛脞书》）云：

> 《质点配成万物说》竟明目张胆说灵魂、谈教务矣，尤足征足下救世盛心，于世俗嫌疑毁誉，悍然置之度外，可谓难矣。得此则嗣同之《仁学》殆欲无作，乃足下于《湘学报》一则曰"绵《仁学》之公理"，再则曰"《仁学》之真铨"，三则曰"《仁学》大兴"，四则曰"宅于《仁学》"，五则曰"积《仁学》以融机械之心"，六则曰"《仁学》大昌"，转令嗣同惭惶，虑《仁学》虚有其表，复何以副足下之重许？然近依《仁学》之理衍之，则读经不难迎刃而解，且日出新义焉。①

按唐才常之《质点配成万物说》刊于《湘学报》第 5—7 号（光绪二十三年五月初一、十一、二十一）。而信中谭嗣同六次提到唐才常对"仁学"的征引，据现有文献可以查到前两次。一是《各国政教公理总论》："若夫轨唐、虞之盛心，绵仁学之公理者，其华盛顿、林肯之为君乎！旅天位，宅民权，屡功利，弢兵祸，廓然夷然，是谓大公。"二是《国会》："而华盛顿以其公天下之心，一涤争权陋习，此盖太平之公理，仁学之真诠。"后四次则目前最为完备的《唐才常集》增订本中亦未见②。不过从可查证的两次征引，也可大体估算出时间。

在同一封信中，谭嗣同又云：

> 南昌沈小沂兆祉，吾辫姜先生弟子也。于考据学致力颇深，词章绵纱处大似嗣同，亦好格致算学，时时谈西法。往与同学京师，渠治

---

① 《谭嗣同集》，浙江古籍出版社，2018，第 207 页。
② 中华书局 2013 年版，较中华书局 1983 年初版、岳麓书社版都有增补，是目前最为完备的唐才常著述集。

目录，嗣同治纬，相得欢甚。但稍觉其不脱经生气。东事后，久不相闻，迨忽得其书，言于《时务报》见嗣同著有《仁学》，为梁卓如所称，不知中作何等语。渠意以为学西法，惟平等教公法学最上，农矿工商有益于贫民者，亦不可缓，兵学最下，不审《仁学》颇及上一路否。此正嗣同蚤暮惓惓焉欲有事者也，不图小沂猛进乃尔。

按文中"于《时务报》见嗣同著有《仁学》，为梁卓如所称"，殆指梁启超《说群自序》，刊于《时务报》第 26 册，光绪二十三年四月十一日（1897 年 5 月 12 日）出版，后收入《饮冰室合集·文集之二》。文中说："启超问治天下之道于南海先生，先生曰：以群为体，以变为用，斯二义立，虽治千万年之天下可已。启超既略述所闻，作《变法通议》，又思发明群义，则理奥例赜，苦不克达。既乃得侯官严君复之《治功天演论》、浏阳谭君嗣同之《仁学》，读之犁然有当于其心。悼天下有志之士，希得闻南海之绪论，见二君之宏著，或闻矣见矣，而莫之解、莫之信，乃内演师说，外依两书，发以浅言，证以实事，作《说群》十篇，一百二十章，其于南海之绪论、严谭之宏著，未达什一，惟自谓视变法之言，颇有进也。"① 这里将谭嗣同《仁学》与严复《天演论》相提并论，当是已见到初步完成的书稿。

如果上述推论大致不差的话，那么，《仁学》的写作计划开始于光绪二十二年（1896）十月，其间经过约半年时间，在光绪二十三年（1897）的四五月间基本完成，其间每成一篇辄与梁启超等沪上友人切磋，完成后将原稿寄给唐才常、将录副本交给梁启超。唐才常得到原稿后大为赞赏，于其主编的《湘学报》中撰文多加征引，梁启超也在其主持笔政的《时务报》中称道不已。

除了笔者在新编《谭嗣同集》前言中表达的"如果史料、史实不足以做排他性认定，还是回到文本对勘和版本差异中选择底本更为妥当"的意见外，对于这并非同源、各有传承的两个版本哪个更可能是原稿，笔者以为当为唐才常《亚东时报》本，理由如下：

一来，光绪二十三年四五月间谭、唐两人分处吴楚两地，谭信中有

---

① 汤志钧、汤仁泽编《梁启超全集》第一集，中国人民大学出版社，2018，第 196 页。

"同心千里，吴楚青苍"之语，两人虽书函不断，然究不同宁沪之间便捷，可以如与梁启超一样随"每成一篇，辄相商榷"（梁启超《三十自述》语），则唐才常所得《仁学》当是完结或至少在一定程度上已完成的初稿。

二来，梁启超在学术著作《清代学术概论》中记述："其所谓新学之著作，则曰《仁学》，亦题曰《台湾人所著书》，盖多讥切清廷，假台湾人抒愤也。书成，自藏其稿，而写一副本畀其友梁启超，启超在日本印行之，始传于世。"[①] 笔者认为，尽管各个版本的梁启超撰《谭嗣同传》对梁氏保存谭之著述手稿有所记录，但其中饱含政治宣传意图，且前后文字改易较大[②]，相比而言，更强调学术而淡化政治的《清代学术概论》更有可信度。

三来，通过版本比勘可知，唐才常刊于《亚东时报》的版本所收《仁学自叙》，在《清议报》本中是没有的，单行的国民报社本和《清议报全编》本才再次收录此序，已在《亚东时报》刊发的一两年后。联系谭嗣同其他著作中好为跋语序言的情况，这篇自序在一定程度上可以看作谭嗣同对《仁学》写作画上句号的标志。

结　语

近年来关于戊戌变法的研究取得了很多令人欣喜的成绩，其中尤以茅海建先生的史事考订和马忠文先生关于荣禄、王照等重要人物的研究最令人瞩目，而对于谭嗣同之研究，学者一般认为已达到相当的"饱和程度"，并提出，"研究的起点也许要追溯到梁启超的《谭嗣同传》"[③]。诚然，梁启超所撰谭传固然值得重视，日本学者狭间直树先生对不同版本的梁著谭传下过一番苦功，通过心细如发的辨析考究也仍留有一些"令人头痛""其真意何在，也不可测"的难题。笔者以为，回到梁著谭传不如回到谭著本身，认真审视其中仍未得到妥善解决的问题，或许在既有的研究成果之外可以获得些许新知。比如，从"三十以前旧学""三十以后新学"究竟几种及编

---

① 汤志钧、汤仁泽编《梁启超全集》第十集，中国人民大学出版社，2018，第 282 页。

② 参见日本学者狭间直树《梁启超笔下的谭嗣同——关于〈仁学〉的刊行与梁撰谭嗣同传》，《文史哲》2004 年第 1 期。

③ 欧阳哲生：《从维新烈士到思想彗星——梁启超笔下的谭嗣同》，《读书》2018 年 12 月，同题文章又见《北京日报》2019 年 4 月 1 日。

篡方法，或可对谭嗣同于旧学新知的认识加深理解；从"旧学"刊行时间与《仁学》编纂时间的梳理与考订，或可得出谭嗣同思想发展的一个佐证；若再对比当时知识分子谨于著述、不敢轻易付梓的惯性的文化心态①，或可当作谭嗣同思想与性格更为生动的一个写照……笔者学识浅薄，诚望有志者一道发掘这座看似开掘"饱和"实则蕴藏丰富的宝藏。

---

① 参笔者《指归转换与范式演进：戊戌六君子著述的出版史考察》，《华中学术传播论坛》第二辑，华中师范大学出版社，2019，第187~188页。

赵必振译著的贡献研究*

摘　要： 本文在追溯赵必振译著时代背景的基础上，从生态翻译学的视角分析了赵必振翻译作品译介的过程，总结了这些译著的贡献。其贡献在于向当时国人译介了一系列术语并引进了新思想和新观念。赵必振的翻译实践仍然具有很强的现实借鉴意义。

关键词： 赵必振　生态翻译学　晚清翻译

回顾近代中国先进知识分子寻找救国救民真理的历程，我们发现近代翻译活动不仅推进了中国的科技、教育近代化和中国社会的变革，同时对中国革命的胜利和中华民族迈上复兴之路也做出了历史性贡献。翻译从来没有像在近代中国这样与国家命运如此紧密地联系在一起。其中，赵必振的翻译作品有着独特的贡献和重要作用，为后人留下了一笔宝贵的文化财富。他在这个波澜壮阔的宏大历史背景下，肩负着人民和时代赋予的历史使命，为中华民族的复兴从事着艰苦的翻译工作，他一生的杰出翻译业绩是近代翻译发展思想史上的浓墨重彩的一笔。

一　赵必振及相关研究概述

清末民初，中国社会动荡，战乱频繁，民不聊生。乱世之中，爱国人士和有识之士纷纷投入救国存亡的浪潮中，晚清政府进行教育改革，兴学堂，开展外语教学，鼓励西学翻译，进入了我国历史上第三次翻译高潮。20

---

　*　基金项目：2019 年教育部人文社会科学研究青年基金项目"晚清国人使用的英语和日语教材的搜集整理与研究"（19YJC740092）；2019 年辽宁省教育厅项目"晚清赵必振译著的典型文本研究"（LN2019Q51）。

　**　鲜明，东北财经大学国际商务外语学院副教授。

世纪初，随着近代教育和留学运动的开展，中国已经形成一支数量可观的翻译队伍。其中著名者有赵必振、樊炳清、丁文江、廖寿慈、陈澹然等人。

赵必振（1873～1956），字曰生，号星庵，湖南省常德市鼎城区石板滩人，先后就读于常德德山书院、长沙湘水校经书院，受康有为今文经学影响较深。戊戌变法前夕，参加院试，这时候赵必振已经倾心改良维新，十分崇拜康有为和梁启超，不想再走科举道路。但仍勉遵族人之命，用"必振"之名应试，以第一名补博士弟子员。

戊戌变法失败后，新政废除。赵必振目睹国是日非，心中悲愤，于是与邑人何来保等结"寒社"，日事吟咏。光绪二十六年（1900），与何来保组织常德"自立军"，谋应唐才常起义，事泄，化装逃往桂林，经姐丈介绍，加入广西圣学会。不久，清廷通缉令至广西，乃由圣学会友人龙赞侯帮助，经澳门亡命日本。到日本后，任《清议报》《新民丛报》校对、编辑，常以"赵振""民史氏"笔名撰文，追念"自立会"死难诸同志，揭露清廷腐败政治。与章炳麟、秦力山、陈天华交游密切，并发愤学习日文。

他发奋学习日文和阅读日文书籍，兴致勃勃地听日本社会主义者的演讲。他面前出现了一个新的世界，卢梭、孟德斯鸠、华盛顿、林肯的资产阶级政治理论和实践，令人耳目一新的社会主义学说，使他沉醉向往，增添了力量。和革命党人章炳麟、秦力山等人的交往，又使他受到民族民主革命精神的感染。

根据日本学者石川祯浩的研究，国外涉及赵必振的著作，只有狭间直树教授的《中国社会主义の黎明》（东京岩波书店，1976），以及 Martin Bernal, *Chinese Sosialism to 1907*（伯纳尔：《1907 年以前中国的社会主义思潮》，1976），而没有论著详细介绍赵必振的翻译生平事迹。邹振环在《影响中国近代社会的一百种译作》（江苏教育出版社，2008）中把赵必振翻译的《近世社会主义》列入其中。国内介绍赵必振的专著只有一本，即笔者撰写的专著。研究赵必振译著或生平的文章也为数不多，文献检索结果表明，到目前为止在中国知网上关于赵必振的研究论文仅有 12 篇，比较有代表性的是田伏隆和唐代望合写的《马克思学说的早期译介者赵必振》（《求索》1983 年第 1 期）。对赵必振译作比较系统介绍的论文只有一篇，即潘喜颜的《晚清时期赵必振日书中译的贡献》（《史学月刊》2009 年第 12 期）。综上所述，我国翻译研究缺少对赵必振译著的全面系统研究。

2017 年 5 月 17 日，常德市鼎城区赵必振研究会正式成立，标志着研究、宣传、推介中国系统介绍马克思主义第一人赵必振的工作建立了新平台，开启了新的一页。本研究在借助赵必振家乡湖南常德鼎城区委党史办公室研究团队前期工作的基础上进行了原创性的系统深入研究，先后搜集了国家图书馆、上海图书馆、中央编译局、中央档案馆、中国第一历史档案馆、中国第二历史档案馆、湖南省图书馆、湖南省档案馆以及散落在某些高校的赵必振译作 29 部 100 多万字，还在日本国立国会图书馆找到了部分译著的原著，并寻访到赵必振后人保存以及散落在民间（包括解放初期工作单位）的档案、自传、诗文等 20 余万字。

赵必振在日本期间，先后为梁启超主编的《新民丛报》《清议报》撰文并很快学会了日文，开始翻译日文进步书籍。赵必振仅从 1902 年至 1904 年短短三年时间就翻译了 29 部著作（仅为本课题研究团队已搜集到的）。赵必振基于对国家富强、民族振兴的思考，积极摄取外域先进文化。赵必振翻译的著作内容涵盖了很多方面，比如伦理学、历史学、教育学、政治学、医学，等等。他于 1903 年翻译出版的《近世社会主义》（上、下册）被学术界认为是近代中国系统介绍马克思主义的第一部译著。他翻译的《新世界伦理学》是将西洋伦理学系统译介到中国的译著之一。他还在广智书局翻译出版了北村三郎著的《腓尼西亚史》《埃及史》《亚细里亚巴比伦史》《土耳其史》《亚剌伯史》《犹太史》《波斯史》，构成了文明古国亡国史系列。这部分译著总结了一些国家亡国历史教训，旨在激励国人吸取这些教训，救亡图存，复兴中华。赵必振还翻译了《日本维新慷慨史》，宣传维新变革思想；译介了英雄人物传记《拿破仑》，鼓舞国民革命志气；译述了外国女杰传记《世界十二女杰》等，宣传西方女权思想；甚至译介了日本医学书籍《实用卫生自强法》，普及现代科学新知。然而，目前国内对其生平事迹和译著却很少介绍和系统研究，国外关于他的报道和研究更是凤毛麟角。

研究认为赵必振翻译作品选择符合晚清五大主题：了解世界（介绍国际交往惯例通则，使中国对外部世界有了比较切实的了解，也为中国适应新的世界环境提供了具体而有参考价值的知识）、求强求富（翻译介绍西方的先进科学技术）、救亡图存、民主革命（被视为比民主更激进的社会主义、无政府主义的著作）和科学启蒙。①

赵必振作为晚清时期的代表性译者凸显翻译事业对我国文化繁荣、社会进步所起的举足轻重的作用，彰显翻译事业在我国历史进程中的作用。对赵必振作为译者的个案研究可以为近代以来我国思想观念的变革、科学技术的革命提供背景资料或者找到蛛丝马迹。挖掘和呈现译者在特定历史时空中的翻译活动和翻译贡献，阐明其在跨文化、跨语言和跨民族沟通中的角色和作用，不仅有利于科学翻译史的完善，还可以丰富人类文明发展史的书写。

二 从生态翻译学的视角考察赵必振 翻译作品的译介过程

翻译生态指翻译主体之间及其与外界环境相互联系、相互作用的状态，是翻译主体在其周围环境中的生存和工作状态，是影响翻译主体生存和发展的一切外界条件的总和。外界环境包括与翻译活动有关的自然经济环境、语言文化环境、社会政治环境等。翻译生态环境由各要素交织而成，是翻译活动发生、存在、发展的各种自然的、人文的因素的总和。②

译文的产生过程大体上可以分为两个阶段，即"翻译生态环境"选择译者（所谓"天择"）和"翻译生态环境"选择译文（所谓"人择"）。根据自然选择的基本原理，在第一个"翻译生态环境"选择译者的阶段里，重点是以原文为典型要件的翻译生态环境对译者的选择。同时，这个阶段也可以看作译者对翻译生态环境的适应，即译者适应。③

在第二个"翻译生态环境"选择译文的阶段里，重点是以译者为典型要件的翻译生态环境对译文的选择。这个阶段是译者以翻译生态环境的"身份"实施选择，而选择结果的累计就产生了译文。

以原作品为典型要件的翻译生态环境要选中的，是对中国文化有一定造诣的译者。如果对翻译没有造诣，根据"适者生存""汰弱留强"的自然法则，这个译者难以被以原作品为典型要件的翻译生态环境所选中，在这

① 熊月之：《西学东渐与晚清社会》，中国人民大学出版社，2011，第 15～17 页。
② 胡庚申：《生态翻译学建构与诠释》，商务印书馆，2013，第 88 页。
③ 胡庚申：《生态翻译学建构与诠释》，商务印书馆，2013，第 231 页。

一点上就会被"自然"给淘汰掉。赵必振学习过日语，又有较扎实的国学基础，能够充分理解原作，被以原作品为典型要件的翻译生态环境所选中，即被"天择"，赵必振适应了这些翻译作品为典型要件的翻译生态环境。《近世社会主义》是谢无量托赵必振翻译的，是日本人从德文翻译出来的。这是赵必振翻译的起因。谢无量的委托从一个侧面反映出社会的需要。当时中西文化交流在中国社会的需求达到相当程度，赵必振的作品在中国受到欢迎并有相当需求。① 这也反映出中国社会或者说知识分子对外来文化和思想的开放态度，也成为赵必振在不长时间里翻译出众多作品的动力之一。赵必振的翻译兴趣与文化界总体趋势一致，中国在摄取西方近代文化的过程中从原来的被动地位转化为主动地位。② 这是"翻译生态环境"选择译者的第一个阶段。

在以译者为典型要件的翻译生态环境对译文的选择阶段里，由于赵必振在第一阶段里已经"适应"了以日译西书为典型要件的翻译生态环境，赵必振就能以翻译生态环境的"身份"实施"选择"（即"人择"），而选择结果的累积就产生了译文。这就是从"天择"到"人择"翻译过程的诠释。赵必振的翻译是把日译西书在日本的环境成功地移植到晚清中国生态环境的一个范例。赵必振的诸多译作，例如《新世界伦理学》《东洋女权萌芽小史》《近世社会主义》等都为学科发展做出了启蒙性贡献。

三　赵必振译著的贡献

（一）译介了一系列术语

据笔者统计，《近世社会主义》译介的术语包括如下：国际的劳动者同盟、无政府主义、社会民主主义、国家社会主义、基督教的社会主义、专制、参政权、平等权、政治之革命、殖产社会、遗产相继制、共产主义、法律、警察、议会、政府、专制政体、代议政体、生产机关、财产私有制、讲坛社会主义、共和政体、乌托邦、渐进的社会党、破坏的社会党、社会主义、同盟会、宪法、国会、制造家、资本家、劳动者、自由民权、四民

---

① 《首届赵必振学术研讨会论文集》（内部资料），第 23 页。
② 邹振环：《疏通知译史》，上海人民出版社，2012，第 48 页。

平等说、财产共有说、土地私有制、社会契约论、权利、法制、兼爱主义、仲买人、共同家屋制、合资会社、小制造家、自由竞争之主义、职工组合、余剩价格、使用价格、交换价格、资本、市民、同业组合、地代、代议政治、选举制、中级社会、预备政府、天赋人权、市场价格、直接选举、直接立法、税率、间接税、专卖法、铁道国有、疾病保险法、灾害保险法、手数料、扶助料、扶给料、仲裁裁判局、代议士、养老金、定额料、保险切手、受取账、利息地代利子、请负组织、八时间之劳动制、中央集权的公有主义、单税主义。

赵必振译介了《新世界伦理学》，成为向中国译介传播西方伦理学的主导力量。笔者统计了赵必振译介的《新世界伦理学》中的术语有：伦理学、社会契约说、社会进化、生存竞争、国体、国民道德、认识论、知识哲学、自然哲学、本体论、唯物论、唯心论、现象论、物质、精神、酸素、水素、化合、炭素、原子、人生哲学、严肃论、实利主义、利己主义、功利主义、人圆主义、利益、主观、客观、演绎论、德育主义、社会契约说、快乐主义、狭隘主义、社会改良、陪审裁判所、民事裁判权、补助金、代议士、代议选举制、地方行政区、中央集权、自治民主之精神、管辖权、地方政务省、枢密院、寄附金、地方行政区、地方自治权、代议制、直接选举、间接选举。

这些数量众多的新词承载的观念也输入中国，对中国文化和思想产生了不可估量的深远影响。①

（二）引进了新思想新观念

19世纪中叶以来，中国致力于西书中译的过程，不仅仅是"介绍新知"，在需要民族救亡和"强国强种"的"危局"中，"翻译"也是民族生存的需要，甚至是一种文化体质的改造。② 通过日本文化的中介加快了中国学习西方近代文化的速度；减少了中西思想语言障碍，为吸取西方近代文化提供了便利工具，引进了新词汇；日文西书汉译的实践，在留日学生中训练和培养了一批具有新思想、新知识结构的翻译人才，为20世纪的中国

---

① 鲜明：《晚清首部国人译介的社会主义著作的翻译史考察》，中央编译出版社，2016，第62～63页。

② 邹振环：《20世纪中国翻译史学史与近代史学新领域的拓展》，《河北学刊》2019年第2期，第13页。

文化界提供了新的译者群。以赵必振为代表的留日学生在一个不同于清朝专制政体的维新以后的国度里从事翻译活动，使他们能在一个开放的文化环境中理解西方文化和重新审视中国传统文化。[①]

赵必振翻译的《近世社会主义》对各个社会主义流派针对当时现实问题解决办法的介绍也给当时的国人提供了重要参考。从这个意义上说，翻译具有推动历史发展的作用。《近世社会主义》中译本的出版，拓展了人们的眼界，给中国纷繁复杂日趋革命化的思想界带来了一股科学社会主义的清新空气。1927 年初，正当大革命高潮时，上海时代书店将它重印出版，对当时的革命斗争起到了一定的鼓舞作用。[②]

赵必振翻译了亡国史系列作品，总结了这些国家亡国的原因：有的因为外国侵略，有的因为朝廷腐败，有的因为盲目学习外国，有的因为大举外债。这些历史教训对处于内忧外患中的中国来说是完全适用的。他翻译的亡国史系列作品，给国人以震撼，如何避免重蹈这些国家亡国的覆辙、挽救祖国的危亡成为国人集中关注的问题。[③]

四　结语

综上所述，历史选择了赵必振，赵必振选择了这些译著。赵必振有丰富的翻译实践经验，他从事的翻译活动有深刻的社会背景，对中外思想文化的沟通起到了重要作用，在翻译史上留下了珍贵的历史财富。

对赵必振译著的研究将丰富晚清国人通过翻译借鉴吸收西方先进文明的内容和方式，并使以往一个"名不见经传"的人物走上历史前台。赵必振的翻译实践体现了当时历史发展的潮流，反映了人类前进的伟大时代精神。这样的研究有助于观照学术引进的全过程以及对后来发展的意义，使我们对近代波澜壮阔的思想文化潮流中新与旧、东方与西方、传统与现代、承前与涉外、启蒙与变革等诸多问题有进一步的认识。

---

① 邹振环：《疏通知译史》，上海人民出版社，2012，第 46～49 页。
② 鲜明：《晚清首部国人译介的社会主义著作的翻译史考察》，中央编译出版社，2016，第 58 页。
③ 潘喜颜：《清末历史译著研究（1901–1911）——以亚洲史传译著为中心》，复旦大学博士学位论文，2011，第 88 页。

【湖南人文历史】

关于湖湘文化创新发展的思考

田伏隆*

摘　要： 在中国特色社会主义新时代，湖湘文化的创新发展需要把握三个要点：一是以社会主义核心价值体系建设为指导；二是以湖湘文化的精神特质为基本内涵；三是以社会主义道德建设为基础。社会主义核心价值体系为湖湘文化的创新发展提供了指导思想、发展方向和基本原则。湖湘文化所蕴含的心忧天下、经世致用、实事求是、兼收并蓄、勇于担当的精神特质，构成了新时代湖湘文化创新发展的基本内涵。湖湘文化创新发展也需把道德养成作为切入点。

关键词： 湖湘文化　社会主义核心价值体系　社会主义道德建设

文化的发展过程历来是继承与创新的统一，继承是创新的前提，创新是对继承的新飞跃，这是文化具有生命力的所在。湖湘文化是在湖南地域漫长的历史进程中逐渐形成和发展起来的，它携带了时代和地域的密码，又在不断扬弃中升华，它必然会在新的经济与政治环境下对以往的内涵做出继承与摒弃、创新与发展提升。在中国特色社会主义新时代，湖湘文化的创新发展需要把握三个要点：一是以社会主义核心价值体系建设为指导；二是以湖湘文化的精神特质为基本内涵；三是以社会主义道德建设为基础。

一　以社会主义核心价值体系建设为指导

湖湘文化作为一种地域文化，在自给自足小农经济占主导地位的封建社会，当与外界联系不密切时，其特征较为明显。五四运动以后，中国进

---

* 田伏隆，湖南省政协文史和学习委员会原主任。

入新民主主义革命阶段，湖湘文化汇入新民主主义文化，即无产阶级和人民大众文化之中，成为这一社会主流文化的一部分。中华人民共和国成立后，人民民主制度建立，人口流动加快，信息交流日渐便利，使湖湘文化成为在中国共产党领导和马列主义、毛泽东思想指导下社会主义文化的一部分，尤其在意识形态和制度文化方面，它已不可能脱离国家的共同特点。此后，湖湘文化和其他地域文化一样，中华民族的共同文化特征日益突出，地域文化特征日益减弱。

党的十八大以来，我国进入中国特色社会主义新时代。为决胜全面建成小康社会、实现中华民族伟大复兴，逐步形成和完善了习近平新时代中国特色社会主义思想和基本方略，其中把坚持社会主义核心价值体系作为思想文化建设的主要内容，提出必须坚持马克思主义，牢固树立共产主义伟大理想和中国特色社会主义共同理想，培育和践行社会主义核心价值观，不断增强意识形态领域主导权和话语权，推动中华优秀传统文化创造性转化、创新性发展，继承革命文化，发展社会主义先进文化，不忘本来，吸收外来，面向未来，更好地构筑中国精神、中国价值、中国力量，为人民提供精神指引。

社会主义核心价值体系是在中国社会主义事业发展过程中不断总结、逐渐形成的。核心价值体系，是指主体依据其性质，以需求为出发点，对主客体之间的价值关系进行整合而形成的观念形态系统，集中体现主体的利益需求、理想愿望、指导原则、实践要求等内涵。任何一个社会都会出于自身需要建立自己的价值体系，社会主义核心价值体系是根据中国特色社会主义的性质及其利益要求，在价值层面的体现，是社会意识形态中体现社会主义发展趋势的核心思想意识、价值观念的总和，是我国社会主义制度的内在精神和生命之魂，当然也是湖湘文化创新发展之魂。

社会主义核心价值体系包括以下几个要点。

第一，坚持马克思主义指导，牢固树立共产主义远大理想和中国特色社会主义共同理想。马克思主义是社会主义核心价值体系的灵魂，它是在近代社会化大生产、人类全球大视野条件下产生的理论，是人类社会精神成果的科学总结，它运用辩证唯物主义和历史唯物主义的世界观和方法论，深刻揭示了人类社会发展的历史规律，提出了共产主义社会远大理想和社会主义阶段的性质和任务。马克思主义是开放的、发展的理论体系，它随着时代的变化，由马克思主义者不断实践、总结，并借鉴、吸收各种优秀思想文化成果，不断发展、不断前进，成为最科学、最严谨、最有生命力的思想体系，为人们观察世界、分析问题提供了有力的思想武器。中国特色社会主义是中国共产党在马克思主义指导下，根据共产主义长远目标和社会主义阶段的性质、任务，结合中国具体国情所确立的发展道路，党的十九大确立了习近平新时代中国特色社会主义思想框架和基本方略，为全国人民指明了前进的方向，成为团结全国人民共同奋斗的精神力量。

第二，中华民族优秀传统文化是中国特色社会主义发展的内在基础。中华民族在五千多年文明发展过程中，累积了丰富多彩的精神文化和物质文化成果，在精神文化中的意识形态领域，其哲学理念、做人美德和人文精神，成为中华民族生生不息、发展壮大的精神支撑，构成中华优秀传统文化的有机整体。要取其精华，去其糟粕，传承发扬。形成于新民主主义革命时期的革命文化，既传承了中华优秀传统文化的基因，又坚持马克思主义科学世界观和方法论，彰显了社会主义文化的先进性、革命性和科学性。形成和发展于社会主义革命与建设和改革开放实践的社会主义先进文化，是科学社会主义基本原则与中华民族精神、时代精神的有机结合，为中国特色社会主义提供了坚实的思想文化基础和强大的精神动力。

第三，改革创新精神是新时代社会主义核心价值体系的精髓之一。改革创新是上层建筑为适应经济基础的发展而进行的自我调整，马克思说："随着经济基础的变更，全部庞大的上层建筑也或慢或快地发生变革。"（马克思《政治经济学批判》序言）社会主义是一个相当长的历史时期，中国特色社会主义在这一长期发展阶段中，生产力不断提高，生产关系也会做相应的调整，社会主义经济基础的不断发展变化，必然要求上层建筑做相应的发展变化。中国特色社会主义新时代要求人们在围绕新时代主题，把握新时代特征，体现新时代要求的基础上，在思想观念、价值取向、精神风貌、道德风尚，以及与之相适应的政治制度、法律体系、组织机构等各方面、各领域进行与这种经济基础发展相适应，以智慧和勇气进行广度和深度的革命性、创造性活动。

第四，社会主义核心价值观是社会主义核心价值体系的内核，体现了社会主义核心价值体系的根本性质、根本目标、基本特征和实践要求，是这一体系的高度凝练和集中表达。它从国家层面凝聚精神力量，社会层面聚集规则程序，个人层面涵养公民道德。这种对传统优秀道德的延续，不是简单地跨时空、跨领域的"移植"，而是在马克思主义指导下，将传统道德标准和规范赋予新的时代意义。

第五，增强意识形态的主导权和话语权是坚持社会主义核心价值体系的基本保证。话语权即传播主体在各种思潮中影响发展方向的能力。舆论导向是话语权中最能影响人心向背、力量对比的关键因素，谁真正掌握话语权，谁就能引导社会舆论、社会心理和思想理论潮流。在很多情况下，事实的优势如果不能转化为舆论的优势，仍然不能赢得人心。当今世界，思想文化领域越来越成为与经济、政治、军事领域并重的斗争领域，文化软实力越来越成为争夺发展制高点的关键所在。而文化的力量归根结底来自凝结其中的核心价值观的影响力和感召力，文化软实力的竞争，本质上是不同文化所代表的核心价值观的竞争。中国共产党代表全国人民的根本利益，必须牢牢掌握意识形态领域的主导权和话语权，使社会主义核心价值体系占领意识形态阵地。

湖湘文化是中华传统文化的一部分，也是中国特色社会主义文化的一部分，社会主义核心价值体系为湖湘文化的创新发展提供了指导思想、发展方向和基本原则，是湖湘文化沿着正确道路创新发展的保证，湖湘文化融入社会主义核心价值体系建设之中，是自身传承、创新、发展的基本目标和基本要求。

二　以湖湘文化的精神特质为基本内涵

湖湘文化的创新发展，主要应以它所蕴藏在思想意识、价值观念、行为方式中的精神特质为内涵。历史上，湖湘文化的精神特质可以归纳为四个方面，新时代它的创新发展，也应主要在这四个方面赋予新的时代内涵。

第一，心忧天下、勇于献身的爱国情操。这是湖湘文化的基本特质，也是中华民族优秀传统文化的精髓。历史上，无数湖湘志士仁人，怀着忧国忧民之心，以身报国，舍生取义，表现出高尚的爱国情操。这是我们应该永远继承发扬的宝贵精神。在新时代，面临更加复杂的国内外斗争局面，只有传承发扬这种爱国主义精神，正确处理个人与国家的关系，个人利益、小团体利益与人民利益、国家利益、全民族利益的关系，才能完成中华民族伟大复兴的艰巨任务。

第二，经世致用、实事求是的务实作风。这是湖湘文化的典型特征。由于长期的思想熏陶和社会所面临任务的需要，历史上，湖南的知识分子大多把所务之实放在热心于思考经国大计、参与国家政治活动上。在新时代，我们应该根据新形势、新任务的要求，既要以广阔的胸怀关心世界大事、国家大事，关心国家的前途与命运，关心人民的疾苦，更要踏踏实实地做好自己的本职工作。每个人既是人民需要的政治家，更是各行各业的实干家。同时，要继承理论联系实际、实事求是的作风，在工作中一切从实际出发，理论联系实际，解放思想，从客观实际中认识事物的发展规律，按客观规律办事。解放思想既要求敢于挑战权威的论断，但也反对无端怀疑，哗众取宠，应服从科学，服从真理，反对谬误。

第三，兼收并蓄、敢为人先的创新精神。湖湘文化的形成和发展过程，就是在湖南本土文化的基础上，不断吸纳外来文化，不断充实提高，不断创新发展的过程，它反映了湖湘文化海纳百川、与时俱进、敢为人先的特色。我们要继承这种宽大胸怀，有分析、有选择地吸纳代表时代发展方向、为中国特色社会主义建设所需要的国内外先进经验和文化科学知识。学习和借鉴不是漫无目的的模仿和照搬，而是在马克思主义和社会主义核心价值观的指导下，取长补短，丰富自己的内涵和优势，推动自主创新。

第四，勇于担当、不屈不挠的斗争意志。这是表现在湖南人身上异乎寻常的性格特征。它包含了三重内涵：一是不推诿、不退缩、勇于任事、敢干敢当的精神；二是不羁不拘、浩然独往、敢为天下先、不甘为人后的开拓创新精神；三是勇猛强悍、不怕挫折、不怕牺牲、永不言败的大无畏斗争精神。这种英勇奋斗的精神，在完成中国旧民主主义革命和新民主主义革命、打碎旧的国家机器，破除束缚经济、政治、文化发展枷锁的任务中，显示了无穷的威力。在中国特色社会主义建设新时代，必须继续发扬英勇斗争的精神。建设富强、民主、文明、和谐的社会主义国家，还会遇到许多困难和挫折，没有奋发图强的拼搏斗争精神是不行的。但现在已经不能像民主革命时期对待敌对矛盾那样，通过阶级斗争、对敌斗争的形式来解决。国家和人民需要安定的环境，需要建立人和人之间团结友好的和谐关系，湖湘文化的斗争精神要适应这种新形式的要求，并将其提升到新的高度。

三　以社会主义道德建设为基础

不论是从社会主义核心价值体系的内涵来看，还是从湖湘文化的精神特质来看，都贯穿了一个"德"字作为基调。在中华传统文化的整个构架中，具有独特地位的内容，概括地说，就是"做人"的文化，教人做什么样的人，如何对待自己、对待他人、对待社会、对待国家、对待自然界，都强调"道德"修养。道德概念具有人类性和阶级性双重特点，列宁曾说过，共产主义道德就包括了"人类一切公共的、简单的基本规则"。（《列宁全集》第 25 卷）中国传统道德文化有恒定的价值基调和不变的精神内涵。道德是由价值观、人生观决定的，人总是在树立了某种价值观、人生观之后才形成相应的道德观，有什么性质的价值观、人生观，就会形成什么性质的道德观。道德观是价值观、人生观的外在表现。同时，人的道德观念、道德行为又对社会价值观、人生观，对社会风气、社会舆论和习惯势力产生导向作用。只有人人自觉遵守道德规范，才能对社会价值观的发展变化产生健康影响，才能有助于形成稳定、和谐的社会道德秩序。

社会主义核心价值观是对讲仁爱、重民本、守诚信、崇正义、尚和合、求大同等中国传统道德文化，对马克思主义关于共产主义道德文化理论的传承和发展，是吸收中华传统文化道德标准、道德规范精华而形成的对新时代全体社会成员正确认识和践行的道德原则和道德规范，它从国家层面凝聚精神力量，社会层面聚集规则程序，个人层面涵养公民道德。这种对传统道德文化的延续，不是简单地跨时空、跨领域的"移植"，而是在马克思主义指导下，将传统道德标准和规范赋予了新的时代意义。社会主义道德是社会主义时期经济基础的反映，是以为人民服务为核心，以集体主义为原则，以诚实守信为重点，以社会主义公民基本道德规范为主要内容，以代表无产阶级和劳动人民根本利益和长远利益的先进道德品质，在本质上属于共产主义道德体系，是共产主义道德在社会主义历史阶段的具体体现。习近平总书记 2014 年 5 月 4 日在北京大学师生座谈会上说："核心价值观其实就是一种德，既是个人的德，也是一种大德，就是国家的德、社会的德。国无德不兴，人无德不立。如果一个民族、一个国家没有共同的核心价值观，莫衷一是，行无依归，那这个民族、这个国家就无法前进。"社会主义核心价值观的培育和践行，实际上就是社会主义道德的培育和践行。没有道德精神，中华民族伟大复兴就无从谈起。这种认识，从我国的现状来说更具有重要的现实意义。改革开放以来，我国实行社会主义市场经济体制，这一体制的前提，是坚持社会主义道路，即在生产关系上以生产资料公有制为主体，多种经济成分共存发展，在上层建筑上坚持马克思主义指导和共产党领导的社会主义制度，要求人们在意识形态上坚持共产主义远大理想和中国特色社会主义共同理想，摆正个人与集体、公与私、义和利等的关系，把个人利益融入集体利益、人民利益、国家利益之中。但是，不少人经受不住市场经济大潮的冲击和西方资本主义以个人为中心、以谋私为要义的思想侵蚀，丢失了理想、信念，把道德、权力、灵魂等都变成商品，一切以私利为衡量标准，金钱似乎成了人生价值主要的，甚至唯一的追求目标，将不择手段达到目的由方法论变成了价值观，从而出现一股强大的唯利是图的社会思潮，使不少人私欲横行、道德败坏，有的甚至丧失国格、人格，丧失基本的做人原则，毒化了社会风气，严重影响了经济社会的健康发展。正如中央文明委《关于深化群众性精神文明创建活动的指导意见》所指出的，一些人包括少数党员干部信仰缺失、价值观扭曲，一些领域和一些地方道德失范，诚信缺失，人际关系缺乏信任感，违背社会公德、职业道德、家庭美德、个人品德等现象时有发生，等等。这些社会现象说明坚持社会主义核心价值观的必要性、紧迫性和培育践行的艰巨性。因此，必须以德育为切入点，弘扬中华传统美德、弘扬时代新风，增强国民基本道德感，才能用社会主义核心价值观凝魂聚力。

同样，湖湘文化创新发展也须要把道德养成作为切入点，并首先立足每个人的价值观主体地位。马克思、恩格斯在《德意志意识形态》中指出："全部人类历史的第一个前提无疑是有生命的个人的存在。"① 马克思又指出："人的本质不是单个人所固有的抽象物，在其现实性上，它是一切社会关系的总和。"② 恩格斯在 1890 年 9 月致约·布洛赫的信中进一步阐述道："历史是这样创造的：最终的结果总是从许多单个的意志的相互冲突中产生

① 马克思、恩格斯：《德意志意识形态》，载中共中央马克思恩格斯列宁斯大林著作编译局编译《马克思恩格斯选集》第一卷，人民出版社，2012，第 146 页。

② 马克思：《关于费尔巴哈的提纲》，载中共中央马克思恩格斯列宁斯大林著作编译局编译《马克思恩格斯选集》第一卷，人民出版社，2012，第 139 页。

出来的"，"各个人的意志……融合为一个总的平均数，一个总的合力……每个意志都对合力有所贡献"。[①] 个人是社会不可分割的一分子，人作为道德活动的承担者，既能把外在规范转化为内在要求，又能对外界产生不同程度的道德影响。社会主义核心价值观不论是国家目标、社会价值取向还是公民价值准则，其价值实践主体、道德实践主体，都是以社会成员中的每个人为基础，任何人都会或多或少、或大或小地影响社会主义核心价值体系的"总的合力"和"平均数"。因此，培育和践行社会主义核心价值观是全体社会成员的义务，只有形成人人自觉遵守道德规范风气，才能对社会价值观的发展变化产生健康影响，才能有助于形成稳定、和谐的社会道德秩序。只有如此，湖湘文化才能紧跟新时代的步伐，实现质的飞跃。

---

① 恩格斯：《恩格斯致约瑟夫·布洛赫》，载中共中央马克思恩格斯列宁斯大林著作编译局编译《马克思恩格斯选集》第四卷，人民出版社，2012，第 605 ~ 606 页。

湖南高等实业学堂的"源"与"流"[*]

曾长秋[**]

摘　要： 湖南大学和中南大学同"源"不同"流"，都起源于湖南高等实业学堂。梁焕奎1903年创办湖南高等实业学堂，最早的学科是矿科和路科。从1917年起学堂迁岳麓书院办学，1926年成为当年成立的湖南大学的主体。而矿科和路科在中华人民共和国成立后陆续从湖南大学分出，发展为中南矿冶学院和长沙铁道学院，又成为2000年合并的中南大学的主体。今天，湖南大学和中南大学都进入了国家重点建设的"双一流"行列，是岳麓山下的"双子星"。

关键词： 梁焕奎　湖南高等实业学堂　湖南大学　中南大学

湖南大学和中南大学皆起源于湖南高等实业学堂，该学堂于1903年由湖南矿务局出资兴办，湖南巡抚赵尔巽任命矿务局提调梁焕奎担任了第一任学堂监督。基于湖南是"有色金属之乡"和修筑粤汉铁路的需要，学堂最早开设的学科是矿科和路科。1917年，湖南高等实业学堂从长沙城内迁到岳麓书院（今湖南大学校址），1926年成为当年成立的湖南大学的主体。这两个学科在湖南大学得到了长足的发展，在中华人民共和国成立以后，矿科于1952年从湖南大学分出，成立了中南矿冶学院；路科于1960年从湖南大学分出，成立了长沙铁道学院。2000年，中南矿冶学院、湖南医科大学、长沙铁道学院合并组成中南大学。今天，湖南大学和中南大学都进入了国家重点建设的"双一流"（世界一流大学和一流学科）行列，尤其是中南大学的矿山、冶金（即当年的矿科）学科，在全球高校和科研机构的评估中分别排在第一名和第二名，已经成为"世界一流学科"中的佼佼者。

* 基金项目：中南大学智库专项2018年课题"中南校史及名人史料的搜集、考证和研究"。
** 曾长秋，中南大学马克思主义学院教授，博士生导师。

一　湖南高等实业学堂的开办

校址同在长沙岳麓山下的中南大学与湖南大学，同"源"不同"流"，前身都是湖南高等实业学堂。为什么要开办湖南高等实业学堂？湖南矿产丰富，为有色金属之乡。清光绪二十一年（1895），巡抚陈宝箴设立湖南矿务总局，开采省内矿产。由于以土法采掘，获利甚微。戊戌政变之后，帝国主义乘虚掠夺湖南矿利、矿权，至光绪二十九年（1903）年底，收买湘矿达 7000 余契，全省矿业几乎拱手让与外人，有识之士无不为夺回矿权奋起抗争。另外，湖南地处南北要冲，修筑铁路势在必行。而当时道经湖南的粤汉铁路（今京广线南段）筑路权，则被美国、比利时两国私相授受，直接侵犯中国主权。正如湖南绅商各界后来给湖广总督张之洞呈文所说："将来铁路所到之处，即权利所到之处，派兵保路，永无撤期，近路矿山，任其开采，必至为辽东铁路之续，贻祸何堪设想。"①　于是，在奋起争矿权之后，又奋起争路权。而要争矿权、路权，必须从培养自己的矿、路人才开始，在湖南遂有实业学堂筹建之举。

湖南高等实业学堂由湘潭人梁焕奎②创设，他是一位近代实业家，他的企业曾经创造"缴纳湖南税款三分之一"的奇迹。早在 1896 年，梁焕奎在任湖南矿务局文案一职时，就受维新思潮影响，致力于开发矿业。1899 年，他筹集资金接办益阳县的板溪锑矿，将其改组为久通公司。1901 年，湖南巡抚俞廉三派他与张孝准到日本学习采矿，学有专攻。归国后，梁焕奎于1908 年在长沙成立华昌炼锑公司，任董事长，出纯锑质量超过英国，产量一度占世界的 80%，对我国锑矿业的发展贡献巨大。1910 年，他写了一首题名《饮实业学校赠曹籽谷》的诗。其中有两句："昔我觇国旋，谬论偶见录。"这是什么意思呢？还得从筹办湖南高等实业学堂说起。

---

① 贺志军、刘贡求：《长沙铁道学院校史》，中南大学出版社，2013，第 1 页。

② 梁焕奎（1868～1931），字辟垣，号"星甫"或"青郊居士"，清末举人。祖籍广西桂林，与梁漱溟同宗。清同治七年（1868）农历十月十二日，他出生于湘潭。受维新思潮影响甚深，致力于发展湖南的矿冶、教育和商业。1903 年，提议创设"省垣实业学堂"并担任第一任学堂监督。1908 年在长沙成立华昌炼锑公司，1921 年公司破产以后，长期寓居上海。1927 年，梁焕奎自辑诗稿四卷，命名《青郊六十自定稿》。晚年双目失明，1931 年 1 月 21 日（农历己巳年十二月二十二日），病逝于庐山小天池别墅，享年 62 岁。

梁焕奎一向认为，矿产资源是向国家输送膏血的，道路亦是国家的筋脉。这两项要务如果不抓住，国家就会因此困顿。为什么要培育人才呢？他认为国家主权被侵夺、财富被掌控，是因为国内人才不济，而人才不济则"被推为祸患之首"。1903 年，刚从日本学成归来的梁焕奎任湖南赴日本留学生的监督，亲率杨昌济、陈天华、刘揆一、石醉六、朱德裳等 35 名湖南学子去日本留学，待办理好众人的手续之后即启程归国，转赴北京参加了"经济特科"殿试，列为二等，被任命为金陵（今南京）火药局提调。因湖南巡抚赵尔巽奏请，将他留下没有赴南京上任，改任湖南矿务局的提调。梁焕奎回到长沙之后，立即向赵尔巽建议创办实业学堂，以培养专门人才。①

关于办学宗旨，梁焕奎在给赵尔巽的信函中写道："国家富强在尽地利，而地利在矿。开采矿利在得人，非先作育人才，无从阐发地藏。"② 赵尔巽对梁焕奎的建议极为重视，即委托他全权办理。据清光绪二十九年（1903）10 月 19 日的《谕折汇存》记载，经湖南巡抚衙门批准，长沙贡院改设实业学堂。同月，梁焕奎从湖南矿务局拨借基金"银 1.6 万两"，开始创办"湖南省垣实业学堂"（1908 年更名为湖南高等实业学堂）。经巡抚赵尔巽任命，梁焕奎担任第一任学堂监督。学堂以长沙贡院（亦即长沙"时务学堂"）为校址，开始招生。前面所引的诗，说的就是这回事。

二 湖南高等实业学堂的矿科和路科

根据光绪三十年（1904）公布的《湖南省垣实业学堂章程》："本学堂教授之旨，以振兴实业，造成机械、采矿、冶金、应用化学、土木、电学各种人才为鹄"（章程第一条）；"教科分预科、本科二科。预科修业三年，本科修业三年"（章程第二条）。③ 学堂最初只设矿业、铁道建筑两个预科，即矿科和路科。头一年矿科招幼童 40 多人，3 年制，授英文；按期升入本科者只有 22 人，最后毕业者仅 10 人。第二年又招学生 1 班，授法文。1905年矿科招收近 50 人，经过预科 3 年、本科 3 年的筛选，毕业时尚有 39 人。

① 周秋光、莫志斌：《湖南教育史》（第二卷），岳麓书社，2002，第 241 页。
② 刘运明：《中南工业大学校史》，中南大学出版社，2012，第 6 页。
③ 何长胜：《湖南大学校史》（上册），湘新出准字（1996）第 88 号，第 82 页。

第三年又招收了 1 个班，并迁校址于小西门金线巷的民房中。苦于校舍狭窄，更无法做实验，1907 年又迁落星田老街的求实书院（一度也是时务学堂的旧址），继续办学。1904 年，梁焕奎因赵尔巽调京师任户部尚书，自己也离开了实业学堂转赴南京任职。在离开长沙之前，他与湘中名流谭延闿、龙绂瑞、胡元倓、陈保彝等人在《湖南官报》上发表"募捐启"，筹款创建了全国第一所省级公共图书馆——湖南图书馆。

学堂的办学情况是，除了所开设的国文、历史课之外，课本分别用英、法文原版，并规划将来还要开办本科。学堂将矿科改名为"采矿冶金科"，所开设的课程有：国文、英文、体操、物理、化学、代数、图形几何、解析几何、微分、积分、定性分析、地质学、结晶学、应用力学、矿物学、平面测量、物料强弱、经济地质、机械工学、采矿学、定量分析、机械制图、电机工学、选矿学、矿山测量、冶金、炼铁等 27 门。1909 年，招收了80 余人入采矿本科学习，其中毕业者 59 人。关于学堂的办学规模和质量，清末学者评论："中国自北洋大学堂而外，工科学堂未有如湖南高等实业学堂之完善者。"① 此后，学堂 1917 年再迁校址于岳麓山下的岳麓书院，延至今日。

随着学堂办学规模扩大，在清光绪三十四年（1908）创办了高等、中等两个等级的矿、路本科。学制为中等本科 5 年，高等本科再加 3 年。"以授高等工业之学理技术，便将来可经理公私工业事务，及各局厂工师，并可充各工业学堂之管理员、教员为宗旨。"② 省垣实业学堂更名为湖南高等实业学堂，是 1908 年的事。据清宣统元年（1909）7 月 10 日的《政治官报》记载，湖南巡抚岑春煊拟将"实业学堂"改名"路矿学堂"。因此时学堂又增设了机械、窑业、化学三科，只好沿用原名。曹典球③从 1908 年起接任学堂监督，正式将校名更名为"湖南高等实业学堂"，是为官办。他担

---

① 《湖南省志·教育志》（下册），湖南教育出版社，1995，第 678 页。
② 何长胜：《湖南大学校史》（上册），湘新出准字（1996）第 88 号，第 82 ~ 83 页。
③ 曹典球（1877 ~ 1960），字籽谷，号猛庵，长沙县黄花镇人。从 1908 年起，担任由他改名的"湖南高等实业学堂"监督达四年之久，使之具有高等教育形态。他应谭延闿之邀担任湖南育群学会会长，该学会与美国耶鲁大学雅礼会合办了湘雅医学院（今中南大学湘雅医学院），并担任董事部部长、干事部部长。民国期间，他任过湖南大学校长、湖南省教育厅厅长等职。中华人民共和国成立之前促成了湖南和平起义，此后担任湖南省军政委员会顾问、省政协常委、省文史馆副馆长。1960 年 4 月 5 日在长沙因病逝世，享年 84 岁，有《猛庵诗文集》存世。

任学堂监督四年之久，不惜花费重金，从德国采购了发电机、选矿设备以及其他化学仪器，教师均系留洋归国的大学生，另聘请英、美、日籍教师近10人。采矿冶金科的学生由王宪佑率领在华昌炼锑公司实习；暑假期间还由主任教员江顺德、蒋昌儒等带往萍乡煤矿、水口山铅锌矿等地实习。今天，在湖南省档案馆还保存有当年学生的毕业文凭。此后，曹典球还担任过湖南育群学会会长兼湘雅医学院董事部部长，民国期间任过湖南大学校长、湖南省教育厅厅长等职，对中南大学和湖南大学的发展多有贡献。

总之，湖南高等学堂所创立的矿科预科、采冶科本科，是我国创办最早的矿冶系科之一，后发展为中南大学前身之一的中南矿冶学院。路科中的铁道专业，后来成为中南大学铁道学院。路科中的土木建筑专业，则是湖南大学的"王牌"学科。今日之中南大学（包括中南矿冶学院和长沙铁道学院）是在湖南高等实业学堂一个矿科、半个路科的基础上发展起来的，而湖南大学（前身为中南土木建筑学院）是在湖南高等实业学堂半个路科的基础上发展起来的。中南大学与湖南大学同根同源，现在皆为岳麓山下长沙高校的"双子星"。要想了解中南大学和湖南大学的历史渊源，只要看看湖南高等实业学堂的历史就清楚了。两校同源——湖南高等实业学堂，后来各自发展不同流，形成了自己的品牌和特色。

三　湖南大学巧用岳麓书院品牌

湖南大学的办学历史，可溯源至宋太祖开宝九年（976）创建的"千年学府"——岳麓书院以及清光绪二十三年（1897）创设的新式高等学校——时务学堂。1903年成立的省垣实业学堂，曾设于长沙小东街（今三贵街）贡院时务学堂的旧址，这是湖南大学工科的直接起源。然而，省垣实业学堂与湖南高等学堂毕竟是两码事，后者才是今天湖南大学的"正脉"。清末实施新政，废书院而兴学堂，岳麓书院于清光绪二十九年（1903）被湖南巡抚赵尔巽奏改为湖南高等学堂。原设在落星田老街时务学堂（即求实书院）的省城大学堂，当时也并入了湖南高等学堂，一起在岳麓书院办学。可以说，湖南大学的"正脉"是湖南高等学堂，而实业学堂仅是其中的一个部分。尽管不久实业学堂也迁到了岳麓书院，毕竟晚于高等学堂。

由于时务学堂旧址空置，1903年省垣实业学堂才能在此处开办。1912

年，湖南高等学堂奉命停办。1917 年，湖南高等实业学堂终于从长沙的河东迁到了河西。高等实业学堂的校名是 1908 年由"省垣实业学堂"更改而来的，以后又先后改名为湖南高等工业学校和湖南工业专门学校（简称"湖南工专"）。鉴于当时湖南还没有一所综合性大学，经杨昌济、胡元倓、朱剑凡、易培基、杨树达等湖南教育界名流人士力促，省议会于 1925 年 4 月 2 日通过了《湖南大学筹备办法》，对湖南大学的校址、学科经费、修业年限等做了详细规划。其中，校址"以岳麓书院旧址为校址"，学科"设文、农、工、商、法五科，其工、商、法三科就现有公立政法、工业、商业三专门学校改组办理"，开办费共计"一百四十万元"，分四年支出。①1926 年 2 月 1 日，省立湖南大学在湖南工专、法专、商专三校的基础上合并而成，第一任校长为学成归国的哈佛大学冶金学博士李待琛。因为湖南工专的前身即湖南高等实业学堂，当时矿科和路科仍然是湖南大学工科的主体。湖南大学的成立大会盛况空前，湘雅医科大学的胡美（Edward H. Hume）博士代表湖南教育界对湖南大学的成立献上了祝词。从岳麓书院到湖南高等学堂—实业学堂—湖南大学，办学从未间断。"惟楚有材，于斯为盛"，使岳麓山下人文荟萃，弦歌不绝，成为中国教育史上的佳话。

1936 年 4 月 26 日，国民政府行政院长蒋介石莅湘，湖南省教育厅长朱经农面呈湖南大学改国立之事，蒋介石建议与国立清华大学合并。② 当时正处在抗日战争前夕，清华大学拟南迁长沙，在岳麓山下的左家垅兴建校舍（中华人民共和国成立后成为中南大学前身中南矿冶学院的校址）。1937 年 7 月 7 日，省立湖南大学经国民政府行政院批准，改为国立，并任命曾经在伦敦大学攻读经济学的皮宗石为校长。1949 年全国解放之时，湖南大学由新中国接管。1952 年全国院系调整时，湖南大学撤销，当年的矿科（含矿冶系和矿冶研究所）师生被调去组建中南矿冶学院，其他学科专业亦大部分调往其他高校。由于留在岳麓山原址的学科较少，1953 年湖南大学更名为中南土木建筑学院，当年的路科仍然是该校的主体学科。1958 年，中南土木建筑学院增设机械、电机、化工三系，更名为湖南工学院。1959 年，湖南工学院复名为湖南大学，重新确定文、理、工综合性大学发展模式。

① 周秋光、莫志斌：《湖南教育史》（第二卷），岳麓书社，2002，第 615 页。
② 何长胜：《湖南大学校史》（上册），湘新出准字（1996）第 88 号，第 179 页。

1960 年，铁道部将湖南大学与路科相关的学科——铁道建筑、桥梁与隧道、铁道运输三个系抽出，另辟校址成立了长沙铁道学院。2000 年 4 月，湖南大学与湖南财经学院合并，重新组建了新的湖南大学。湖南大学经过两次学科分离，实力相对减弱。原湖南高等实业学堂最早创办也是最强的矿科和路科，只保留了半个路科（即土木建筑专业）在湖南大学之中。

千余年来，岳麓书院学脉绵延，弦歌不绝，以"千年学府"之美名而饮誉世界。湖南大学在自己的发展过程中，恰到好处地引入岳麓书院这个品牌，发展成为"211""985""双一流"大学。在 2005 年以前，它的知名度甚至比中南大学高。但是，湖南大学的前身是中南土木建筑学院，当时的知名度不及中南矿冶学院。于是，中南土木建筑学院于 1958 年改名湖南工学院，1959 年复名为湖南大学。老湖南大学即 1926 年成立的湖南大学，当时由湖南工业专门学校（湖南高等实业学堂）、湖南法政专门学校、湖南商业专门学校、甲种农业学校等组成，学科门类得到扩张。老湖南大学的省立时期设 5 科：理科、工科、法科、商科、农科；国立时期设 4 院：文学院（含法学）、理学院、工学院、商学院，这在全国高校中属于办学规模比较大、实力也比较强的。1949 年又并入了国立师范学院、省立克强学院、省立音乐专科学校、私立民国大学，设有文艺学院、教育学院、社会科学院、财经学院、自然科学研究院、工程学院和农学院，一时盛况空前。1952 年撤销了老湖南大学，从中陆续分出了中南矿冶学院、湖南师范学院、湖南农学院，之后又分出了长沙铁道学院。虽然 1959 年恢复"湖南大学"的校名，但经过多次分离，毕竟伤了元气，现在要追赶中南大学也感到比较吃力。庆幸的是，在改革开放特别是交由教育部直属以来，湖南大学的发展进程大大加快，可谓老校焕发了青春。

四　中南大学引入清华精神和湘雅品牌

当今的中南大学可谓中国教育界的"青年才俊"，是在 2000 年由原中南工业大学、原湖南医科大学、原长沙铁道学院合并而成的。中南工业大学的前身是中南矿冶学院，包括之前合并了的长沙有色金属专科学校，皆源于湖南高等实业学堂的矿科；合并到中南大学的长沙铁道学院，源于湖南高等实业学堂的路科。它们与湖南大学都是由湖南高等实业学堂的相关专业发展而来的，这就是两校同"源"的来历。但是，两校的发展并不同"流"。

两校不同"流"的原因是，1952 年 11 月，以湖南大学的矿冶系和矿冶研究所为基础，与中山大学、武汉大学、南昌大学、广西大学、北京工业学院的同类学科组建了中南矿冶学院。1960 年 7 月，以湖南大学铁道建筑系、桥梁隧道系、铁道运输系三系为基础，与武汉大学、南昌大学、广西大学、四川大学、云南大学、华南工学院的相关专业成立了长沙铁道学院。2000 年 4 月 29 日，中南工业大学（即中南矿冶学院）、长沙铁道学院合并于中南大学之中。汇众流于一江，中南大学显示了强劲的"奔泻"势头。湖南大学虽然调走了许多学科专业，但也有一些省外的土木建筑、汽车制造等专业加盟。海纳百川，取长补短，这就奠定了湖南大学与同济大学、清华大学并称为中国土木学科"三驾马车"的地位。

由于湖南大学在自己的发展过程中，巧用旧址，很好地引入了"岳麓书院"这个品牌，知名度比中南大学高得多，促使中南大学思考自己的发展思路。于是，中南大学相继引入了"清华精神"和"湘雅品牌"，来彰显自己的历史底蕴、办学理念以及办学特色。引入"清华精神"，是中南大学在矿冶学院阶段通过两任院长（陈新民和唐楠平）实施的。中南矿冶学院的校址，是清华大学抗战前夕南迁长沙时，在岳麓山下左家垅建的几栋楼房（现在还保留了和平楼和民主楼）。当年清华大学南迁，一度改名长沙临时大学，不久再迁昆明改名西南联合大学。中南矿冶学院仍以长沙临时大学开学的 11 月 1 日为校庆日，首任院长是留学美国的冶金学博士陈新民，原在清华大学任秘书长，他在筹备中南矿冶学院时，通过选校址、开校门、设校庆这些潜移默化的方法来渗透"清华精神"。从湖南高等实业学堂到中南矿冶学院—中南工业大学—中南大学，经过几次华丽转身，这座"湖湘百年学府，有色金属摇篮"，秉承矿科百年积淀，顺应高等教育体制改革大势，弘扬以"知行合一、经世致用"为核心的大学精神，力行"向善、求真、唯美、有容"的校风，坚持了自身的办学特色。

中南大学除了有"清华精神"以外，还有一个响当当的"湘雅品牌"。所谓湘雅品牌，就是享有"南湘雅、北协和"的盛誉、1914 年成立的湘雅医学专门学校。"湘"即湖南，"雅"即雅礼，这是一所由湖南育群学会与美国耶鲁大学雅礼协会联合创建的医学院，也是中国第一所中外合办的医学院。1905 年，29 岁的美国内科医生爱德华·胡美博士（来中国之前在印度行医），[①] 受美国耶鲁大学资助和雅礼协会派遣，携妻带子来到长沙行医办学。他先学汉语，1906 年在长沙小西门西牌楼买下了一罗姓老板的"中央旅馆"，创办了中国最早的西医医院之一的雅礼医院，于当年 11 月开业。1914 年，湖南督军谭延闿（后来担任过南京国民政府主席）提议，由湖南育群学会代表湖南省政府与美国雅礼协会合作，于当年 9 月在长沙潮宗街创办了我国第一所中外合办的高等医学教育机构——湘雅医学专门学校。省政府拨出的基建用地于 1917 年动工兴建，将医院和医学院陆续迁往留芳岭和上麻园岭的现址。1919 年，毛泽东应邀在湘雅医学专门学校主编了 6 期该校学生会的刊物——《新湖南》周刊。1925 年，孙中山为刚改名的湘雅医科大学第五届毕业同学题写了"学成致用"的勉词，是为校训。"湘雅"的院歌是："长沙张仲景，医学溯先贤，泱泱乎流千载，湘雅树中坚。椎轮始业，自谭胡颜[②]，历尽艰难颠沛，壮气直无前。院训指薪傅，公勇勤慎，诚爱谦廉，求真求确，必邃必专。宏创造，利人天，发扬光大，亿万斯年。"湘雅医科大学在中华人民共和国成立以后收归国有，先后改名为湖南医学院和湖南医科大学，于 2000 年 4 月 29 日合并到中南大学之中。湘雅品牌的注入，助力"清华精神"，使中南大学的发展增添了新的活力。现在，中南大学已进入中国高等教育的第一方阵，成为"211""985"、"双一流"和副部级大学，更有必要回溯百年学术史。

---

① 爱德华·胡美（Edward H. Hume，1876 ~ 1957），美国人，出生于在印度传教的基督徒家庭，在约翰·霍普金斯大学获医学博士学位。1905 年夏，他受耶鲁大学雅礼协会派遣，携妻带子到长沙，于 1906 年创办雅礼医院。1914 年，雅礼协会与湖南育群学会合作，共建湘雅医学专门学校，他担任首任院长直至 1927 年返回美国。他积在华 20 多年行医的经验，在美国出版了 *Doctors East*，*Doctors West*（Jarrold & Sons LTD，1946），*The Chinese Way in Medicine*（The Press of Johns Hopkins University，1940），*Doctor is Courageous*（Harper&Bros.，1950）等著作。

② 谭胡颜分别指谭延闿、胡美、颜福庆（美国耶鲁大学医学院毕业，担任湘雅医学院第一任院长）。

在山与在城：碑刻所见麓山、开福二寺的修行和济世传统[*]

周 荣^{**}

摘 要：麓山、开福二寺遗存的不同朝代的碑刻诗文等历史文献是难得的一手资料。这些资料显示，在历史上麓山寺更多地体现为天下名山道场的特性，而开福寺则作为一个省城名刹在地方事务中发挥重要作用。这种差别与二寺一在深山，一在城郊的地理位置紧密相关。

关键词：麓山寺 开福寺 竺法崇

在湖南省城长沙有两座历史悠久的佛教寺庙，一为麓山寺，在湘江西岸的岳麓山上，据称由敦煌菩萨竺法护的弟子竺法崇创建于西晋武帝泰始四年（268），被誉为佛教入湘最早的遗迹。二为开福寺，位于长沙城北新河，始建于后唐明宗天成二年（927），在楚王马殷及其子马希范的支持下创建，民间素有"先有开福寺，后有长沙城"之说。这两座寺庙今天都是长沙市区的重要历史文化景点，历史时期，它们一在远离城区的深山之中，一在长沙城近郊的交通要道上。这样的地理分布对这两座寺庙聚集四众的方式和修行风气会有什么样的影响？本文意欲借助寺庙碑刻等史料对此问题略做梳理和探析。

一 二寺遗存碑刻及相关历史文献概述

在古代，湖南属于远离中原的卑湿之地，官方典籍有关长沙麓山、开

* 基金项目：本文为教育部人文社会科学重点研究基地重大项目"地方宗教文献与明清佛教世俗化研究"（16JJD730006）的阶段性成果。

** 周荣，武汉大学中国传统文化研究中心教授，武汉大学图书馆古籍保护中心主任。

福二寺的记载或只言片语，或辗转引述。与此相较，历尽沧桑而遗存下来不同朝代的碑刻、诗文等历史文献则是难得的一手资料。在有关麓山、开福二寺的研究当中，除《麓山寺碑》等少数碑刻诗文之外，大部分资料并没有引起人们的足够重视，兹就视野所及，对这些历史文献简述如下。

（一）麓山寺

麓山寺历史虽久，遗存下来的文物和文献却很有限，其中最重要的是《麓山寺碑》，又称《岳麓寺碑》，是著名唐碑，被收入《中国碑帖名品》。宋以来学者多认为此碑系唐代曾任北海太守的大书法家李邕撰文并书，唐开元十八年（730）立于潭州长沙府（今湖南长沙市）麓山寺中，明代曾砌亭覆盖，清咸丰年间移嵌于岳麓书院楼壁间，现保存在岳麓书院景区。据景区的解说材料，该碑通高 400 厘米，正文部分高 258 厘米，宽 135 厘米。圆顶饰龙纹浮雕，有阳文"麓山寺碑"四字篆额。碑阳正文 28 行，行 56 字。碑文为行楷书，是李邕行书中的上乘之作。内容叙述自晋太始年间建麓山寺以来的兴废修葺和历届禅师宣扬佛法的经过，还描写了岳麓风光，全文共 1413 字。文末署"江夏黄仙鹤刻"，许多人倾向于认为"黄仙鹤"系李邕化名。因此碑文采、书法、雕刻都极美，故又称《北海三绝碑》。

此碑自宋以来，多为金石目录所著录，一些文集中亦常提及此碑。因自然和人为的原因，此碑缺损严重，《陶澍集》中对人为破坏的原因述之甚详："碑阴……为后来庸妄人镌刺，题跋不复成文理。惟正面字体完好，千余年来艺林所宝。嘉庆初年，有达官遣吏拓取不以法，其碑裂焉。或云达官亦欲题名，曳碑倒，将以磨刻，故遂折裂焉。沈筠堂太守和油灰集其残字，另置碑侧，不能复旧观矣。"① 所幸该碑有拓本传世，碑文得以保存。据陶澍自述，其家即有旧拓本两本："余家有二本，其一为先子读书岳麓时所手拓。其一为湘潭陈恪勤公家旧物，李北溟副宪督学湖南时用重价购之。乙亥秋，副宪自都门归粤，举以赠余。"② 可见拓本在晚清时即已很珍贵，须重价购买。今日传世者有故宫博物院藏宋拓本，苏州博物馆和赵声伯等

---

① 陶澍：《同人集印心石层观李北海〈岳麓寺碑〉旧拓本作歌用李义山〈韩碑〉韵（有序）》，《陶澍集》（下册），岳麓书社，1998，第 402 页。

② 陶澍：《同人集印心石层观李北海〈岳麓寺碑〉旧拓本作歌用李义山〈韩碑〉韵（有序）》，《陶澍集》（下册），岳麓书社，1998，第 403 页。

藏宋拓本等。历代出版《麓山寺碑》碑帖甚多，文物出版社 1984 年曾出版《唐李邕书麓山寺碑》，以北京市文物商店藏宋拓本为底本。

自宋以来，《麓山寺碑》的碑侧和碑阴，又叠加了很多刻字，大部分是宋、明及清人的题名、题字和观款。如碑侧刻有宋代大书法家米芾的正书阴刻题名"襄阳米芾同广惠道人来元丰庚申元日"字样。其他还有："宋程瑑等麓山寺碑阴题名""宋曾思等麓山寺碑侧题名""宋王仁甫麓山寺碑阴题名""宋沈畴等麓山寺碑阴题名""宋王容等麓山寺碑侧题名""元梁全等麓山寺碑阴题名""明郭登庸麓山寺碑阴题名"等。①

文献所载麓山寺的唐碑尚有沈传师的《酬侍御姚员外游道林岳麓寺》诗碑。此碑今不存，但诗文保留于文献中。清末藏书家湘人叶德辉在为《唐颜勤礼碑》所作碑跋中提到此碑，谓："郑渔仲《金石略·颜书碑目》有《夔州刺史颜勤礼碑》。又载《沈传师碑》有《酬侍御姚员外游道林岳麓寺诗》，下注'潭州'。然则此诗亦石刻。"② 陈伯海主编《唐诗汇评》收录其诗碑全文并附评，评中引《侯鲭录》称"沈传师有诗碑见于世……附载《杜工部集》"。③

麓山寺宋元碑刻据称在元末战火后被毁，明清碑刻也不多见，现在能见的仅有两块清碑，一块名为《重修岳麓万寿寺碑记》，位于麓山寺大雄宝殿左方，有清康熙二十三年（1684）都察院右副都御史薛柱斗题文，碑中"万寿寺"即麓山寺。④ 另一块名为《新修岳麓万寿寺碑》，碑在岳麓山山腰万寿亭。清光绪三年（1877）湖南布政使崇福撰文，杨翰书丹。碑高 220厘米，宽 130 厘米。碑额镌"新修岳麓万寿寺碑"八字，碑文记载了这次重修的情况⑤。

麓山寺的另一类历史文献资源是历朝诗人的题咏，最有名的可能是大诗人杜甫所写的《岳麓山道林二寺行》，吟出了"玉泉之南麓山殊，道林林壑争盘纡。寺门高开洞庭野，殿脚插入赤沙湖"的名句。此类题咏十分浩

① 陈运溶著，陈先枢点校《湘城访古录》，岳麓书社，2009，第 430～436 页。
② 叶德辉等撰，湖南图书馆编《湖南近现代藏书家题跋选》（第二册），岳麓书社，2011，第670 页。
③ 陈伯海主编《唐诗汇评》，上海古籍出版社，2015，第 3302～3303 页。
④ 罗军强：《岳麓山宗教史话》，海南出版社，2007，第 143 页。
⑤ 刘刚主编《湖湘碑刻》（一），湖南美术出版社，2009，第 54 页。

繁，对此，陈运溶《湘城访古录》选择其中较重要和较稀见者予以收录，兹据其记载列举如下①。

唐代文人题诗

唐扶：《使南海道长沙题道林岳麓寺》②

沈传师③：《次潭州酬唐侍御姚员外游道林岳麓寺题示诗》

刘禹锡：《唐侍御寄游道林岳麓二寺诗并沈中丞姚员外所和见征继作》

刘长卿：《自道林寺西入石路至麓山寺过法崇禅师故居》

戴叔伦：《麓山寺会送尹秀才》

杜荀鹤：《趣岳麓寺》

罗隐：《春日湘中题岳麓寺僧舍》

曹松：《题湖南岳麓寺》

僧齐已：《暮游岳麓寺》

宋代文人题诗

赵抃《岳麓寺》

张舜民：《岳麓寺》

曾几：《岳麓寺》

明代文人题诗

李东阳：《与钱太守诸公游岳麓寺四首席上作》

林公庆：《长沙》

陶汝鼐：《仲秋十四雨霁访肺山和尚，留宿岳麓，坐月深谈，法喜无量，师唱曰："此夕秋光不偶然"得征和》

郭金台：《岳麓寺》

吴愉：《岳寺有怀》

吴楙：《岳麓寺》

清代文人题诗

赵开心：《夜游岳藏寺》

胡尔恺：《夜游岳麓寺和赵洞门韵》

---

① 陈运溶著，陈先枢点校《湘城访古录》，岳麓书社，2009，第 155~160 页。
② 《湘城访古录》点校本作"唐扶使南海道《长沙题道林岳麓寺》"，误。
③ 《湘城访古录》点校本作"沈傅师"，疑误，参前文。

　　廖元度：《岳麓寺即事》

　　李发甲：《岳麓寺》

　　汤右曾：《同刘青岑游岳麓寺》

　　刘授易：《张尔石读书岳麓山寺值三十初度寄赠》

　　张九镒：《登麓寺寻旧读书处有感》

　　熊祖熊：《麓山寺赠如意上人》

　　旷敏本：《麓寺偶感》

　　孙良贵：《偕家弟文止晓入岳麓寺》

　　刘世澍：《游岳麓寺》

　　姚鼐：《岳麓寺》

　　秦瀛：《游岳麓寺》

　　曾燠：《游岳麓寺》

　　孙先振：《岳麓寺》

　　陈启畴：《岳麓寺》

　　黄本骐：《岳麓寺题壁次宾谷先生韵》

　　黄本骥：《次韵朱晴溪游岳麓寺》

　　魏源：《宿岳麓寺》

　　周变祥：《游岳麓寺上响鼓崖到云麓宫小憩》

（二）开福寺

　　在遗存历史文献总量上开福寺远不及麓山寺，但所遗存的碑刻却比麓山寺多，主要有以下几处。

　　《重修长沙开福寺碑》。明隆庆五年（1571）五月立。奉政大夫、吉府长史司陈九经撰。此碑原碑已不存，碑文载清康熙《宝宁寺志》。此碑较早记述了马楚国王马殷迎保宁勇禅师开创长沙开福寺的史实。

　　《重修紫微山开福寺碑记》。清康熙六年春立。湖南长沙府推官胡景曾撰。此碑在长沙市开福寺内，高 230 厘米，宽 108 厘米。碑右下角有小字，文曰："碑石系苏州洞庭山运至于此，毛瑞凤施碑座石。"

　　《黑螺塘饷租合同》。清雍正三年三月初十日立。本县明道都粮户廖仕臣、吴茂林、陈尔泰等请人撰文。碑文较真实地反映了开福寺与基层民众的关系。此碑不见文献著录，现嵌于寺内墙壁。

《黑螺塘水租承认字》。清雍正三年三月初十日立。本县明道都粮户廖仕臣等请人撰文。碑文与《黑螺塘饷租合同》碑相关联，较真实地反映了开福寺与基层民众的关系。此碑不见文献著录，现嵌于寺内墙壁。

《碧浪湖记》。清嘉庆四年九月九日立。中湘李家耿撰文，长沙金正观书丹、黄永言刻。碧浪湖系指开福寺后之湖，曾名王塘、黑罗（螺）塘。此碑不见文献著录，现嵌于寺内墙壁。

《长沙开福寺碑》。清光绪十三年立。御史、户部福建司郎中、军机处行走徐树钧撰文。碑在开福寺内，碑高 255 厘米，宽 110 厘米。据刘刚主编《湖湘碑刻》，此碑原曾嵌于寺内墙壁，有篆书碑额①。今立于寺内，无碑额。

《开福寺百世流芳功德碑》。碑名为笔者所拟。碑身磨损严重，立碑时间不详，从碑内众多商号推测，立碑时间估计在清中叶至清末。该碑碑首楷书"百世流芳"四个大字，碑文内容主要为人名、字号名和捐资数额。此碑不见文献著录，现嵌于寺内墙壁，与上文《黑螺塘水租承认字》碑紧邻。

《湖南开福寺念佛堂并传戒讲经条约》。清宣统元年四月佛诞日立。本寺退闲长老筏喻、现任主持光明率众公议。五戒弟子周希尹书。此碑不见文献著录，现嵌于寺内墙壁。

《长沙开福寺新建藏经阁记》和《长沙开福寺新修放生池碑铭》。清末至民国期间立碑。湘人叶德辉撰文。该碑文收入《叶德辉诗文集》，但未注明撰文时间，据碑文中提及"宝生"法师，推知碑当立于清末至民国初年②。

《紫微山古开福寺记》。民国 14 年（1925）立。湘阴郭大痴撰文，长沙萧荣爵书丹。该碑《湖湘碑刻》收录，但著录为"此碑嵌于长沙市开福寺内墙壁……清光绪庚戌年立"③，误。笔者曾亲赴开福寺访碑，此碑现立于大雄宝殿前院内，碑文中言明撰文的时间为"后马王建国九百九十八年甲子夏四月己酉"，书丹的时间为"秋八月庚戌"。"后马王建国九百九十八年"当为民国 14 年，即 1925 年，此年干支正好为"甲子"。

---

① 刘刚主编《湖湘碑刻》（一），湖南美术出版社，2009，第 201 页。
② 叶德辉：《叶德辉诗文集》（二），岳麓书社，2010，第 473 页。
③ 刘刚主编《湖湘碑刻》（一），湖南美术出版社，2009，第 200 页。

除了碑刻之外，文献中也保存有一些古人题咏开福寺的诗文。兹仍据《湘城访古录》摘其要者。主要有宋张栻的《题长沙开福寺》、明李东阳的《钱太守招游开福寺不赴奉答一首》、明李冕的《游开福寺》、清余廷灿的《同段起山谭右夔游开福寺》、清黄本骥《开福寺亦笠亭落成次竹轩上人韵》等。

二　名山道场：麓山寺的传统

南北朝的徐灵期在《南岳记》中云："南岳周围八百里，回雁为首，岳麓为足。"岳麓山南接衡岳，北望洞庭，为衡山七十二峰之一，被誉为南岳之足，很早就跻身天下名山的行列。汉末佛教初传，其后沿水陆各路向全国推进。岳麓山自然成为佛教在中国早期弘传的道场之一。对于佛教最初进入岳麓山直至唐开元年间麓山寺的兴废沿革，《麓山寺碑》记述最详。该碑将麓山寺的历史追溯到晋泰始四年：

> 麓山寺者，晋泰始四年之所立也。有若法崇禅师者，振锡江左，除结湖阴，尝与炎汉太宗长沙清庙栋宇接近。云雾晦冥，赤豹文狸，女萝薜带。山祇见于法眼，渎后依于佛光。至请旧居，特为新寺。禅师泊翌日弘聚，谋界众表之，明诏行矣。水臬有制，丘墟尽平。[1]

对于李邕所认定的竺法崇初建麓山寺的时间有学者曾提出不同的看法，相关争议主要围绕建寺的时间是在晋还是在南朝宋，竺法崇是否《宋史》中的释法崇等问题。[2] 相关争议并不影响麓山寺"汉魏最初名胜，湖湘第一道场"的地位。据碑载，继竺法崇开山之后，早期住锡麓山寺的高僧还有法导和法愍和尚，他们"大起前功，重启灵应"；"永托兹岭，克终厥生"。南北朝时期，麓山寺得到历朝统治者的护持，为续建、重建麓山寺做出贡献的官员主要有："尚书令湘州刺史王公讳僧虔，右军之孙也"，于宋后废

---

① 夏剑钦编《湖南纪胜文选》，湖南师范大学出版社，2011，第 65 页。
② 相关争鸣文章参见张松辉《竺法崇初建麓山寺时间新考》，《船山学刊》2002 年第 2 期；凌文超《麓山寺建寺年代再考》，《中南大学学报》（社会科学版）2006 年第 1 期等。

帝元徽元年至四年（473～476）重修庙宇；湘州刺史夏侯详，于梁天监三年（504）建正殿；湘州刺史王琳，于梁敬帝绍泰二年（556）建佛涅槃像。其他僧俗人士有律师法贤、梁长沙内史萧沇、陈司空吴明彻等。

进入隋朝，麓山寺受到统一王朝最高统治者的重视。隋仁寿元年（601）、二年（602），隋文帝分两次立舍利塔于天下八十三州，长沙麓山寺为第二批建舍利塔的寺庙。立塔之时，时人记称"潭州舍利江乌迎送"。[①] 而天台智者大师的到来，将麓山寺的传法活动推向一个高潮。据《麓山寺碑》：

> 开皇九年，天台大禅师守护法身，澄清悲海，严幢标华，智火融明。袭如来堂，坐法华定。四行乐而不取，三贤登而更迁。有若昙捷法师者，伐林及树，染法与衣，不坠一滴之油，有沾大根之雨。总管大将军齐郡公权，公讳武，福德庄严，喜慧方便，疏写四部，镇重百城。有若智谦法师者，愿广于天，心细于气，诵习山顶，创立花台。有若摩诃衍禅师者，五力圆常，四无清净，以因因而入果果，以灭灭而会如如。有若首楞法师者，文史盖通，道释后得，远涉吴会，幽寻天台。法界图于刹中，真诀论于湘上。具究竟戒，敷解脱筵。一法开无量之门，一音警无边之众。

智颛法师出生于梁大同四年（538），很早就与岳麓山结下了法缘，其出家的寺庙即为岳麓山下的真身禅寺。陈天嘉元年（560）他成为慧思的弟子，悟法华三昧，后入天台山成为天台宗的实际创建者。陈亡隋兴，他游化荆湘，于开皇九年（589）到麓山寺讲《法华经》，该碑文即记述了他当年讲经的盛况。据此可知，继智者大师之后还有昙捷、智谦、摩诃衍、首楞法师、慧性及"上座惠杲、寺主惠亶、都维那兴哲等"在麓山寺弘法。大体反映了麓山寺唐代全盛时期的状况。隋唐时期是禅宗兴起和繁荣的时代，湖南佛教中心移向南岳，以南岳为中心的禅门宗匠辈出，南岳怀让、石头希迁、药山惟俨、沩山灵佑等皆出自湖南，麓山寺自然也领受禅风的熏陶，禅风大盛。虽然经历会昌灭佛之乱，在唐末仍然出现了长沙景岑这样的宗师，他是南泉普愿的法嗣，世称虎岑招禅师，又号长沙和尚，他来

---

① 道宣：《广弘明集》卷十七，商务印书馆，1922，第24页。

寺弘化，使麓山寺走出了会昌法难之后的低谷，并重建麓山寺，改名鹿苑。[1]

中唐至明代麓山寺的历史虽无碑碣可考，但学者已根据灯录、志书等资料大体厘清了其历史脉络。据《五灯会元》记载，继景岑以后，有鹿苑山恽禅师、潭州岳麓和尚、潭州鹿苑和尚、鹿苑文袭禅师、鹿苑圭禅师等人在麓山寺讲经传教。此外，从悦、清素、慕哲、悟新、惠洪、智才、智海等禅僧均与麓山寺关系紧密。其中智海人称岳麓海禅师，是重要的中兴人物，《长沙府岳麓志》记智海住山时，寺曾"焚火一夕而烬"，赖智海重建宫室。元代麓山寺和岳麓书院均毁于兵火，僧徒们甚至把书院的碑记砸烂。麓山寺在明代又一兴一废。明神宗万历中始由妙光和尚组织重建，并经朝廷赐名万寿寺。明末四大高僧之一的憨山德清大师曾在此讲经。明思宗崇祯十六年（1643），寺宇又一度毁于兵火。[2]

清代麓山寺的兴衰历程有碑可据，有论者已据文献和存碑做了叙述。可知，清顺治十五年（1658）即有人倡修麓山寺，但直到康熙十年（1671年）才得提督张勇的支持，由僧智檀倡首将明末被毁的麓山寺全面修复，不久又遭兵火，到康熙二十年（1681）始得赵云岑之助，由其嗣法弟子文惺（阿诺）禅师、法灯及薛柱斗、程仕吾等僧俗人众将寺院重建一新。清咸丰二年（1852），太平军攻打长沙，麓山寺再次毁于兵火。清光绪三年僧笠云（芳圃，1837～1908）住持麓山寺期间予以修复，并在山门嵌上"古麓山寺"的旧横额和"汉魏最初名胜，湖湘第一道场"的门联，一直延续至今。[3]

通过对麓山寺由晋至清的历史演变过程的梳理和回顾，不难发现，麓山寺一直以天下名山道场的风格展现在世人面前。在佛教初传时期，岳麓山因其独特的地理位置而受到以洛阳为中心将佛法推向中国的外籍僧人的青睐，由此而成为"湖湘第一道场"；在隋唐中国佛教宗派成立的时期，它先是成为天台宗的基地，由智者大师亲设讲坛。继又成为禅宗的重要道场，

---

① 参见戒圆《湖南佛教的发源地麓山寺》，《法音》1989 年第 10 期。

② 参见戒圆《湖南佛教的发源地麓山寺》，《法音》1989 年第 10 期；湖南省地方志编纂委员会编《湖南宗教志》，湖南人民出版社，2012。

③ 参见罗文强《岳麓山宗教史话》，海南出版社，2007，第 143 页；戒圆《湖南佛教的发源地麓山寺》，《法音》1989 年第 10 期。

接续了六祖慧能—南岳怀让—马祖道—南泉普愿—长沙景岑的南宗禅法脉。此后历经宋明，禅宗各支派在此过化驻锡，明末四大高僧之一的憨山大师又在此设立讲席。到晚清乃是曹洞宗的道场。在朝代更迭中，麓山僧也经常受到最高统治者的恩泽，隋文帝分颁舍利于八十三州，麓山得其一；明万历时重建，得朝廷赐名万寿寺。至于名将达官的护持更是代不绝人，所谓："宋则有尚书令湘州刺史王僧虔，梁则有湘州刺史夏侯详、王琳，长沙内史萧沇。陈则有大司空吴明彻，隋则有侍中镇南晋安王、乐阳王，总督大将军齐郡公权武，唐则有大司马窦彦澄。大都心契一乘，体空三轮，乐善好施，扶翼西方之教。"①

麓山寺最鲜明的特点还在于，因地缘的优势，此处人文特盛。自从唐代北海太守、大书法家李邕留下《北海三绝碑》，从古至今，引来许多全国知名的文人士大夫游览、观摩、题咏。如前，沈传师、唐扶、韦蟾、刘长卿、韩愈、宋之问、曹松、张栻、罗隐、李东阳、姚鼐、喻凫等都留下了吟咏麓山寺的诗文。文人和僧人的互动，无形中养成了僧人的崇文风尚，唐末五代智璇等二僧为"思儒者之道"，在麓山寺下"割地建屋"，建起了"以居士类"的学舍。北宋开宝九年（976），潭州太守朱洞在原僧人办学的遗址上正式建立起了岳麓书院，朱熹、张栻等大儒来此会讲。可以说，岳麓书院的建立，进一步长养了麓山寺的人文风气。元代理学家吴澄在《重建岳麓书院记》中曾说："自此之后，岳麓之为岳麓，非前之岳麓矣。"借用吴澄的话，自岳麓书院建立之后，麓山寺之为麓山寺，非前之麓山寺矣！麓山寺历史上诗僧辈出，直到晚清，智檀、文惺、弥嵩、天放、笠云等僧人能诗擅文，工于书画，并著述行世。②

岳麓山、岳麓书院和麓山寺"三位一体"的格局，决定了麓山寺在湖南和全国佛教丛林的特殊地位，在由晋至清的历史长河中，它绝不是一般的地方和区域寺院，而是一个汇集天下僧才、天下文人的全国性寺院。

---

① 罗竣：《募修古麓山寺启》，载夏剑钦编《湖南纪胜文选》，湖南师范大学出版社，2011，第70页。
② 智檀法师著有《岳麓衡书》《剪曼篇》《滇游集》《望云草》；文惺法师著有《妙法莲华经笺》《南岳游仙记》《岳麓杂咏》《晓云诗集》；弥嵩法师著有《三会语录》《南岳山居诗》《岳麓山居诗》《中庵后草》；天放法师著有《十笏斋诗集》，并编纂《麓山寺志》三卷；笠云法师著有《听香禅室诗集》八卷。

三　省会招提：开福寺的传统

　　目前全面梳理开福寺历史演变的成果主要有两篇文章，即戒圆的《开福寺简史》①　和蒋敦雄的《长沙千年古刹开福寺》②。

　　开福寺始建于唐末马楚政权割据长沙之时，后唐明宗天成二年（927）楚王马殷及其儿子马希范特邀保宁寺的勇禅师在长沙城北二里许的紫微峰下创开福寺，寺址乃马氏游宴场所会春园嘉宴堂的一部分。开山祖师保宁勇出身粤东名宦，一生力创禅宗道场众多，为当时名僧，据称勇禅师在开福寺说法时，僧众达千余人。马楚政权总共经历了四十多年。北宋初，开福寺僧洪蕴因擅长医道而受到朝廷的重视，洪蕴后被召入京城当了僧官。宋仁宗嘉祐年间，僧人紫河对全部寺宇重修了一次。宋徽宗时，开福寺道宁（？～1113）禅师乃临济宗杨歧派法系，是南岳怀让下第十四世。道宁从临济五祖法演处获悟，他住寺时僧侣达五百人，庙貌也为之一新，有紫微山、碧浪湖、清泰桥、舍利塔、千僧锅等十六景。被称为开福寺的中兴祖师，禅宗史上称为开福道宁。政和三年（1113）道宁卒。建塔寺后嗣法弟子有月庵善果一人，以后依次传承是老衲祖证—月林师观—无门慧开—法灯觉心（又称心地觉心），觉心是入宋求法的日本僧人。

　　明代开福寺，经两次修建。第一次是明太祖洪武四年（1371），由沙门彻堂重修；第二次是明世宗嘉靖年间在吉藩的支持下重修，明末又毁于兵火。清代开福寺先后修建了四次：第一次是顺治十七年（1660），沙门佛国当住持时募修。第二次是康熙八年（1669），总兵卜世龙倡捐重建，巡抚周召南、藩司郎永清、臬司李荣宗、知县胡壮生助修天王殿。第三次是乾隆三十七年（1772），寺后制造火药，寺宇被焚，巡抚梁国治命僧募修。第四次是乾隆六十年（1795），又因制造火药引起火灾，复为修茸。

　　嘉庆十一年（1806）书法家韩葑为山门写对联"紫微栖凤，碧浪潜龙"八字，存留至今。后江南福山镇总兵陈海鹏又题"古开福寺"横额。光绪十二年（1886）王闿运、王先谦，诗僧寄禅、笠云等僧俗十九人在此组织碧

　　①　戒圆：《开福寺简史》，《法音》1987 年第 5 期。

　　②　蒋敦雄：《长沙千年古刹开福寺》，台北《湖南文献》1997 年第 25 卷（总第 100 期）。

湖诗社，传为文坛盛事。光绪末年，诗僧笠云又于寺内创办湖南僧立师范学堂。

这两篇文章已勾勒出开福寺千年兴衰的粗线条，对照前文所列碑记的内容不难看出，上述历史过程均未超出碑刻所记，碑记中的重大事件均被人们注意到，但有些具体而微的方面似乎未纳入人们的视野，这些内容可能更容易体现开福寺道场的特点，试略做申述。

五代马楚国的建立者马殷经历长年征战后，晚年坐镇潭州，决定在长沙城北、湘江之滨的紫微山新建开福寺，究其原因，与此地的地理位置直接相关。对此，明陈九经《重修长沙开福寺碑》透露出重要信息："长沙郡之佛寺多矣，而开福寺之建则自五代时马武穆称王建国，命僧号保宁禅师者开创基宇。……然基址所占则实城府乾位，风水家势不可缺者也。"清胡景曾《重修紫微山开福寺碑记》也从另一角度揭示了此地的地理特点："潭州紫微山踞府西北，山环水绕，距城数里，虽舟车络绎之途，实缁衲息肩之所。"可见，马氏家族信佛，长沙之佛寺虽多，均不如开福寺能满足他们的需要。对于一个笃信佛教的割据政权的统治者而言，在此风水宝地新建一座佛寺可谓一举三得：其一，以佛寺占据风水之地，可凭佛佑其江山稳固；其二，在交通要津设立据点，可方便其政治统治；其三，开福寺之地本由会春园拨出，花园与寺庙一体，奉佛与游宴两不相误，正好满足其晚年逸乐之需。

回顾马氏割据政权的征战历程，自唐光化元年（898）马殷成为武安军节度使以来，他先后征服了湖南的潭州、邵州、衡州、永州、郴州、道州等地，在其极盛时辖境包括今湖南全省以及广西、广东和贵州的一部分。这也是开福寺"保宁禅师开法其间，千僧云集"时所影响的最大范围。可见，开福寺从它建立之日起所体现出的就是一个地方道场的格局，它所凭据的只是长沙府城的风水，所满足的是一个地方割据政权的愿望，所影响的范围也主要限于南方。

从遗存的碑刻来看，开福寺多与地方官吏、地方士绅、商贾平民相关联，寺庙与地方常常处于既矛盾又相互依存的关系。例如寺内现存清雍正三年立的《黑螺塘饷租合同》《黑螺塘水租承认字》，嘉庆四年立的《碧浪湖记》都生动地反映了寺庙与周边农民的关系。《开福寺百世流芳功德碑》列举了"卞开源""信义得""宝田堂"等众多商号和个人捐资的情形，直观地反映了寺庙与当地绅商的关系。而光绪时徐树钧的《长沙开福寺碑》则反映了寺庙与地方官府之间的复杂关系："雍正七年，县令成泰薰亏空库帑，借寺田抵偿，寺僧不能拒。九年，赵中丞宏恩慨然捐廉，赎回寺田，报部立案。"

从文人的题咏看，与麓山寺相比，由于缺少《北海三绝碑》和岳麓书院这样的儒家文化符号，全国知名的文人士大夫在开福寺留下的篇章远少于在麓山寺。这一点从前述陈运溶《湘城访古录》所收录的两寺的诗文数量即可看出。然而，与麓山寺比，开福寺又有地在省城的便利，因而常常成为地方文人聚会的场所，如光绪年间湖南地方文人王闿运、王先谦，诗僧寄禅、笠云等在此组织碧湖诗社等即是较显著的事例。总之，开福寺更多地体现出地方道场的特点和传统，它作为一个省城名刹在地方事务中发挥着其应有的作用。

结　语

麓山寺和开福寺是湖南长沙历史悠久、影响深远、久负盛名的两座古寺。因地理位置和历史机缘的差别，两座寺庙在兴起的时间上有早晚，修行和济世传统也体现出不同的特色。大体上，麓山寺背陵面壑，得岳麓之灵，开洞庭之野，成为佛教东传的早期道场。又因"书中仙手"李邕留下三绝之碑，且与宋代大儒会讲的岳麓书院毗邻，这里成为文人贵胄云集之地，他们因爱其山川之胜、寺宇之安而留下诸多佳作，所谓沈欧之笔，杜韩之篇，为世所宝。寺僧也多受其影响成为"诗僧""儒僧"，成为各级统治者的座上宾，这些因素使得麓山寺更多地体现出名山道场的风范和传统。开福寺则枕山面冈，襟江带湖，得长沙府城之龙脉，它因马楚政权的割据而兴，因保宁勇禅师的德行而至千僧云集。历代也不乏巨人硕德、名将达官的支持，但其影响范围主要限于湖南和南方地区。因地处省城舟车络绎之途，它与长沙城的命运相连接，与地方官员、士绅和民众的关系紧密，从而体现出"省城招提"的格局和传统。

从立宪派领袖到三主湘政*

——谭延闿法政人生寻踪

夏新华　陈　兵**

摘　要：谭延闿以进士翰林出身，当清廷"预备立宪"时，他是湘省立宪派领袖，担任湖南谘议局议长；辛亥革命发生后，他又转向革命，担任湘督，三次主持湘政；最后他又服膺于三民主义，在湖南近代法政史上占有重要地位。谭延闿在湖南的法政人生旧迹散布长沙民主东街的谘议局大楼旧址、又一村的湖南都督府故址、左局街的谭延闿公馆旧址、荷花池的谭延闿公馆旧址。通过实地寻访，可以感知谭延闿丰富且传奇的法政生涯，是湖南乃至中国近代法政风云变幻的缩影。在谭延闿的身上，亦可以看到"敢为人先""经世致用""兼收并蓄"的湖湘法治文化精神。

关键词：谭延闿　立宪派　谘议局　湖南都督

谭延闿（1880～1930），字祖庵，湖南茶陵人。湖南绅士群体研究专家许顺富曾说："谭延闿，一个被人逐渐遗忘，被时代渐渐掩埋的风云人物。可是几十年前，他曾经是名震朝野的显要人物。"的确，谭延闿在近代确实称得上是一号人物。在群雄纷争、轮番登场的清末民国政坛，谭延闿在各派政治势力中屹立不倒，素有"政坛不倒翁"之誉。当时，孙中山评他是"一时人望"；毛泽东称他是"乡邦英俊"和"一个聪明的官僚"；蒋介石赞他是"文武兼资"和"党国英奇"。谭延闿是清末立宪派领袖，在民初则三主湘政，在湖南近代法政史上占有重要地位。然而，一位如此重要的法政人物，却正在被世人遗忘。谭延闿在湖南的法政旧迹主要有四处，分别

---

*　基金项目：湖南省社科基金重点委托项目"湖湘法治文化的传承与创新研究"（19WTB03）；湖南省法学会法学研究重点项目"湖湘法治文化的传承与创新"（18HNFX‐B‐003）。

**　夏新华，湖南省法学会法治文化研究会会长，湖南师范大学法治文化研究中心主任、教授、博士生导师；陈兵，湖南师范大学法学院博士研究生。

是民主东街的谘议局大楼旧址、又一村的湖南都督府故址、左局街的谭延闿公馆旧址、荷花池的谭延闿公馆旧址，它们均位于现在的开福区。为全面了解谭延闿的法政人生，笔者踏上了寻访的行程。

一

　　寻访的第一站是位于开福区民主东街的湖南谘议局旧址，即现在的湖南省总工会。湖南省总工会内的这栋西式建筑，实为在谘议局旧址上建成的民国"省议会大楼"。遗憾的是，此楼虽然外表华丽，但内部却残破不堪，已无半点省议会的踪迹可寻，遑论谘议局了，湖南早期的那段民主历程，似乎已被历史湮没。当时，作为湖南谘议局议长的谭延闿，曾在此地工作了两年。作为模仿西方"地方议会"的机构，谘议局的成立是清廷的自救之举，有着特定的背景。清末，随着各地革命频繁上演，地方督抚日益坐大，清廷的统治危机日益加深。清廷想借立宪缓和矛盾，摆脱危机，于是通过设立谘议局来笼络地方绅士，并借此分割地方督抚的权力，以加强对地方的控制。1906 年 9 月，清廷正式宣布"预备立宪"。1907 年 9 月更是颁布上谕，决定在中央设立资政院，"以立议院基础"；在各省设立谘议局，作为"采取舆论之所"。1908 年 7 月，清廷颁发上谕，令地方督抚迅速筹办谘议局，"限一年内一律办齐"。

　　但是，湖南当局对谘议局之筹办漠不关心，一再拖延。1908 年 12 月，在清廷的点名催促下，湖南巡抚岑春煊才在长沙设立谘议局筹办处。并任命藩司、臬司、学司为总办，绅士谭延闿等为会办，负责谘议局的筹办事宜。但是，在任官员和旧派绅士对谘议局的筹办几乎不感兴趣，故筹办大权落入谭延闿等主张立宪的新派绅士手里。实际上，早在 1907 年，谭延闿就在长沙成立"湖南宪政公会"，以响应清廷的"预备立宪"，促进立宪活动的发展，湖南立宪派也就由此形成，这为立宪派两年后掌握湖南谘议局奠定了基础。

　　1909 年 8 月 6 日，谭延闿当选为湖南谘议局议员。10 月 8 日，在长沙召开的湖南谘议局预备会议上，谭延闿又以其崇高的威望被推选为议长。此后，作为立宪派领袖的谭延闿成为湖南谘议局的核心人物。1909 年 10 月 14 日，谘议局第一届会议在长沙县学宫明伦堂开幕，标志着湖南谘议局的正式成立。在成立大会上，谭延闿对谘议局和议员进行了定位："议员代表全省人民的利益，谘议局与地方政府不是依附的关系，应具有相当的独立性。"此后，以谭延闿为核心的湖南谘议局参与领导了保路运动和数次立宪请愿的政治运动。保路运动的目的是抵制清政府出卖铁路主权的行为，争取铁路自办。立宪请愿运动是为了争取参政权，缩短立宪期限，迅速召开国会，推动政治体制改革，湖南谘议局在这场运动中发动最早，并坚持到最后，不断将立宪运动推向高潮。

寻访途中，笔者不禁疑问，谭延闿成为立宪派领袖，并被推举为湖南谘议局议长，年纪也不过 30 岁，而要知道，《谘议局章程》规定必须年满 30 岁才有资格被选举为议员，谭延闿在议员中显然过于年轻，他何德何能高居议长一职呢？这可能跟谭延闿的家世和经历密切相关，谭延闿生于官宦之家，父亲谭钟麟曾任陕甘、闽浙和两广总督，是名副其实的封疆大吏。谭延闿与湖南巡抚陈宝箴之子陈三立、湖北巡抚谭继洵之子谭嗣同，被时人并称为"湖湘三公子"。此外，谭延闿还是末代科场显贵，在末代科举中获得会元（礼部主持的会试中获第一名），弥补湖南在清代 200 余年无会元的遗憾，他因此成为三湘甚至全国的闻名人物，这样的资历在旧派人士眼中非常重要。后来，谭延闿对京师的仕途似乎并无太大兴趣，以父亲去世回乡守孝为名，转而辞去翰林院编修职务，于清末新政期间在湖南办起了新式教育，巡抚岑春煊甚至称"湖南教育不可一日无谭延闿主持"，这样的经历在新派人士看来也极为重要。总之，谭延闿既家世显赫，又名登金榜，还积极创办新学，所以在新旧两派人士中左右逢源，年纪轻轻就在湖南成为声望极高的一号人物，被推选为议长也在情理之中。

在谭延闿的领导下，湖南谘议局在后期甚至与清廷针锋相对。1911 年 5 月 8 日，清廷组织以庆亲王奕劻为首的"皇族内阁"，来敷衍立宪。各省谘议局议长推举谭延闿为主席，谭延闿上书清廷，指出"君主不担负责任，皇族不组织内阁，为君主立宪国唯一之则"，但招致"上谕"的严厉训斥。随即立宪派群情激愤，谭延闿等以各省谘议局的名义，对"上谕"逐条进行批驳，指出其避开"皇族不宜组织内阁"的主题，答非所问，并揭露"皇族内阁"的行径是"名为内阁，实为军机；名为立宪，实为专制"。以谭延闿为核心的立宪派在立宪问题上与清廷出现了严重分歧，但他们此时还未放弃走立宪主义的改良之路。所以，立宪派还主导成立了"宪友会"

和"辛亥俱乐部"等政治团体。1911 年 7 月，谭延闿回到长沙，邀请谘议局副议长陈炳焕以及绅界、商界与学界等重要人士，发起成立了"宪友会湖南支部"，谭延闿被推举为干事，该会以实现君主立宪为目标，以责任内阁为政纲，继续走立宪改良之路。总之，以谭延闿为首的立宪派，通过湖南谘议局扩大了自身活动的舞台，是近代湖南人参与民主政治的最早尝试。

二

寻访的第二站是湖南都督府故址，其具体位置在今天的又一村长沙市青少年宫内，这里见证了湖南从封建专制向民主共和的转型过程，谭延闿就是在这里三次主持湘政。民初湖南都督府故址的前身是清湖南巡抚衙门，所以，这里先后是清巡抚和民初都督的办公场所，是湖南最高军政机关的所在地。但是，随着时光的流逝和风云的变幻，当时的主体建筑已不复存在，如今仅存有丰乐亭、双清亭和澄湘亭三座古亭，且它们都被高楼环绕，被树林隐匿，显得格外宁静。时过境迁，这里已经成为游人的歇息和休闲之所。今不胜昔，这里完全没有当年衙门和督府的威严气派。相较而言，坐落在旁边的市青少年宫那栋典型的西式风格建筑，显得格外宏伟高调，那里热闹的嬉戏声，恐怕也难以惊吵到偏居一隅的三座古亭吧！

笔者怀着异常激动的心情，寻觅每一处有价值的事物，一座特别显眼的"清　湖南巡抚衙门故址"石碑吸引了笔者的注意力。在石碑上，笔者获悉湖南巡抚衙门始建于清朝康熙年间。在康熙三年（1664），清廷正式实行"两湖分治"，设置湖南省，将偏沅巡抚（后改称湖南巡抚）移驻长沙，并将此处作为湖南巡抚衙门。由此开始，长沙也就成为湖南的省会。此后，这里一直是湖南巡抚的办公和居住之所，经过历代巡抚的经营与增建，这里曾经是一片规模宏大的省府官署建筑群。1898 年 1 月，意气风发的熊希龄、谭嗣同和唐才常等人，还在衙门内的孝廉堂创立了南学会，宣传维新变法。此外，后来成为国学大师的陈寅恪，童年时跟随支持维新变法的祖父湖南巡抚陈宝箴居住在此。1916 年 8 月，陈寅恪还被主持湘政的谭延闿请到湖南，在这里担任了一年的交涉科长，后谭延闿又拨给陈寅恪一笔专款赴美留学。这些有趣而重要的历史，都曾发生在这里。

古亭将笔者的思绪拉回到一百多年前那个波诡云谲的时代。那时，尽管日薄西山的清廷还在垂死挣扎，但革命党人却从未放松对起义之谋划，欲将清廷置之死地而后快。同时，在政治参与的过程中，屡受欺骗和愚弄的湖南立宪派，与清廷间的政治裂痕也逐渐增大。清末时局瞬息万变，革命风暴山雨欲来，最终促使湖南立宪派与清廷的分道扬镳，许多对清廷心灰意冷的立宪派人士倒向革命阵营，与革命党人一起走上了终结清廷在湖南统治的道路。尽管后世批评，湖南立宪派的这种倒向，难以排除某种政治投机的成分。但事实是，湖南立宪派不仅给革命活动以经费资助，还直接参与革命党的起义谋划，并积极掩护革命党的革命活动。当湖南巡抚余诚格将一批立宪派人和革命党人列入捕杀名单，并在巡抚衙门征求谭延闿的意见时，谭延闿为保住这些人，说道："余大人，这些人都不过是些酒色之徒，平时只知道说些大话，其实是些胸无大志的人，根本不值得忧虑。"余诚格听此一说，便放松了警惕。正是谭延闿的暗中帮助，才避免了流血牺牲，为湖南后来的革命起义保存了力量。

1911年10月10日，武昌起义爆发。10月22日，湖南首应武昌，巡抚成为革命的首要对象。于是，一群留着辫子的起义新军，分别从小吴门和北门（今兴汉门）冲入长沙城内，进而合攻巡抚衙门。其间，守城的巡防营叛降新军。同时，共进会首领焦达峰率领会党到达巡抚衙门，但巡抚余诚格此时已经慌忙逃走，其他官员也纷纷逃散。随后，衙门前坪旗杆上的龙旗，被起义军换上了象征革命的"汉"字旗，湖南的共和时代已经来临。当晚，湖南军政府在谘议局宣告成立，革命党人焦达峰、陈作新分别被推举为正副都督，这是立宪派始料未及的。10月23日，军政府正式迁到巡抚衙门办公，湖南巡抚衙门也就成了湖南都督府。几天后，焦达峰和陈作新被杀害，你方唱罢我登场，立宪派领袖谭延闿在都督府被拥立为湖南都督。

谭延闿在起义前，一直秉持"文明革命"的主张，因而受到后世史家之批评，但该主张确实有其合理的一面，今人不宜过分苛责。谭延闿认为"文明革命与草寇异"，革命者"当与巨家世族、军界长官同心努力而后可"。今天回头看发生在"千年古城"长沙的那场意义非凡的民主革命，过程无疑是平和的，既没有强烈的武装对抗，也没有惨烈的血腥屠杀。据后来统计，从革命开始到取得成功，整个长沙城仅死了5人，唯一可称得上血腥的，大概就是巡防营统领黄忠浩被起义军捉到小吴门枭首示众。正如《湖南光复记》中所说的："这样平平和和的革命，真正是古今中外少有的了。"这场平和的民主革命，在今天看来多少有点不可思议，但这确实是真实的历史。湖南就是在这场"文明革命"中，发生了新旧政权的更替，这标志着清廷在湖南 260 多年的专制统治寿终正寝，在湖南近代法政史上无疑具有重要意义。

三

笔者从湖南巡抚衙门（都督府）故址出发，又步行穿过市青少年宫，取道黄兴北路，途经北正街基督教堂，进入一条名叫左局街的古街巷，这便是寻访的第三站。此处之所以称为"左局街"，有其特定的文化内涵与历史底蕴。据记载，明代长沙吉王府设有护卫，分为左营和右营，各有兵士3000 人。吉王府左营公局（"公局"是吉王府护卫经办军务和军需的机构）设于此处，清代这里形成街道，故名左局街。

从营盘路小学校门处开始，左局街的路段全由麻石铺设而成，经过两个拐弯，便可见一条保存较为完整的清代古围墙，其长约 100 米，高约 3米，墙的石基是用长方形的花岗岩砌成，上面则盖有青瓦，这条围墙是清代大型公馆留下的遗迹，2010 年被长沙市确定为不可移动文物。据记载，左局街在清末成为官宦商贾营建公馆之地，谭延闿公馆的位置就在此处，可惜公馆早已被毁，不得而见，仅留下这条围墙。

在清末民国，谭延闿确实称得上是一个人物。他在湖南政坛曾一度叱咤风云，后来还从湖南政坛走向全国政坛，担任国民政府主席。谭延闿真正走入政治舞台，则是长沙革命成功后。1911 年 10 月 22 日，长沙光复后，立宪派与革命党在权力分配上的矛盾日益白热化。当时作为立宪派的领袖，谭延闿说道："现在革命已经成功，我们应该建立起民主制度，而实行民主制度则应设立议会，一则表示新邦的民主作风，二则以聚集各方贤达，以集思广益。"他要求"模仿英国立宪之精神，而防专制独裁之弊"，遂向湖南军政府提议成立临时参议院。10 月 23 日，湖南临时参议院正式成立，谭延闿毫无悬念地当选为议长，参议员基本上是谘议局的原班人马。立宪派以临时参议院为阵地，颁布《湖南都督府参议院规则》等法令，对以革命党人为代表的都督府加强限制，都督就连发个电报，都需要经过参议院的同意，湖南都督府被彻底架空，都督焦达峰"特一笼中之鸟而已"，立宪派实际掌握了湖南的政权。

而后，在革命党元老谭人凤的运筹下，10 月 30 日，各界代表在原谘议局会址开会，通过了取消临时参议院的决定，谭延闿也被迫在会上表示辞职。会议结束后，立宪派迅速和旧军官秘密聚会，商议善后办法，加紧了夺权步伐。事实上，在湖南这个绅权极重，又讲资历的地方，年仅 25 岁且是会党出身（共进会）的焦达峰，担任都督显然是难以服众的。在此之前，新军军官刘帮骥等人就不服焦达峰任都督一职，公开要挟焦达峰改选都督，准备推谭延闿上位，只是在谭延闿的严厉拒绝下，才平息这场风波。但是，当临时参议院被革命党人解散，议长谭延闿被迫下台，有兔死狗烹之感的立宪派人士才联合旧军官，急忙在荷花池的谭延闿公馆召开秘密会议，他们不得不铤而走险，选择发动政变，实行武力夺权。

为探寻那场政变的地点，笔者前往在荷花池的谭延闿公馆，于是沿着营盘路，转道蔡锷北路，途经稻谷仓街道进入茅亭子巷。此时，笔者意外地发现，茅亭子巷这条与荷花池巷相邻的小巷，有一段关于谭延闿公馆的简短文字，其曰："'茅亭子'为建湘路西侧一小巷名，昔日此地多茅棚，民房较多，故名。亦有豪宅，如清朝云贵总督谭钟林，曾住茅亭子；民国初，湖南都督，后国民政府主席、行政院长谭延闿曾有公馆驻此，今不存。"这段文字中的谭延闿公馆，指的就是谭延闿在荷花池的公馆，其原名"谭家大屋"，是在谭钟麟手中建成的。据谭延闿的后辈说："谭家大屋在现在的荷花池、茅亭子一带，东到经武门，西到蔡锷路。现在的湖南日报社、茅亭子小学，以前都是谭家大屋的范围。"1889 年，谭钟麟回长沙养病，年仅 9 岁的谭延闿随父居住于此。1898 年，时任两广总督的谭钟麟，因不满慈禧太后将香港租借给英国，便以年迈为由，辞官回到荷花池故居，谭延闿再次随父居住于此。谭延闿公馆今天已不复存在，但这段位于长沙师范学院附属小学门口的简短文字，却存在两处常识性错误：首先，误把"谭钟麟"写成了"谭钟林"，这个封疆大吏谭钟麟就是谭延闿的父亲。其次，谭钟麟担任过陕甘、闽浙和两广总督，却从未担任过"云贵总督"。

笔者走遍荷花池巷，未发现谭延闿公馆的任何遗迹。不由得心生惋惜，毕竟它见证了立宪派掌握湖南政权的经过，见证了谭延闿跻身湖南政界的历程，如今却在这座历史文化名城中消失得无影无踪。此时，怀着追忆往昔之情，思绪再次回到一百多年前的那个动荡时代。1911 年 10 月 31 日，在军官梅馨的设计下，发生了著名的"易督风波"，副都督陈作新被杀害于北门文昌阁，都督焦达峰则被杀害于都督府前坪。当时，整个长沙城一片混乱，亟待一个有权威和声望的人出来收拾残局，最终经过立宪派和革命党的紧急磋商，决定拥戴谭延闿为湖南都督。随后，梅馨带领士兵，抬着官轿，直奔荷花池的谭延闿公馆，迎其担任都督。只见一群荷枪实弹的"丘八"直奔而来，大喊："谁是谭延闿？"着实令谭延闿惊慌不已。直到梅馨说明来意后，谭延闿才从房中出来，但他还是拒绝担任都督。然而，梅馨不管他愿意与否，授意士兵将他推入官轿，直接抬到了都督府，此时谭延闿还惊魂未定，一再表示不愿意做都督。但脾气暴躁的革命党元老谭人凤拔刀威逼道："今日之事，你干就干；你不干，刀就在这里！"大有"黄袍加身"的味道。于是，谭延闿这个清末翰林、谘议局议长，摇身一变，就这样成了共和政府的都督。对谭延闿来说，这次上位意义重大，因为他由此开始了"三主湘政"（三次督湘）的政治生涯，这为他后来走向全国政坛奠定了基础。

四

谭延闿被"抬"上都督宝座后，为防覆舟之危，他继续派兵驰援战斗在武昌前线的革命党。此外，为缓解武昌方面的压力，谭延闿想方设法促使各省脱离清廷，在其努力下，广西、福建、甘肃、广东、安徽等省，相继独立或起义，巩固了共和制度。同时，谭延闿也非常注重议会制度之建设，极力推行资产阶级三权分立的政权模式，毕竟，作为湖南立宪派首领，议会政治是他一直以来的目标，故他召集原临时参议院的议员组成了省特别议会。民国成立后，谭延闿更是加入国民党。1912 年 9 月，国民党湖南支部成立，谭延闿被推选为支部长，许多立宪派人士也纷纷加入国民党。1912 年，《省议会选举法》颁布后，谭延闿又全力投入省议会的选举中，在湖南的 108 个议席中，国民党获得了 90 席。到 1913 年 3 月 15 日，湖南省正式议会宣告成立。另外，鲜为人知的是，谭延闿首次主持湘政期间，还设立司法司（后改为司法筹备处），负责筹建司法机关；颁布《律师章程》，成立了长沙律师公会；依照清末修订的新刑律，制定了适用全省的《湖南现行刑法》。

有趣的是，作为立宪派领袖的谭延闿，与黄兴、宋教仁等革命党人交往十分密切。1912年10月，黄兴回长沙时，谭延闿对他推崇备至，将坡子街改为"黄兴街"，小西门改为"黄兴门"，只因黄兴拒绝才作罢。1913年2月，国会选举日渐临近，宋教仁南下赴各省演说。谭延闿对宋教仁回湘表示热烈欢迎，并积极支持宋参加竞选，湖南省议会更是一致选举宋教仁为国会参议员。但袁世凯无法容忍宋教仁组阁来限制自身的权力，故派武士英在上海暗杀了宋教仁，击碎了革命党人的"宪政梦"。这在国民党内引发轩然大波，湖南革命党人更是群情激奋。1913年7月，讨袁的"二次革命"爆发。7月25日，谭延闿通电反袁，"与袁贼断绝关系"，并称"誓灭袁贼，早奠国基"，宣布湖南独立。由于讨袁军战局失利，谭延闿被迫取消独立，并"电达中央，静候处分"。10月24日，袁世凯派心腹汤芗铭署湖南都督，命谭延闿"入京待罪"，谭延闿第一次督湘就此结束。谭延闿的反复遭到袁世凯的嫉恨，他最终被判处四等徒刑，后经黎元洪、熊希龄的说情，才被袁世凯下令特赦。

后来，袁世凯为称帝铺路，取缔了国民党，并解散了国会。1915年12月12日，袁世凯正式称帝。为反对袁世凯复辟帝制，蔡锷在云南发起"护国战争"，护国军入湘，汤芗铭最终于1916年7月被驱逐出湖南。在湖南出现权力真空时，国民党人期盼黄兴能担任湖南都督，黄兴却转而推荐谭延闿。8月4日，谭延闿被北洋政府任命为湖南省长兼督军，是为第二次督湘。但1917年8月6日，段祺瑞改派心腹大将傅良佐为湖南督军，谭延闿督军一职旋即被免，第二次督湘就此结束。值得一提的是，在此期间，谭延闿曾仿照河北保定军校，在又一村创办了湖南陆军讲武堂，刘少奇曾考入该校学习军事，彭德怀也曾在该校担任少尉排长。

1917年11月18日，因长沙大乱，傅良佐被免。1918年3月27日，北洋政府任命张敬尧为湖南督军兼省长。直到1920年6月，实行暴虐统治的张敬尧被驱逐出湖南。1920年6月中旬，驱张功臣赵恒惕、谭延闿在各界的欢迎下相继进入长沙，谭延闿东山再起，自任湖南督军兼省长，是为第三次督湘。

然而，在政治纷争的民国，没有绝对的军事实力显然难以维持统治。1920年11月22日，李仲麟等军官发动"兵谏"，逼迫谭延闿下野。其后，谭延闿向湖南省议会提交辞文，搬回到荷花池的公馆，后又被迫去往上海。

掌握军事实权的赵恒惕，在各路将领拥戴下，接替谭延闿执掌湘政。此后，谭延闿与湖南虽有一定交集，但他在湖南的时代已经过去。祸兮福所倚，这对谭延闿而言，绝对是一生中的重要转折点，退出湖南政坛后，他转而成为"三民主义"的信奉者，继而投身到国民革命之中，成为孙中山的得力助手，奠定了他在国民党中的元老地位。北伐成功后，更先后担任国民政府主席、行政院长，地位显赫至极，死后还享受极为隆重的国葬，谭延闿墓就在南京中山陵旁边，其规格之高着实令人惊叹。

五

谭延闿的法政生涯，是湖南乃至中国近代法政风云变幻的缩影。他的一生虽数起数落，但大部分时间是波澜壮阔、辉煌至极的。他以进士翰林出身，当清廷"预备立宪"时，他是立宪派领袖，担任湖南谘议局议长；当辛亥革命发生后，他又转向革命，并三次主持湘政；最后他又服膺于三民主义。从科场显贵到立宪派领袖，从三主湘政到国民党元老，他似乎一生都在与时俱进，顺应时代潮流。跟他相似的，在近代史上恐怕只有杨度。他们都曾受教于好"纵横之术"和"帝王之学"的湖南大儒王闿运，笔者想他们在政治上的纵横捭阖与这段求学经历不无关系。此外，在历次专制与共和的较量中，作为进士翰林的谭延闿，始终坚守共和的原因，也许跟早年同谭嗣同、唐才常等变法志士的密切交往有关，他们的维新思想在一定程度上影响了谭延闿。在谭延闿的身上，我们也可以看到"敢为人先""经世致用""兼收并蓄"的湖湘法治文化精神，正是这些造就了谭延闿一生的先进性、务实性和开放性。

长沙作为历史文化名城，文化就是这座城市的"灵魂"。无论是湖南巡抚衙门（都督府）和谘议局旧址，还是两处谭延闿公馆，它们在湖南近代法政史上都具有举足轻重的地位，具有重要的历史文化价值和法治文化意义。然而时过境迁，它们有的破损严重，有的更是荡然无存。这突然让笔者想起另一处位于南京市成贤街上的谭延闿故居，其主体建筑尚在，并进行了保护性修缮，这无疑是保护文化财富的明智之举。尽管城市建设不能避免废旧立新，但我们必须要学会正确处理当前城市建设与历史文化保护的关系。毕竟，一座有文化的城市，必然是尊重历史、关怀历史和保护历史的城市。

东汉湖湘籍京官略考*

蒋　波　杨爽爽**

摘　要： 先秦以来，湖湘地区总体发展水平落后于北方地区，又因其地势偏远且气候潮湿而一直作为官员、文人的贬谪之地。发展至东汉，在朝廷大力倡导儒学文化的背景下，湖湘地区有了进阶式的发展，随之当地士人文化素质得到提高，涌现出一批相对于地方官而言的湖湘籍京官，他们作为一支政治力量登上了历史舞台，参与国家的政治生活，也推动了湖湘地区文明的发展，进而为后来湖湘文化的发展奠定了基础。

关键词： 东汉　湖湘地区　京官

湖湘地区自古以来素有"四塞之国"之称，东西南三面环山，北面临湖，位置封闭，气候湿热，瘴气弥漫，生活条件甚为艰苦，长期处于一种原始的蛮荒状态。文化上，巫风、淫祀相沿成俗，地方文化长期遭受歧视，历来是贬谪流放官员、文人的羁留之所，如屈原、贾谊、柳宗元等都曾被流放于此处。史籍所载东汉之前的湖湘籍士人少之又少，入京出仕者更是寥寥无几，直到东汉时期这类人才逐渐增多。相对于其他地区而言，东汉湖湘地区人才所占比例仍然不大，但它无疑是本地区文化发展过程中一个值得关注的现象和问题，有必要进行探讨。

一　湖湘籍京官入仕的文化背景

古代士人的形成及进京入仕的状况，都与当地的文化背景有关。因而在考述东汉时期湖湘籍京官之前，有必要对先秦至东汉时期湖湘地区的文

＊　基金项目：湖南省教育厅重点项目"秦汉时期湖湘文化研究"（19A490）。
＊＊　蒋波，湘潭大学碧泉书院历史系副教授；杨爽爽，湘潭大学历史系硕士研究生。

化发展状况做详细介绍。①

湖湘地区自然环境恶劣，司马迁认为属于"江南卑湿，丈夫早夭"② 之地，其文化发展也落后于中原地区。春秋战国时期，楚国在湖湘地区设置黔中郡等，此时的湖湘地区受楚文化的影响较大，但这并不代表完全意义的湖湘文化。由于湖湘大地很早就居住着越人、蛮人、濮人，而楚人作为征服者，主要分布于中心城镇和交通干线，人数总量少。因而湖湘地区在民间社会依然盛行苗蛮文化，因此宗教与苗蛮习俗十分突出，《楚辞章句》中有言："昔楚国南郡之邑，沅、湘之间，其俗信鬼而好祠。其祠，必作歌乐鼓舞以乐诸神。"③关于湖湘地区在这一时期的发展情况，《史记·货殖列传》载："楚越之地，地广人希，饭稻羹鱼，或火耕而水耨，果隋蠃蛤……无积聚而多贫。"④ 说明了秦汉时期湖湘地区的人文情况及生活、生产方式，"多贫"更说明湖湘地区发展的落后。

秦朝实行郡县制后，在湖湘地区置黔中郡和长沙郡，⑤ 但此时湖湘地区仍然处于较蛮荒状态。直至西汉大一统，湖湘地区才得到进一步的开发。汉廷在这里置有 3 郡 1 国，即桂阳郡⑥、武陵郡⑦、零陵

---

① 文化背景方面的介绍，笔者参考了伍新福先生主编的《湖南通史》（古代卷）等著作的论述，特此说明。

② 司马迁：《史记》卷 129《货殖列传》，中华书局，1959，第 3268 页。

③ 王逸：《楚辞章句》卷 2《九歌》，世界书局，1936，第 33 页。

④ 司马迁：《史记》卷 129《货殖列传》，中华书局，1959，第 3270 页。

⑤ 秦长沙郡是将原来黔中郡的南部（即沙乡以南名为"湘川"的大块地域）划出所置，其郡治为临湘，即现今的长沙市。据宋人根据历史文献所综合编撰的《历代地理指掌图》考证，"湘川"地域包括古代的岳、潭、衡、郴、连、邵、永、道、桂阳等州，即今之岳阳、长沙、衡阳、湘潭、株洲、邵阳、娄底、郴州、永州 9 个市，以及广东的连县等地区。参考税安礼撰，赵亮夫增补《宋本历代地理指掌图》，上海古籍出版社，1989。

⑥ 桂阳郡，王莽时改称为南平郡，移郡治于耒阳，改称南平亭。西汉时领有 9 县 2 侯国，分别为：郴（王莽改称宣风）、临武（王莽改称大武）、便（王莽改称便屏）、南平、耒阳、桂阳、阳山（侯国）、曲江（王莽改称除虏）、含洭、浈阳（王莽改称基武）、阴山（侯国）。东汉时，还郡治于郴，恢复郡县原名，领有 11 县，增置汉宁（分郴地置），省西汉阳山。参考班固《汉书》卷 28《地理志》，中华书局，1962，第 1594 页；范晔《后汉书》志第 22《郡国》，中华书局，1965，第 3483 页。

⑦ 武陵郡，王莽时改称为建平郡。西汉时，领有 13 县，分别为：索、孱陵（王莽改称孱陆）、临沅（王莽改称监元）、沅陵（王莽改称沅陆）、镡成、无阳、迁陵（王莽改称迁陆）、辰阳（王莽改称会亭）、酉阳、义陵、很山、零阳、充。东汉时，恢复郡县原名，领有 12 县，增置沅南（分临沅南境置）、作唐（分孱陵置），改索为汉寿，省无阳、义陵、很山。参考班固《汉书》卷 28《地理志》，第 1594~1595 页；范晔《后汉书》志第 22《郡国》，第 3484 页。

郡①和长沙国②，其时由荆州刺史统摄。这就使得北方、中原及其他各个地域的移民涌入湖湘地区，为湖湘地区社会经济文化的持续发展奠定了坚实的基础。诚然，相较而言湖湘地区总体上落后中原等地，如《汉书》所言："江南地广，或火耕火耨。民食鱼稻，以渔猎山伐为业，果蓏蠃蛤……而亡积聚。"③ 这种情况在《史记》和《后汉书》中也有所反映：汉文帝时，贾谊被贬为长沙王太傅，在前往长沙国之前，贾谊曾感慨"闻长沙卑湿，自以寿不得长。"④ 刘买"以长沙定王子封于零道（泠道）之春陵乡"，⑤ 其后人刘仁以"春陵地势下湿，山林毒气，上书求减邑内徙"。⑥ 这些记载都充分说明秦汉时期湖湘地区自然环境的恶劣和社会生产的落后。

东汉时，湖湘地区地方行政建制与西汉大体相同而略有改变，大部分仍属荆州，小部分属于交州。域内原有的长沙国被废除，置有桂阳、武陵、零陵和长沙四郡。此时，湖湘地区文化进入了一个快速发展期。由于帝王、朝廷大力提倡儒学和表彰儒者，使得习儒之人的政治地位得到了很大提高，民间儒学也因此蓬勃发展起来。东汉以来，儒学的影响已经渗透到社会各个阶层，整个社会都浸淫在经学的氛围之中。正是在这样的背景下，湖湘地区的官员努力倡导儒家理念。同时，湖湘地区的官员还积极倡导以儒家道德礼仪为核心的新风尚礼俗，致力于当地民俗的转化。《后汉书》中对此有多处记载，试看几例：

---

① 零陵郡，王莽时改称为九疑郡。西汉时，领有8县2侯国，分别为：零陵、营道（王莽改称九疑亭）、始安、夫夷、营浦、都梁（侯国）、泠道（王莽改称泠陵）、泉陵（侯国，王莽改称溥闰）、洮阳（王莽改称洮治）、钟武（王莽改称钟桓）。东汉时，恢复郡县原名，领有8县5侯国，增置湘乡、昭阳（侯国）、烝阳（侯国，故属长沙），改钟武为重安（侯国）。参考班固《汉书》卷28《地理志》，中华书局，1962，第1595~1596页；范晔《后汉书》志第22《郡国》，中华书局，1965，第3482~3483页。
② 长沙国，王莽时改称为填蛮郡。领有13县，分别为：临湘（王莽改称抚睦）、罗、连道、益阳、下隽（王莽改称闰隽）、攸、酃、承阳、湘南、昭陵、茶陵（王莽改称声乡）、容陵、安成（王莽改称思成）。东汉时，废国改为长沙郡，恢复县原名，领有12县1侯国，增置醴陵，改湘南为侯国，省承阳。参考班固《汉书》卷28《地理志》，中华书局，1962，第1639页；范晔《后汉书》志第22《郡国》，中华书局，1965，第3485页。
③ 班固：《汉书》卷28《地理志》，中华书局，1962，第1666页。
④ 司马迁：《史记》卷84《屈原贾生列传》，中华书局，1959，第2492页。
⑤ 范晔：《后汉书》卷14《宗室四王三侯列传》，中华书局，1965，第560页。
⑥ 范晔：《后汉书》卷14《宗室四王三侯列传》，中华书局，1965，第560页。

（宋均）调补辰阳（属武陵郡）长。其俗少学者而信巫鬼，均为立学校，禁绝淫祀，人皆安之。①

（应奉）永兴元年（151），拜武陵太守……于是兴学校，举仄陋，政称变俗。②

（栾巴）四迁桂杨（阳）太守。以郡处南垂，不闲典训，为吏人定婚姻丧纪之礼，兴立学校，以奖进之。虽干吏卑末，皆课令习读，程试殿最，随能升授。③

（卫飒）迁桂阳太守。郡与交州接境，颇染其俗，不知礼则。飒下车，修庠序之教，设婚姻之礼。期年间，邦俗从化。④

南阳茨充代飒为桂阳。亦善其政，教民种殖桑柘麻纻之属，劝令养蚕织屦，民得利益焉。⑤

（许荆）和帝时，稍迁桂阳太守。郡滨南州，风俗脆薄，不识学义。荆为设丧纪婚姻制度，使知礼禁。⑥

从以上几则材料可以看出，东汉时期，在朝廷大力倡导儒家文化的背景下，湖湘地区的官员对当地风俗进行大力整饬，使"巫风"与"淫祠"等与儒家礼仪不合的鬼神信仰和民间礼俗逐渐减少，充分发挥儒家礼仪的教化作用。同时期本土士人的数量也有明显增加，且有不少湖湘籍士人进京入仕。

二　湖湘籍京官考述

中国古代，一般称中央系统的官员为"京官"，这是一种相对于地方官而言的官僚群体。京官制度即中央官制，是秦朝始建的以丞相、太尉、御史大夫为统领的诸卿官员集团。汉承秦制，对秦朝建立的中央官制"因循

---

① 范晔：《后汉书》卷 41《第五钟离宋寒列传》，中华书局，1965，第 1411 页。
② 范晔：《后汉书》卷 48《杨李翟应霍爰徐列传》，中华书局，1965，第 1608 页。
③ 范晔：《后汉书》卷 57《杜栾刘李刘谢列传》，中华书局，1965，第 1841 页。
④ 范晔：《后汉书》卷 76《循吏列传》，中华书局，1965，第 2459 页。
⑤ 范晔：《后汉书》卷 76《循吏列传》，中华书局，1965，第 2460 页。
⑥ 范晔：《后汉书》卷 76《循吏列传》，中华书局，1965，第 2472 页。

而不革，明简易，随时宜也"，① 基本无有所改。其后，汉武帝为了加强皇权，抑制以三公为首的诸卿势力，开始重用大将军、尚书、侍中、常侍、给事中等组成的文武侍从之臣。这些近臣在皇帝左右听候旨意办事，称"中朝"，属于宫廷系统。自此形成了中朝和外朝并存，并由中朝控制外朝的局面。东汉时，原来握有重权的丞相、太尉、御史大夫逐渐演变成无实际权力的司徒、司马、司空，而中朝的尚书台则变成了决策和执行政务的实权机关。此时东汉的中央官员包括以三公九卿为主的外朝官和以尚书台为首的中朝官。而湖湘籍的京官也分别在这两大系统中任职。根据《后汉书》《湖南通志·人物志》② 等史书的记载，共有 10 位入京为仕的湖湘籍官员。在这 10 位京官中，其中中朝官有 5 位，分别为：蔡伦、蒋嵩、胡腾、蒋晋、刘先；外朝官 3 位，分别为：刘寿、刘嚣、熊尚；由中朝官迁转为外朝官的 1 位：曾谭；由外朝官迁转为中朝官的 1 位：刘优。笔者即以此分类为基础，对湖湘籍京官生平、官职、事迹进行考述。

（一）中朝官

蔡伦（63～121），字敬仲，桂阳郡耒阳（今湖南耒阳）人。汉明帝永平末年入宫为小黄门。章和二年（88），因有功于汉和帝窦太后而被擢升为中常侍，参与重大决策，后来又以位尊九卿之身兼任尚方令，监制秘剑和各种器械，无不精工坚密，可为后世法。元初元年（114）被封龙亭侯，食邑三百户。后与刘珍等人在东观校勘经传，颇具劳绩，加封长乐太仆。永宁二年（121），安帝追究祖母宋贵人被害一事，蔡伦被牵连而服毒自杀。蔡伦为人精明能干，勤奋好学，最突出的事迹就是众所周知的在造纸术方面的贡献。西汉后期已有丝纸、麻纸出现，质次而价昂。蔡伦总结以往人们的造纸经验，革新造纸工艺，用树皮、麻头、破衣、渔网等加以捣碎，再经悬浮、抄造成纸，这种新造纸在当时广为流传，人称"蔡侯纸"。

蒋嵩，零陵郡营浦（今湖南道县）人，生卒年不详。初任郡五官掾功曹、计掾，赴京进行汇报，被留为郎官，后出任豫章平都侯相。

胡腾，字子升，桂阳郡郴（今湖南郴州）人，生卒年不详。从小师从

---

① 班固：《汉书》卷 19 下《百官公卿表下》，中华书局，1962，第 722 页。
② 李瀚章、裕禄等编《光绪湖南通志》卷 160《人物志》，岳麓书社，2009，第 3014～3017 页。

窦皇后之父窦武，以学问品行见称。初任荆州部南阳从事。汉桓帝巡狩南阳时，胡腾为护驾从事。当时随行公卿贵戚甚众，肆意征费征役，胡腾上书请以荆州刺史比司隶校尉，自同都官从事，主管中都官吏不法行为，从官不敢再有所求取。汉灵帝继位后，任窦武大将军府掾，后因窦武谋诛宦官事败被杀而坐受党锢。为窦武殓殡行丧，并将其幼孙窦辅携往零陵郡，藏匿抚养，党锢解禁后官至尚书。胡腾护驾肃官、敢于挑战权贵歪风、义立师门、冒死保全忠良后代的壮举，誉满朝野，名垂青史。

蒋晋，零陵郡泉陵（今湖南永州市零陵区北）人，生卒年不详。东汉灵帝时举孝廉，为尚书郎。后出任汝南太守，转迁交州刺史。为官清廉刚正，群僚敬佩。

刘先，字始宗，零陵郡泉陵（今湖南永州市零陵区北）人，生卒年不详。博学强记，明悉两汉典故，尤好黄老之言。初为刘表别驾，曾劝刘表依附曹操。后奉命前往许都见曹操，因应对有方，被曹操深加赏识。汉献帝时，为武陵太守。荆州平定后，官升至尚书。魏建国后出任魏尚书令。

（二）外朝官

刘寿，字均长，[①] 长沙郡临湘（今湖南长沙）人，生卒年不详。东汉顺帝时为洛阳令，勤政爱民。岁旱，祈雨不得，便裸身曝晒于阶庭，引罪自责以求雨，后甘雨遂降，得百姓敬重。后官至司徒。

刘嚣，字重宁。长沙郡人，生卒年不详。东汉桓帝时为太仆，灵帝建宁二年（169）为司空，次年罢官。

熊尚（146～216），字子高，零陵郡春陵（今湖南宁远）人。少时出仕州县，曾任功曹州从事，举孝廉，辟为掾吏。汉献帝兴平元年（194），征为桂阳郡曲红长，后官拜骑都尉。为政果达风烈。

（三）由中朝官迁转为外朝官

曾谭，零陵郡泉陵（今湖南永州市零陵区北）人，生卒年不详。举孝

---

① 《湖南通志·人物志》记刘寿字均长，《后汉书·孝顺孝冲孝质帝纪》注，记刘寿字伯长。笔者在此处采用《湖南通志·人物志》说法。参考李瀚章、裕禄等编《光绪湖南通志》卷160《人物志》，岳麓书社，2009，第 3014 页；范晔《后汉书》卷 6《孝顺孝冲孝质帝纪》，中华书局，1965，第 268 页。

廉，拜为尚书郎，有文韬武略之才，官累至太常。

（四）由外朝官迁转为中朝官

刘优，零陵郡泉陵（今湖南永州市零陵区北）人，生卒年不详。东汉献帝时举孝廉，先为侍御史，迁司空，再迁尚书右仆射。综理朝政，台阁肃然。

三 湖湘籍京官群体特征及原因

东汉时期，湖湘籍京官人才辈出，经过以上初步考察，可以看出以下两个特征。

首先，湖湘籍京官相较之前出现"井喷"现象。据《汉书》《后汉书》等史书记载，我们发现西汉时期的中央官员，无一出于湖湘地区，东汉时期则有 10 人，这对于本土来说无疑是一种"井喷"。究其原因，这与湖湘地区官员施行教化和人口数量增加有关。

一是本地官员施行教化。东汉王朝创始集团大多是儒生[①]出身，因而东汉各位帝王皆表彰儒学、推崇儒者。建武十七年（41），汉光武帝"幸章陵。修园庙，祀旧宅，观田庐，置酒作乐，赏赐。时宗室诸母因酣悦，相与语曰：'文叔少时谨信，与人不款曲，唯直柔耳。今乃能如此！'帝闻之，大笑曰：'吾理天下，亦欲以柔道行之。'"[②] 可见，光武帝自认不仅以儒学得天下，亦以儒学治天下，其后明、章诸帝更是大力鼓励儒学。在这样的政治背景下，政府逐渐以精通儒学和经学为标准选拔和任用官员，因而整个东汉社会学儒之风兴盛。湖湘地区的政府官员如应奉、宋均、栾巴、卫飒、茨充、许荆等人也在此背景下兴立学校，改易风俗，施行教化，积极倡导以儒家道德礼仪为核心的礼俗，传授中原地区正统的儒学文化。随着

---

① 清人赵翼言："西汉开国，功臣多出于亡命无赖，至东汉中兴，则诸将帅皆有儒者气象，亦一时风会不同也……即为帝，每朝罢，数引公卿郎将讲论经理。故樊准谓帝虽东征西战，犹投戈讲艺，息马论道。是帝本好学问，非同汉高之儒冠置溺也。而诸将之应运而兴者，亦皆多近于儒……是光武诸功臣，大半多习儒术，与光武意气相孚合。"参考赵翼《廿二史札记》卷 4 "东汉功臣多近儒"条，中华书局，1984，第 90 ~ 91 页。

② 范晔：《后汉书》卷 1《光武帝纪》，中华书局，1965，第 68 ~ 69 页。

儒家文化的深入传播，当地士人的素质逐渐提高，随之湖湘籍进京入仕的官员相应的也逐渐增多。

二是人口数量的增多。两汉之世，岁举孝廉是重要的察举科目，为入仕正途。自汉武帝元光元年（前 134）确立举孝廉制度，至汉和帝永元（89～105）年间，经过二百余年的发展，制度中的不足之处逐渐显现出来：汉代各郡国人口多少不一，大郡人口多达百万以上，小郡仅数万人，如果一律按每郡岁举两人，便存在一个选拔人才不均的问题。因而到汉和帝时，为解决此问题而"下公卿会议"。[①] 司徒丁鸿与司空刘方建议道："凡口率之科，宜有阶品，蛮夷错杂，不得为数。自今郡国率二十万口岁举孝廉一人，四十万二人，六十万三人，八十万四人，百万五人，百二十万六人。不满二十万二岁一人，不满十万三岁一人。"[②] 汉和帝采纳了此建议，将原来旧制度规定的每郡岁举孝廉两人，[③] 改为按郡国人口比例察举孝廉。由于刘方拜司空在永元四年（92）十月己亥，而丁鸿于永元六年（94）正月己卯去世，故按郡国人口比例察举孝廉实施的时间，当在此期间之内。

据《汉书·地理志》记载，西汉时期桂阳郡、武陵郡、零陵郡、长沙国人口分别为 156488、185758、139378、235825。而据《后汉书·郡国志》所载，东汉时期湖湘四郡——桂阳郡、武陵郡、零陵郡、长沙郡分别有口 501403、250913、1001578、1059372。此时的人口比西汉时期增长了 2.20、0.35、6.19、3.49 倍。如果放到全国人口普遍减少的背景下来看，湖湘地区的增长比较显著，某种程度上改变了西汉时期"楚越之地，地广人希"[④] 的状况。随着人口数量的增多，该地举孝廉的人数相应增多。据黄留珠先

---

① 范晔：《后汉书》卷 37《桓荣丁鸿列传》，中华书局，1965，第 1268 页。

② 范晔：《后汉书》卷 37《桓荣丁鸿列传》，中华书局，1965，第 1268 页。

③ 这里的"旧制"是指东汉和帝关于岁举孝廉新规定以前的制度。武帝初举孝廉时是否规定每郡也岁举二人？据《汉书·董仲舒传》所记董氏"使诸列侯、郡守、二千石各择其吏民之贤者，岁贡各二人以给宿卫"的对策来看，似应为二人。但据《汉书·武帝纪》"元光元年冬十一月，初令郡国举孝廉各一人"的记载，并按照对两汉察举各若干人诏令通例的理解法，似又应为一人。估计在这儿存在下列两种可能性：一、武帝初创时确实规定每郡岁举一人，后来被改为两人（关于改动时间，可能在新莽时，也可能在东汉光武时）；二、"各一人"为"各二人"之误。由于史料限制，目前想进一步得出明确的结论，尚有困难。不过学术界比较通行的观点，认为武帝时也是岁举二人的。参考班固《汉书》卷 56《董仲舒传》，中华书局，1962，第 2513 页；《汉书》卷 6《武帝纪》，第 160 页。

④ 司马迁：《史记》卷 129《货殖列传》，中华书局，1959，第 3270 页。

生所考出的两汉由孝廉拜官授职者 159 人中，其中中央官员 111 人，约占 69.8%，地方官吏 48 人，约占 30.2%。[1] 由此可见，士人被推举为孝廉后，多数会入京为官。由此推之，随着人口数量的增加，湖湘地区自汉和帝时起，以口率为准的察举制所选拔的人才不断增多，进而入京为仕官员也不断增加。

其次，就具体区域而言，湖湘籍京官以零陵郡为主，桂阳郡和长沙郡次之。考前文所列的湖湘籍京官，我们会发现：零陵郡 6 人，桂阳郡 2 人，长沙郡 2 人。可见，零陵郡人占湖湘籍京官的大部分，其次为桂阳郡人和长沙郡人。究其原因，这与零陵郡的人口增速和地理位置有关。

一与零陵郡的人口增长速度有关。据《汉书》《后汉书》记载，两汉湖湘地区四郡人口数量如下表：

郡名	西汉人口数	东汉人口数	增幅
桂阳郡	156488	501403	2.20 倍
武陵郡	185758	250913	0.35 倍
零陵郡	139378	1001578	6.19 倍
长沙郡	235825	1059372	3.49 倍

从上表可知，零陵郡的人数虽然不是最多，但其人口的增长速度是最快的，故而以人口比例为标准举孝廉的方法的实施，使其相对于其他郡来说优势较大，因而其每年举孝廉进京入仕的官员也就会不断增加，所以史书记载的零陵郡籍京官人数相对于其他三郡来说是最多的。

二与零陵郡地理位置重要有关。关于零陵郡名称的来源，《史记·五帝本纪》曰："（舜）践帝位三十九年，南巡狩，崩于苍梧之野。葬于江南九疑，是为零陵。"[2] 零陵因舜帝而得名，零陵，实为舜陵，后人改舜陵为零陵。自古以来，零陵郡就占据着十分重要的地理位置。《史记·五帝本纪》载，舜帝出巡岭南（今两广）经洞庭湖，沿湘水抵达零陵，尔后，置"纳言官"以"明通四方耳目"。[3] 从此，以零陵为通道的五岭南北开始有了

---

① 黄留珠：《秦汉仕进制度》，西北大学出版社，1985，第 106～144 页。
② 司马迁：《史记》卷 1《五帝本纪》，中华书局，1959，第 44 页。
③ 司马迁：《史记》卷 1《五帝本纪》，中华书局，1959，第 38 页。

交往。

零陵郡又是水陆通衢之地。春秋战国时期，楚国的版图已延伸到南越。自秦始皇统一六国以后，命监御史禄率士卒凿通灵渠，使运粮船只可以由湘江进入漓江，由漓江再接桂水，入岭南西江，从此疏通了湘漓水系。当时的零陵郡就成了官宦商贾眼中的水陆通衢之地。军事方面，这里居楚粤水陆之要冲，北扼荆湘，南控百粤（又称百越），是古代两广地区进入中原腹地的主要通道，也是防御百越进攻的缓冲地带，是历代兵家必争之地。《淮南鸿烈·人间训》有载："乃使尉屠睢发卒五十万，为五军，一军塞镡城之岭，一军守九疑（零陵）之塞。"① 在零陵郡的南部，有九疑（嶷）山、都庞岭作为天然军事屏障，易守难攻，而在零陵郡西南部的湘江沿岸，则是百越与中原之间的通道。

至东汉时，零陵郡得到政府的大力开发，其发展速度令人瞩目，交通状况改善很快。《后汉书·朱冯虞郑周列传》有载："建初八年（83），（郑弘）代郑众为大司农。旧交阯七郡贡献转运，皆从东冶（今福州市）泛海而至，风波艰阻，沉溺相系。弘奏开零陵、桂阳峤道，于是夷通，至今遂为常路。"② 可见，由于零陵郡地理位置的重要，故而发展到东汉时，政府对其大力扶植开发，改善其交通状况，因而零陵郡接受的移民相对于湖湘地区其他三郡来说人数最多，所以其文化得以持续发展。如前所言，古代士人的产生以及进京为官的状况，都与当地的文化背景有关。正是因为当地文化发展迅速，所以士人增多，那么零陵郡士人入京为官的人数多于其他三郡，也就不难理解了。

四 结语

相较于先秦时期，东汉时湖湘地区的经济和文化有了一定程度的发展，这就为当地士人群体的产生提供了适宜的外部环境。东汉时涌现出的一批知识分子陆续入京为官，并作为一支重要的力量活跃在东汉政治舞台上。而湖湘籍京官势力的壮大又相应地推动了湖湘地区文明的发展，为后来湖

---

① 刘文典撰，冯逸、乔华点校《淮南鸿烈集解》卷 18《人间训》，中华书局，2013，第 752 页。
② 范晔：《后汉书》卷 33《朱冯虞郑周列传》，中华书局，1965，第 1156 页。

湘文化的发展和进步奠定了基础。

附表一：东汉湖湘地区四郡察举孝廉人数

郡名	人口数	岁举孝廉数
桂阳郡	501403	2
武陵郡	250913	1
零陵郡	1001578	5
长沙郡	1059372	5

附表二：东汉湖湘籍京官简况

次序	姓名	字	籍贯	所任中央官职	备注
1	蔡伦	敬仲	桂阳郡耒阳	中常侍 – 尚方令 – 长乐太仆	中朝官
2	刘寿	均长	长沙郡临湘	司徒	外朝官
3	蒋嵩	不详	零陵郡营浦	郎官	中朝官
4	刘嚣	重宁	长沙郡	太仆 – 司空	外朝官
5	胡腾	子升	桂阳郡郴	尚书	中朝官
6	曾谭	不详	零陵郡泉陵	尚书郎 – 太常	中朝官 – 外朝官
7	蒋晋	不详	零陵郡泉陵	尚书郎	中朝官
8	刘优	不详	零陵郡泉陵	侍御史 – 司空 – 尚书右仆射	外朝官 – 中朝官
9	刘先	始宗	零陵郡泉陵	尚书	中朝官
10	熊尚	子高	零陵郡舂陵	骑都尉（属光禄勋）	外朝官

注：以上诸位"湖湘"籍京官信息来自《后汉书》《湖南通志·人物志》等史籍。

清代名人笔下的长沙又一村

杨锡贵*

摘　要：本文采用个案研究的方式，以有关诗文作品为依据，按照时间顺序，梳理清代长沙又一村的历史演进脉络，探寻清代名流与又一村的关系，从中管窥清代官署园林特色、上流社会人物活动图景和若干历史事件的具体细节，发掘长沙城市园林文化的丰富内涵，呈现古代长沙园林的面相。

关键词：湖南巡抚　长沙　又一村　蒋溥

清代长沙又一村，西邻湖南巡抚大院，东接湖南贡院，南起贡院街（今中山路一段），北抵当时的四堆口、五堆口、六堆口（此三堆口自东往西相连，今仅存六堆子地名），占地十亩。民国时期又一村逐渐湮灭不存，如今仅为一小巷之名①。虽然往事如烟，但当时达官显贵、文人雅士留下的诗文作品，却成为我们探寻清代长沙又一村营建历史、上流社会生活与城市园林文化的宝贵底片。

一　蒋溥、范时绥、乔光烈悉心经画，又一村犹似桃源

长沙又一村的草创者蒋溥，字质甫，号恒轩，谥文恪。清江苏常熟人。进士出身，官至东阁大学士兼户部尚书，是蒋派花鸟画艺术的重要代表。清乾隆八年（1743），蒋溥出任湖南巡抚，于射圃之东构筑别墅，颜之曰"又一村"。射圃即古代官府大院内所设练习射箭之场，其狭长区域谓之箭道。

---

* 杨锡贵，湖南省长沙市开福区教育科研培训中心副研究员。
① 又一村巷，位于长沙市青少年宫东侧，南起中山路，北止六堆子。

乾隆十六年（1751），清汉军镶黄旗人范时绶（字缓斋）来抚湖南，下车之始，见抚署东有隙地一片，弥望平旷，知是蒋溥所修又一村圃之基，但"瓦砾峣埤，荒秽不治"，乃加修整，"于南步廊为台于后，则就故阜基而增培焉，搏砂砾而救之、筑之。见者曰若亭也，若台也，若阜也，不知其以圃也。募园丁四五人，平其垚，沃其壤，见土之宜而布之窳隆，干湿罔或乖。其圃四隅之竹，则自别苑榛莽中移而植之者也。其旁有潢汪，则园丁箕敛署内外圃余为壅本者也。其右侧有草寮，则以居园丁者也。计圃之费，权圃之入，息不翅三倍，后之君子踵而增焉"。如此这般悉心经画之后，圃"有亭、有阜、有台、有竹树"，堪称胜境。圃中之亭名曰"丰乐亭"，取年岁丰熟、人民安乐之意，此亦范抚"所拳拳而圃所由辟也"。① 阜枕亭之北，登临其上，远眺则只见湘江如练横于眼前，岳麓如屏近在眉睫，星沙全郡，迤逦而蜿蜒；近观则东邻贡院，北接琳宫绀宇，周边碧空映射下的稻畦村舍，清澈明洁，土膏肥沃，物产丰饶；倘遇春秋佳日，微雨新晴，鸟语花香，不逊于桃源。公退之余，范抚常邀宾从觞咏其中。时任岳麓书院山长的旷敏本（字鲁之）为作《东圃记》，是又一村又有"东圃"之名称。

其后，清上海乔光烈（字敬亭，号润斋）抚湘，亦修整过又一村。据佚名者代左辅所作《湘南节署又一村记》，乔抚有诗文勒于屏壁，然遍查其《最乐堂集》不见，尚待继续搜寻。

二 梁国治、姜晟重加修葺，又一村八景足赋

梁国治（1723～1786），字阶平，号瑶峰，一号丰山，又号梅塘。清浙江会稽（今绍兴）人。状元出身，官至东阁大学士兼户部尚书。梁氏于清乾隆三十二年（1767）授任湖南按察使，三十六年（1771）由湖北巡抚调任湖南巡抚，至三十八年（1773）召还在军机处行走。梁国治将时已荒芜的又一村"葺而新之"，共成八景。大名鼎鼎的湘潭张氏家族张九镡之子张世浣为作《又一村赋》，对又一村景物描述，极尽铺排之能事。其文先总概曰："繁楚南之抚署，有淡霭之园林，堪骋怀而游目，可即物而写心。水媚

---

① 旷敏本：《东圃记》，载罗汝怀编《湖南文征》卷四十六，岳麓书社，2008。

山清，似辋川之图画；花明柳暗，叶放翁之歌吟。揽景物于公余，兴复不浅；接风流于前席，情与俱深。"接又分述云："别有洞天，八景之佳名足赋；缅兹福地，两公之盛迹堪钦。则有匝地名花，侵阶弱柳，既敞南荣，旋疏北牖。于章绕屋，间有莺啼；万卷连床，时看蠹走。抚韶光之绰约，宁仅用夫王余；托胜地以翱翔，疤欲该夫三凹。而且明流衣袂，清水平陂。类倪迂之昼本，同米颠之墨池。睡鸭惊回，两岸之波纹荡漾；飞鹭过去，一篙之浪影逦迤。洗笔池头，暖绉千层之毅；读书堂畔，晴添万顷之漪。无何过亭，北历村西，芸菜圃，灌瓜畦。官有余闲，每忘机而抱瓮；心无纤翳，聊学圃以酿蒩。效开府之一犁，陇头鞠散；待黄台之三摘，园畔青齐。日午挥锄，处处有葱菁之景；雨余刈种，声声歌滑刺之泥。若乃送夕阳，坐庭槛，琴瑟停，茶烟歇，扇一阵之清风，露半痕之纤月。珍珠箔卷，魂消姐女之宫；玟瑁筵开，望断蟾蜍之窟。已而竹径生凉，群花弄影。数枝清浅，乌啼蝶梦之时；几树横斜，云破月来之境。形迷玉砌，风来而野坞生香；影混晶帘，露滴而疏篱欲冷。更或徘徊朱槛，徙倚红桥。翠浪频翻，洞底之锦鳞欲跃；碧波乍喷，蒲边之朱鬣难描。避饵唼花，等江湖之游泳；忘筌知乐，类濠濮之逍遥。至若亭际霜凝，坡前雪积，惟老干之垂青，有虬枝之挺翠。喷寒涛兮，千尺不改真操；掩苍盖兮，几重偏绕逸致。龙鳞秀发，疑白玉之平铺；鏖尾风摇，似晶盐之乱坠。"末则感慨而述作斯赋之由："以知景物之胜，惟在因人；兴废何尝，必归同志。仰二公之品望，人杰者地灵；辟一境之荒芜，先难而后易。桃花流水，恍入武陵；饮酒歌诗，非同傲吏。阅岁月而常存，历风霜而不敝，宁仅东坡之喜雨，于以名亭，黄冈之竹楼，因之作记也哉。"①

　　抚湘期间，梁国治于治政之暇，常于又一村中读书染翰。清乾隆三十七年三月三日（1772 年 4 月 5 日），节届上巳，梁抚作《敬事堂东偏有园十亩，虞山师相楚时颜曰又一村，因略为修葺并系以诗》八首，并勒于屏壁。诗云：

　　　　又一村前新种松，移来犹带岭云浓。为邀隔院清风入，影落高檐翠几重。

---

①　罗汝怀编《湖南文征》卷一百三十三，岳麓书社，2008。

西园曾记采双芝，花柳烟村又一时。迟日儿童镇游戏，好禽啼遍绿杨枝。

种竹栽花又一村，新编兔眼矮篱门。兴来便咏坡翁句，芦菔生儿菜有孙。

官衙又见一村农，理罢文书正午钟。闲与丈人论抱瓮，白云江上过青峰。

茅斋牵补绿萝窗，新语檐前紫燕双。三径若教粗整顿，一村又听□①花尨。

花外惊声百啭娇，满园杨柳绿千条。凭添又一村前水，万顷光涵月影摇。

烟景三春又一乡，村前惟见杜兰芳。江湖浩渺蓬莱远，万里心情上岳阳。

珍重题诗谢后人，相公遗迹几前尘。风浪拟待他年客，又一村前又一新。②

清乾隆五十六年四月廿七日（1791 年 5 月 29 日），进士出身的清江苏元和人姜晟（字光宇，号杜芗）补授湖南巡抚，六月抵长沙就职；清嘉庆五年正月十八日（1800 年 2 月 11 日），调湖广总督，结束在湖南的任职。后官刑、工两部尚书。姜晟抚湘期间，又一村"益踵而增饰"。清嘉庆元年（1796），代左辅作记的那位作者，受姜晟之聘教其子，时又一村"周遭上下，丛植花果，四时香色，随处娱人。南环莲池，中构舫室，疏窗四达，水风送秋。宴游其间，不复知暑"，馆于斯的左家塾师"暇则与幕中诸君子赋诗度曲，饮酒投壶，颇饶乐事"。③ 姜晟"所著诗文，恒不自珍惜，随手散弃，谓后世知我者不在此也"④，所辑《抚苗备览》未及刊行，仅知其有自撰年谱，故其是否有又一村的诗文，已无从知晓。

---

① 此字系底本漫漶不清。
② 梁国治：《敬思堂诗集》卷六，清嘉庆刻本。
③ 左辅：《念宛斋文补》，清嘉庆二十三年（1818）刻本。
④ 姜晟撰，余肇钧重订《姜杜芗先生自订年谱》，清咸丰同治间刻本。

三　景安、汤金钊公事余暇，又一村里赋诗度曲

作为官署园林的又一村，经蒋溥草创，梁国治、姜晟两湘抚的精心打造后，其胜境延续了较长时间，后继者受惠不浅。清嘉庆十一年至十五年（1806～1810）出任湖南巡抚的和珅族孙景安（字亦山、忆山）在《又一村记》中云："今湘楚抚署之东有小园焉，内多花木松竹，前辈蒋文恪公、梁阶平先生加以修葺点缀，楼阁亭台，结构虽草草，饶有林泉趣，额之曰'又一村'。此园之得以垂久，非缘雕墙峻宇，良缘二先生有以成之也。"景安为官四十余年，宦迹遍历燕豫、秦晋、川楚、吴越、南闽、西域，"江湖之阔大，山川之雄秀，人物风俗之淳漓，莫不目睹神领，而其间甘苦安危、悲欢离合亦无不备历也"。年逾六旬而复抚湖南，白发萧萧，景安深感精力衰庸，"公余退食后，必须徐步以习劳，静坐以养和，夫然后体得以健，性得以调，气质得以化。设无又一村近在咫尺，将何往以习劳而养和耶"。他因欣慰而生感慨："今幸得此园，不费经营，而楼阁亭台、花木松竹，无一不备。公事余暇，或徐绕回廊，或偶登小楼，或品茶松下，或觅句竹间，因以自适其适焉。"① 故特为之记。

公余退食之后，湘抚景安常常徐步园中，观四时草木花卉，触景而生情；览园中楼台亭阁，睹物而兴叹，一本性情才识而发为诗歌，不征典以炫博，"冲淡和平，自鸣天籁"，其咏又一村诗如下。

楚南署中题又一村

去去流光若逝川，再来湘楚已衰年。花分三径邀明月，石开奇峰笑米颠。竹外楼高宁碍月，樽前酒满即如仙。幼儿老妾相依伴，野菜同餐不用钱。

又一村即景

又一村头好，公余缓步行。苔痕孤客迹，庭树寄秋声。喜静缘生性，吟诗非好名。林梢凉月吐，花影上窗横。

---

① 景安：《深省堂文集》，清嘉庆癸未年（1823）刻本。

丙寅重阳日又一村更何况楼偶成

老去临风应自强，登楼聊以赋重阳。试看花到秋来瘦，莫倚吟添镜里霜。顾我有生皆再造，喜兹无地不三秋。膝前子女堪排遣，漫倒金樽引兴长。

咏菊

散步东篱外，悠然有所思。叶疏怜影淡，花瘦觉香迟。好待临风笑，休教插帽欹。渊明归去后，应怅少相知。

登楼有怀陈别驾

念我一无欲，悠然意自由。守身犹抱璧，爱月独登楼。心旷云同淡，潭空水不流。潇湘人正望，归客漫停舟。

春日登春研楼

池柳摇新绿，檐花放小红。楼高湘水阔，帆落楚江空。心共春云淡，身如古柏同。公余无个事，倚槛醉东风。

又一村桃花

又一村头柳色新，公余煮茗赏芳春。座中少长群贤集，谁是桃花旧主人。

上巳日雨后又一村偶成

登楼何事更徘徊，雨后晴云四面开。双鬓惊心新岁口，青山入眼故人来。却怜细柳摇春槛，莫讶飞花点碧苔。自是情怀多自得，任教老态竟如孩。

漫兴

又一村头又一春，三湘遥寄一吟身。桑榆岁逼休惆怅，圣主偏怜老健人。①

清嘉庆十六年十一月廿一日（1812年1月5日），清浙江萧山人汤金钊（字敦甫，一字勖兹）奉旨接任湖南学政。次年秋，汤应湘抚省堂中丞之招，集会又一村，有题为《壬申秋省堂中丞招集又一村，见示和会稽相国诗，次韵奉政》诗八首：

---

① 景安：《深省堂闲吟集》卷九，清嘉庆己巳（1809）刻本。

节楼深护后凋松，老圃秋容淡胜浓。几辈名公尘迹在，碑题花甲已经重（壁嵌范尚书碑记，系乾隆壬申）。相公书法媲张芝，想见题诗点笔时。今日中丞赓妙咏，后先辉映照花枝。

不号名园只号村，身居画□念柴门。占晴问雨秋来慰，为见芳塍长稻孙。

丰乐家家庆我农，春声遥带隔林钟。夕阳试上平台望，一片炊烟隐远峰。

后乐堂前面面窗，花开篱豆蝉鸣双。要令比户皆安枕，不使孤舟有吠龙。

八月榴花色尚娇，生机畅满验林条。一番培植春长在，底事江潭叹落摇。

游心淡泊太平乡，机务从容翰墨芳。手剪蒿莱因物付，经纶曾见燮阴阳。

追陪同作舫中人（轩名寄舫），秋水门庭不染尘。多幸三生缘缔好，步趋学识长从新。①

四　左辅稍整亭轩，又一村景光大昭

清嘉庆二十四年（1819），李尧栋出任湖南巡抚，时又一村虽"门径依稀，乃池平台倾，蔓草掩径，寻旧时抚倚之嘉木，亦鲜有存者"②，曾作兴修之想，因不久去任而未果。

次年十一月十五日（1820 年 12 月 20 日），清江苏阳湖人左辅（字仲甫，一字蔼友，号杏庄）获任湖南巡抚，于清道光二年（1822）秋"稍稍整亭轩，易朽蠹，薙榛莽，树竹木于舫室之北，浚方池，曰将以莳莲，略存旧规之一二云。不日工竣，景光大昭，饮同人酒于舫室中，旁罗菊花，与拒霜远近相映发"。是年，代左辅作记的那位作者自秦中来访，馆于又一村，"喜旧地之复新，前游之又续，累十觞不醉"。于修缮又一村之事，又

① 汤金钊：《寸心知室存稿》卷三，清咸丰刻本。
② 左辅：《念宛斋文补》，清嘉庆二十三年（1818）刻本。

有"为政在人"之慨："观其整亭轩，即所以肃纲纪欤？易朽蠹，即所以善因草欤？薙榛莽，即所以除奸慝欤？树木浚池，其培贤育材而膏泽之者，意于是乎在也。至地之盛时也，持其盛而弗即于衰，人也。为政在人，尚勉之哉。"①

清广东南海吴荣光（原名燎光，字殿垣，号荷屋）奉旨于清道光十一年（1831）二月补湖南布政使，九月补授湖南巡抚；至清道光十五年（1835）冬，因事降为四品京堂，赴京候补。吴荣光在湘期间，留有《又一村诗用梁文定相国原韵八首》，每季赋诗两首。诗云：

春

万树争妍不见松，谁知霜里翠阴浓。眼前只好宜春问，红几成园绿几重。

百尺桐花九曲芝，韶光迤回到芳时。相公昔日储材地，留我东风耐久枝。

夏

劝农村外又花村，燕寝归来自掩门。六十年来觞咏处（文定公诗作于壬辰上巳），石榴多子竹多孙。

每从九夏念三农，自在荷香正曙钟。试向澄湘台上望，炊烟多处麓山峰。

秋

新秋吉语报槐窗，共说先朝枚卜双（蒋文肃、梁文定先后筑茸又一村者，位皆至端揆）。怪底昔人调燮好，至今户户夜眠尨。

清霜刚渲老来娇，黄菊红蓉千万条。恰是客心怀晚节，秋花闻说不漂摇。

冬

峥嵘岁晏此江乡，料峭村头有泉芳。忽听万家迎腊鼓，雪花吹尽见朝阳。

相国风流几替人，梅花消息问根尘。拈来秀句寰区满，邱壑于今又一新（用原诗末章意）。

① 左辅：《念宛斋文补》，清嘉庆二十三年（1818）刻本。

吴又有《癸巳九日澄湘台和韵》诗：

> 恰报西成场圃开，万家烟火一登台。红萸此会人犹健，黄菊经年客再来（叶婿芑田重到署）。决眥衡湘秋气净，关心鸿雁岁寒催（常澧有被水处）。寻常诗境同堂酒，各向劳生首重回。①

清道光十五年（1835），何绍基从京城返湘，参加湖南乙未科乡试，并得解元。时值吴荣光在任，三场试毕，甫一出闱场，何绍基即被嗜好古籍金石收藏的吴抚请入湖南巡抚大院内，耗时七天，帮其鉴定金石字画四百余件，吴荣光亦为何绍基《小字麻姑坛记》作跋。在此期间，何绍基留住又一村。八月卅日（10 月 21 日），吴抚在此设宴答谢，并出玉杯玛瑙梳劝客，何绍基几乎喝醉，晚间作七古一篇，题为《荷丈设宴又一村，以诗纪事，次韵书王叔明秋山行旅图后》，诗云：

> 秋气着林叶初赭，万蛩夜话篱笆下。堂堂日月去如波，人事输与知更鼍。青山如镜明靓冷，照见天涯游子影。浪逐鱼龙战秋窟，却似猿鼯坠丛岭。揭来骑轮车，忽就九逵道。选胜复探幽，眸豁双足峤。一樽名酒同古冰，百世才人共秋抱。飞腾前辈去若仙，叹息吾生胡不早？黄花欲开我先贺，豪论惊人公未老。银槎杯事想绝奇，江上康山空尔为。席间剧谈前辈风雅，因及银槎杯事。且倚虚廊醉瑶罍，起绕细路穿烟霏。珠阑画术曲折历，竹篱茅舍仿佛之。拾级陟峻不敢画，江光晚红岳色碧。天风浪浪到巾屦，瑟瑟幽怀坐水石。莫看秋山行旅图，猛泪思亲怕留迹。②

清浙江桐乡人陆费瑔，原名恩鸿，一作恩洪，字玉泉，号春帆。嘉庆十三年副贡生。历官知县、知州、道员，后升按察使、布政使，清道光二十三年五月廿六日（1843 年 6 月 23 日），获任湖南巡抚，至清道光二十九

---

① 吴荣光：《石云山人诗集》卷十七，道光二十一年（1841）吴氏筠清馆刻本。
② 何绍基：《何绍基诗文集》，岳麓书社，2008。

年闰四月六日（1849 年 5 月 27 日）丁母忧去职，抚湘共五年。陆费瑔抚湘期间，又一村"虽池台非昔，而老木群卉，春时红紫交加，尚堪娱目"。时陆费瑔多次请随其在抚署生活的母亲大人游览又一村，其母"辄恐以逸乐旷公事，三年仅一再过"。清道光二十五年（1845）三月某日，陆费瑔乘官书多暇之机，征得母亲大人的同意后，"率家人奉慈舆一登临湘台，衡麓烟花、湘江帆楫皆出几席之下"。又一村之游，母亲大人十分高兴，"命纪以诗"，陆费瑔遂成《奉太夫人又一村看花》二律：

> 高台远眺俯层栏，眼底桑麻万井宽。啼鸟稀闻铃阁静，看花偶博板舆欢。环城江势回流壮，排闼岚光泼翠寒。纵使牵萝常补屋，一巢风雨敢求安。

> 啸歌久辍酒樽虚，难得登临奉起居。老圃分畦足蔬果（园后有橘柚十数株，有亭名楚颂，余地悉种蔬菜，以供厨膳），人家负郭半樵渔。风前梅柳春先到，雨后溪山画不如。物外静观皆自得，化工随处有鸢鱼。①

五 当局开设忠义录书局，又一村学者名流云集

为应对太平军的严重威胁，曾国藩奉廷谕在湘创办团练，曾"馆抚署侧射圃中"②。绿营与湘勇发生激烈冲突，大闹曾公馆，曾氏遂避走衡州。又一村紧邻射辅，见证了湘军创办之初艰难的一幕。湘军练成后，出省东征，战事惨烈，死伤甚众。清咸丰十一年（1861）八月，为褒扬在与太平军作战中死去的湘军将士，湘省当局在又一村设立忠义录书局（又称"忠义书局"），编印《湖南忠义录》（后更名为《湖南褒忠录》）。见证过湘军创建维艰的又一村，又成了记录湘军历史的机构驻地，郭嵩焘、吴敏树、罗汝怀、曾耀湘、左宗植等学者名流云集，共襄盛举，公事余暇，觞咏赋诗，倘逢佳节，小聚欢宴，热闹非凡。罗汝怀有《中秋往邀吴南老来又一

---

① 陆费瑔：《真息斋诗钞》卷四，履厚堂陆费藏版，同治九年（1870）秋八月重雕。
② 熊治祁：《湖南人物年谱》第二册，岳麓书社，2013，第 658 页。

村，客散，独坐对月》云："街转西长客到门，沾衣微雨湿无痕。停杯屡盼刚圆月，倚槛应怜久住村（时将移局荷池精舍）。地近柝声连锁院，宵分树影入闲轩。悬知千里清辉共，远思重重似叶翻。"①

因书局中人皆为好友，时主讲长沙城南书院的何绍基便成了又一村书局的常客。开张之日，何绍基即曾应邀来书局，有《廿六日开忠义录书局于又一村，村中有望湘台，联珠合璧，八月瑞事》诗云："秋花环绕望湘台，又一村中志局开。耆宿竞濡鸿笔俟，风云齐护古魂来。钦闻上瑞珠联璧，会见祥光照棘槐。老钝欣逢中兴日，一编青史佐闲杯。"② 清同治元年（1862），何绍基更是多次来又一村书局。"壬戌五日过又一村闲话，丁果翁、罗研叟欲沽酒款客，客辞"，但何氏没有接受丁取忠、罗汝怀二位的宴请，题诗画卷而去。其《为研生题明四贤书画卷》诗云："佳节来寻又一村，苍深雨后好林园。前贤书画同披赏，何必商量到酒樽。"③ 此事罗汝怀的记载更为详明，"同治元年午日，微雨后晴，猿叟于雨时来又一村，畅谈作书，并观明四贤书画手迹卷，为题一绝，留饮不肯，径去，盖猿叟饮，常以日夕也，因次卷中文待诏石湖二首韵以纪其事"。其一曰："一棹浮湘浪涌空，乡村移入会城中。初霙晦朔宵无月，试拂尘埃远有风。南郭滥竽惭算解，西窗剪竹意何穷。故人径为题诗至，三百年来续四公（余居寄云山馆西斋，为亡友邹叔绩住处）。"其二曰："当街老树入云淡，破晓喧闻累百禽。酒客去酣申后饮，云师来扫午前阴。枇杷晓翠无留果（枇杷之大，殆世所希有，果未熟而尽），栏杆余清尚密林。半载乡居诗兴减，吟成犹带土匏音。"④ 何绍基是年又有《次韵答梅根居士》诗四首，其四亦提到此处之枇杷："又一村中深复深，外人不许听幽禽。群贤朱履千间厦，一村枇杷五亩阴。画帧留题感时节，佳思何异在山林。勉储才笔歌铙凯，日日江南有好音。"⑤

---

① 罗汝怀：《绿漪草堂诗集》卷十六，清光绪九年（1883）刊于湖南省城，板藏家塾。
② 何绍基：《何绍基诗文集》，岳麓书社，2008。
③ 何绍基：《何绍基诗文集》，岳麓书社，2008。
④ 罗汝怀：《绿漪草堂诗集》卷十六，清光绪九年（1883）刊于湖南省城，板藏家塾。
⑤ 何绍基：《何绍基诗文集》，岳麓书社，2008。

六　卞宝第经营颇见其妙，以菜根香、
临湘台最胜

清光绪初，又一村胜景如故。王闿运在长沙有南、北二宅，北宅湘绮楼在营盘街，其东南不远处即又一村，其日记常有往游其中的记载。清光绪元年七月十六日（1875 年 9 月 3 日），王氏出门访友，"遇彭静卿于又一村"，在友人处谈至三更而散，又"独行又一村，寂无一人，颇欲裴回，恐下栅"，①怏怏而归。是年十月十一日（12 月 26 日），晴，王闿运"出游又一村，看菊已残矣，望人家垣内枫柳，偶有所感，口号一绝句"云："夕照微阴似欲霜，井梧池柳半凋伤。莫言城里秋寒晚，一夜西风万木黄。"②

清光绪四年六月初九日（1878 年 7 月 8 日），清江苏常熟人邵亨豫（字子立、汧生）接任湖南巡抚。其时抚署东偏的又一村"曲折幽雅，擅竹木胜，有梁文定公题诗，顾卒鲜簿书，暇月不得一再至"。邵到任未久，遭科道疏劾，诬以"奉职无状"之罪，朝廷派湖广总督李瀚章赴湘秉公确查。李制军于是年除夕前二日到湘，其行馆即设在又一村。③

清光绪八年至十四年（1882～1888），清江苏仪征人卞宝第（字颂臣）出任湖南巡抚，其间曾署湖广总督。卞氏抚湘之初，有江苏丹徒人陈克劬为其幕僚。陈氏于清光绪八年六月十九日（1882 年 8 月 2 日）抵长沙后，因前抚涂宗瀛尚在抚垣中，与卞抚及其他幕友皆暂驻又一村。他在《入湘纪程》中写道，又一村"长廊曲榭，间以竹树，颇有幽致。惜蔓草不芟，难免莠兰相杂，闻主人意将整治，亦芟繁除秽之一端也"④。陈克劬在卞抚幕中工作了一年，其《湘中随笔》中留有关于又一村的记载：

　　初到湘，居抚署东之又一村，地颇幽秀。入署后，所居亦有梧竹之属，然视此相去远甚。村比署而建，以其地旧有第一村，故名。启

---

① 王闿运：《湘绮楼日记》第一卷，岳麓书社，1997，第 422 页。
② 王闿运：《湘绮楼日记》第一卷，岳麓书社，1997，第 524 页。此诗收入《湘绮楼诗文集》时，诗题为《晚步又一村》，"半凋伤"改作"报凄凉"。
③ 邵亨豫：《雪鸿泥爪》闰编，光绪刻本。
④ 陈克劬：《萍蓬类稿》（入湘纪程），陈氏家刻本，光绪癸巳（1893）酉月开雕。

署左门出，间一箭道，遂至其所。地颇宽敞，厅事楼馆台榭之属凡六，事小亭三，俱以回相联，曲折绵亘，颇见经营之妙。其最胜处为菜根香、临湘台。菜根香，轩也，阜土为基，隆然高起，前交茂树，后临菜圃，入其中不知身之在城市也。台在轩左，阶十余级而上，西望岳麓，相去如在尺咫，其东北可瞰湘流，树荫缺处，时见帆影往来，历历皆有画意。初时颇芜蔓，中丞公命芟薙之。地多数百年古树，至此精神乃尽出，繁华宜春，绿荫宜夏，桂香、桐荫宜秋，至冬则众木尽脱松鬣，冬青前轮见苍苹，足备四时之景。每笔墨余闲，朋辈相携徘徊浏览，羁情之消愁盖半云。①

综上所述，清代长沙又一村自清乾隆八年 (1743) 蒋溥草创，历经范时绥、乔光烈、梁国治、姜晟、左辅、卞宝第等湘抚修缮，至清亡后逐渐湮灭，存在的时间超过一个半世纪。世间兴造之事，“三分匠，七分主人”②，又一村设计建造的主持者是发身贤科、学养深厚的封疆大吏，他们吸取历代造园经验，充分利用当时的自然环境条件，通过楼台亭阁等人造景观的点缀，将个人情怀、为政理念融入其中，营造出了一种虽由人作、宛若天开的诗情画意般的审美意境，又一村因此而成了古代湖南官署园林的经典之作。作为湖南抚署附属建筑的又一村，主要是为园主服务，是湖南巡抚接待来往宾客、公余休憩读书的场所，当然也包括了与园主有着公谊私交的高官显宦、僚属戚友、文人雅士，但服务对象是十分有限的，此为又一村的另一显著特征。自古地因人杰，园以文名，长沙又一村已不复存在，但草创经营此园者、游憩雅会其中者多为名流贤达，均具有深厚的文化艺术素养，留下有关长沙又一村之赋、记四篇，诗四十余首。透过这些大家作品，我们可以领略其不出城廓而获山水之怡、身居闹市而得林泉之趣的胜境，管窥清代湖南上流社会业余时间的生活雅趣、若干历史事件的某些细节、长沙城市园林文化的丰富内涵。这是古代湖南城市文化史上值得自豪的记忆、湖湘文化史上的一份宝贵遗产，我们从中可以吸取某些经验和教训。

---

① 陈克劬：《萍蓬类稿》(湘中随笔)，陈氏家刻本，光绪癸巳 (1893) 酉月开雕。
② 计成：《园冶》卷一，中国营造学社民国 21 年 (1931) 铅印本。

郭焯莹楚辞学著作的学术价值[*]

——以湖南师范大学图书馆藏郭著稿抄本为中心

陈松青[**]

摘　要：仅仅通过《读骚大例》了解著者郭焯莹的楚辞学研究显然是不够的，郭氏的楚辞学未刊稿才真正让人体会到其治骚的规模、特点与核心。郭氏断言："千古精读《离骚》者，唯史迁能明其谊，唯先公能明其辞。"认为全部屈原作品都由两个层面——"谊"（现实内容及思想主题）与"辞"（语言、意象等）——构成，都与屈原所草宪令的行废、楚国之兴衰相关，由此得出一系列不同寻常的结论。郭著视野广阔，体系宏大，足称一家之言，洵为楚辞学史上的鸿篇。

关键词：郭焯莹　楚辞学　《读骚大例》

郭焯莹，清末民初湖南湘阴人，著名学者、思想家郭嵩焘之子，精研楚辞，著作卷帙繁多，但刊行的只有《读骚大例》，其余都以稿本、抄本形式存世。庋藏于湖南师范大学图书馆的郭氏楚辞学稿本，20 世纪曾经两度校理，谋求出版而未果，故今人所见，除崔富章《楚辞书目五种续编》《楚辞书录解题》所作著录外，不再有独立的评述。笔者曾入馆三月，做了数万字的摘录。今将郭著若干要点连缀成文，分享给读者。

一　郭焯莹的生平与著述

郭焯莹（1872～1928），派名立辉，学名焯莹，字子燮，号炎生，晚改名

---

*　本文系湖南省哲学社会科学基金项目"晚清湖南文学楚辞接受研究"（16YBA286）的阶段性成果。
**　陈松青，湖南师范大学文学院教授。

大痴，号耘桂先生，湖南湘阴人，晚清著名思想家、学者郭嵩焘（1818～1891）之子。其生平事迹，见李肖聃《星庐文录·书〈玉池学略〉后》①，杨树达《读骚大例跋》②，黄光焘《光焘脞录》③，王啸苏《郭焯莹传》（有两种）④、《屈赋章句古微序》等。

郭焯莹生于同治十一年（1872），卒于民国 17 年（1928），得年五十七。杨锡贵《郭嵩焘年表》：（同治十一年）"二月十八日，三子立辉生，学名焯莹。"⑤ 杨树达《读骚大例跋》："余于十七年夏，南归省亲，屡访先生，日相游处。……别后不一月，而先生以病逝，年五十有七。"均可证。《四库大辞典》定其生卒为 1877～1928 年⑥，生年误。

郭焯莹是郭嵩焘第三子，为嵩焘继室冯氏所出。嵩焘长子名刚基，派名立箎；次子名幼嶷。刚基早卒，幼嶷的出生与成长鲜为外人所知⑦，故述郭氏兄弟伯仲者多有不确。任凯南《史记札记序》⑧，龚笃清、寻霖《湘人著述表》⑨，寻霖、刘志盛《湖南刻书史略》⑩，皆以焯莹为嵩焘"仲子"，杨树达《读骚大例跋》（《读骚大例》北京文字同盟社铅印本）称他为"玉池老人之冢子"，收入《积微居小学金石论丛》（篇名改为《郭桂耘先生读

---

① 李肖聃撰，喻岳衡点校《李肖聃集》，岳麓书社，2008，第 153 页。
② 一见于《读骚大例》民国二十年北平文字同盟社铅印本；二见于杨著《积微居小学金石论丛》，科学出版社，1955。
③ 黄光焘：《光焘脞录》，《国专月刊》1936 年第 1 期，第 61 页。
④ 王啸苏撰有两篇《郭焯莹传》，分别见于 1949 年 5 月民国湖南文献委员会编纂出版的《湖南文献汇编》第二辑和郭焯莹《屈赋章句古微》抄本卷前。本文以新、旧传称之。王啸苏（1883～1960），原名王竞，字啸苏，以字行，号庵庵，湖南长沙人。早年曾在清华学校研究院学习和从事研究，师从梁启超、王国维、陈寅恪，一度与杨树达为同事。返湘后长期在湖南大学、湖南师范学院任教授，与杨树达共事。1958 年调湖南省文史研究馆任馆员。著有《校勘学》《苏庵诗稿》等（吕芳文、周亚平：《梁启超、王国维对弟子王啸苏的论学复函》，《中国国家博物馆馆刊》2011 年第 10 期）。
⑤ 熊治祁主编《湖南人物年谱》第 3 册，湖南人民出版社，2013，第 656 页。
⑥ 李学勤、吕文郁主编《四库大辞典》（下册），吉林大学出版社，1996，第 2368 页。
⑦ 杨锡贵《郭嵩焘年表》同治三年："次子幼嶷生于江苏太仓，钱氏出，配长沙刘氏。"（熊治祁编《湖南人物年谱》第 3 册，湖南人民出版社，2013，第 637 页。）钱氏在与郭嵩焘结婚后一个月，归太仓，幼嶷一支后来与本家失去联系，鲜为外人所知。郭道西主编，郭道晖编审《湖南省湘阴郭氏家族史全书》有详细描述。
⑧ 任凯南《史记札记序》称其"从公仲子耘桂先生学古文词"。郭嵩焘撰，梁小进主编《郭嵩焘全集》第 5 册，岳麓书社，2012，第 3 页。公，指郭嵩焘。
⑨ 龚笃清、寻霖：《湘人著述表》（下册），岳麓书社，2010，第 858 页。
⑩ 寻霖、刘志盛：《湖南刻书史略》，岳麓书社，2013，第 476 页。

骚大例跋》）则改称"仲子"①。

郭焯莹晚年改名大痴。杨树达《郭桂耘先生读骚大例跋》云："先生初名焯莹，字子燮，号炎生，晚乃改名大痴，自号耘桂先生云。"《学衡》1926 年第 49 期有《管子校释叙录》一文，署"郭大痴"；此文又载于《船山学报》1934 年第 5 期，署"湘阴郭大痴遗稿"。任凯南《史记札记序》云："民国十七年以事偶晤耘桂先生长子继痴世兄。"郭焯莹之长子号"继痴"，则其本人名"大痴"，自在情理之中。今人整理的《郭嵩焘全集》第十五册《本册说明》称"郭氏后人郭大痴"②，没有说明为人熟知的名字。

因为郭嵩焘晚年得子，加上光绪初出使英法之后黜退家居，正值焯莹少年，所以，焯莹虽于光绪十七年（1891）入邑庠，以诸生与长沙王先谦等游，但在学业上受父亲影响更大。他曾主讲湖南高等学堂③、中路师范、湘阴驻省中学，终生奉母居省城六堆子养知书屋④。娶贵州布政使平江李元度女为妻⑤。

兹录王啸苏《郭焯莹传》以觇其学业与志趣：

> 君讳焯莹，字子燮，号耘桂，湘阴郭氏。父嵩焘，清道光翰林，累官至兵部左侍郎，尝出使英法诸国，究心世务，晚归治王船山之学，多所发抒。殁后，《清史稿》有传。嵩焘既卒，长沙王先谦铭墓谓："文章满家，鸾凤其仪。"时君年尚少，为诸生，并从其游也。为文深折奥衍，于湖南诸文家中，能崭然自树立。然驰骛高远，不以文士自局，凡《说文》、经史、百家之编，恣意纵览，复有深沉之思，于学能识流别、通幽眇。尝于湖南高等学堂授诸子学，编讲义三钜册，识者服其精到，而己则以为不足观。平生不轻著书，因屈原被放，终于汨罗，高其志节文辞，乃为《读骚大例》，发厥要旨，继成《屈子纪年》，

---

① 杨树达：《积微居小学金石论丛》，科学出版社，1955，第 254 页。
② 郭嵩焘撰，梁小进主编《郭嵩焘全集》第 15 册，岳麓书社，2012，《本册说明》第 2 页。
③ 王啸苏《屈赋章句古微序》："曾都讲湖南高等学堂。"湖南高等学堂于 1903 年由岳麓书院改制而成。
④ 寻霖、刘志盛：《湖南刻书史略》，岳麓书社，2013，第 476 页。
⑤ 王先谦《诰授光禄大夫贵州布政使李公神道碑》："女七：适黄锡绶、彭树森、沈莹庆、曾广铨、郭焯莹、欧阳钧、张寿威。"王先谦著，梅季校点《王先谦诗文集》，岳麓书社，2008，第 203 页。

暨《屈赋章句古微》与内、外《传》，广搜众家，务为赅博，又时下己意，以资匡补，卷帙颇富，盖自清季历民国，经时廿余年，颛治不懈，有如此者。迨其殁后，门人任凯南为整辑之。君生长宦门，赋性淡泊，日手一卷，行以自随，家故有赀产，因不善治生，至于尽耗。晚益穷困，至寄于歌者家。年五十余，呕血卒。生时躯干短小，神光湛然，而一朝猝殒，知者谓为勤学积悴之所致云。（《屈赋章句古微》卷前）

黄光焘《光焘脞录》，寥寥数语，也可概其风神：

湘阴郭耘桂先生，早承家学，以古文名湖外，奇辞奥句，俗儒至不能句读，平生尤为楚骚，笺注稿凡数易，可传也。然不拘细行，溺于声伎，人亦以此少之，所著《栖流略》，尤为名教之玷，闻其遗稿已为日人购去，想不胫而走矣。先生之卒也，丛残著述，半付飘零，未闻有去而董理之者，可慨也夫。杜坦庵（本崇）挽以联曰："本屈原宋玉之遗，猎艳寻芳，风雅不惭名父子；自桐城阳湖而外，纂言述事，品题争说古文家。"

郭焯莹的学术活动，除治《骚》、治诸子、参与东池印社等活动之外，主要是整理、刊行父亲的遗著，如《郭氏佚书六种》（光绪二十四年养知书屋刻本，包括《周易释例》《毛诗余义》《绥边征实》《慎忠录》《思旧录》《嘉言录》）。此外，郭氏父子嗜好《管子》，颜昌峣著《管子校释·例言》称郭焯莹"录其先德养知先生《读管笔记》于书眉，几全采用，称'郭云'、'小郭云'以别之"[①]，颜著转又吸纳郭氏父子之说，而郭焯莹复为之作《管子校释叙录》。尤其是，郭焯莹的楚辞学著作频引"先说"。这些都说明郭氏父子学脉相承。

郭焯莹著述今多散佚。据查，除楚辞学著作之外，湖南图书馆藏有《辩孔小识》一卷、《易俟堂待定稿》一卷、《栖流七略十篇》一卷、《郭焯莹遗著稿》（稿本）、《耘桂先生尺牍》不分卷（稿本）、《鹃啼集》一卷等。

---

① 颜昌峣：《管子校释·例言》。郭嵩焘撰，梁小进主编《郭嵩焘全集》第 15 册，岳麓书社，2012，《本册说明》第 1～2 页。

　　郭氏所著的一些单篇文章，略可考见者有《先考玉池府君事述》①《湖南东池印社缘起》②《刘月皋征君墓碣》③《管子校释叙录》④ 等。

　　本文摘引郭著，凡原稿自注的双行小字，用圆括号标示；原文疑缺，酌情补出，用方括号标示；原稿文字错误，或字义需要说明的，则予注释。郭氏喜用古字、异体字，如"左"作"ナ"、"居"作"尻"，若无特殊需要，皆改为通行字；出于行文需要，保留个别繁体字。

二　郭焯莹楚辞学著作的存佚及稿抄本的概貌

（一）郭焯莹楚辞学著作之存佚

郭氏楚辞学著作共八种。

1. 《屈赋章句古微》《屈赋内传》《屈赋外传》和《屈子纪年》。

2. 《屈赋注商》《屈赋解故》《屈赋异文笺》。

　　上述七种，除《屈子纪年》一种外，其余六种，郭氏在已刊《读骚大例》都有说明。

　　第 1 条所列四种，均以郭氏手稿和他人抄本两种形式藏于湖南师大图书馆。

　　第 2 条所列三种，系郭氏手稿，当藏于湖南图书馆。《楚辞书目五种续编》："湖南省图书馆亦收藏郭氏研究《楚辞》的手稿二十八册，题《郭焯莹遗著稿》。"⑤《四库大辞典·集部·楚辞类》⑥《屈原学集成》皆承此说⑦，均未列细目。《湖南省古籍善本书目》《湘人著述表》虽有著录，但不仅未说明细目，连册数也未说明⑧。之所以如此，是因为这个稿本破损严

①　郭焯莹：《先考玉池府君事述》，《玉池老人自叙》附录，清刊本。
②　郭焯莹：《湖南东池印社缘起》，《艺观》1926 年第 1 期，第 48 页。
③　郭焯莹：《刘月皋征君墓碣》，《交通丛报》1925 年第 115～116 期，第 2～3 页。
④　郭焯莹：《管子校释叙录》，《学衡》1926 年第 49 期；《船山学报》1934 年第 5 期。
⑤　崔富章：《楚辞书目五种续编》，上海古籍出版社，1993，第 162 页。
⑥　李学勤、吕文郁主编《四库大辞典》下册，吉林大学出版社，1916，第 2368 页。
⑦　周建忠：《郭焯莹屈原学研究综述》，载戴锡琦、钟兴永主编《屈原学集成》，中央编译出版社，2007，第 548～549 页。
⑧　常书智、李龙如：《湖南省古籍善本书目》，岳麓书社，1998，第 513 页；龚笃清、寻霖：《湘人著述表》，岳麓书社，2010，第 856 页。

重，不方便读者查阅。经馆方破例提供的照片显示，书名签记载："书名：郭焯莹遗著稿；册：28；版本：稿本；编号：437/321。"没有封皮，没有卷端页，看不到具体的著作名称，但从裸页所写内容可以看出与楚辞有关。据此推断，第 2 条所列三种应当在这个稿本中。

3.《读骚大例》。

此种有两个版本：

（1）易俟堂郭氏印本。《湖南省古籍善本书目》称："《读骚大例》一卷　清郭焯莹撰　清光绪郭氏易俟堂印本　叶德辉跋。"[①]通过湖南图书馆官网，检索书名显示："清光绪郭氏易俟堂铅印本，叶德辉题记。"又《湖南刻书史略》："《读骚大例》一卷，民国郭氏易俟堂印本。"[②]笔者入馆查阅是书，未见叶德辉题记或跋，扉页有"读骚大例　长沙粟揽署检""易俟堂郭氏聚珍本"字样，未署年月。书尾有购书记录："庚寅（1950）九月十九日访购于长沙　谢启明识。"书内"離骚"之"離"、"卜居"之"居"，皆为通行字，与郭氏稿抄本作"羅""尻"者不同，可知是书印行不会太早，以民国初为确。

（2）北京文字同盟社民国二十年铅印本，有杨树达跋（以下称"杨跋本"）。杨跋称："日本友人桥川子雍，尝闻先生之学于吾同门友松崎柔甫，又喜究屈原书，读先生是篇服其精诣，将为印行，而乞言于余。"松崎柔甫，是叶德辉的日本弟子，与杨树达为同门，是书经由杨氏的日本友人桥川子雍主事印行。

以上两个版本，版式不同，内容相同，文字小异，系后者据前者重新排版印行。《楚辞书目五种续编》《楚辞书录解题》只著录后者，《楚辞文献集成》亦据后者影印，其中双行小字多模糊，而前者字迹非常清晰。

还要说明的是，郭焯莹研治楚辞，历清末至民国，是没有疑问的，但其著作撰出的次第，尚可细究。杨树达《读骚大例跋》云："二十年来，自以身丁家国之变，发愤注骚，精思力索，凡三易草乃成，多前人所未发也。""家国之变"指辛亥之变。王啸苏的旧《郭焯莹传》也说："平生不轻著书，因父为清大臣，已复身遭国变，有慕屈平之志，为《读骚大例》

①　常书智、李龙如：《湖南省古籍善本书目》，岳麓书社，1998，第 405 页。

②　寻霖、刘志盛：《湖南刻书史略》，岳麓书社，2013，第 476 页。

发其要恉，继成《楚词集解》。"① 1954 年王氏再作《郭焯莹传》，修改为："平生不轻著书，因屈原被放，终于汨罗，高其志节文辞，乃为《读骚大例》，发厥要旨，继成《屈子纪年》，暨《屈赋章句古微》与内、外《传》。""盖自清季历民国，经时廿余年，颛治不懈，有如此者。"（《屈赋章句古微》卷前）列出撰纂次第，而以《读骚大例》为最早。但是从《读骚大例》"余定著《屈赋解故》""余定著《屈赋章句古微》""余定著《屈赋解故》""余定著《屈赋异文笺》""余定著《屈赋内传》""余定著《屈赋外传》"等措辞看，则所列六种著作皆已写定，或大致写定②。所谓"大例"实际是其研治楚辞的最终总结。就笔者所能看到的郭氏楚辞著作，虽然卷帙繁多，但其观点、考据彼此照应，若合符契，可以想象，郭氏治楚辞二十多年，定稿之前，已有反复的修改与通盘的考虑，杨树达所谓"凡三易草乃成"，当系事实。因此诸书的写定，虽有先后，但皆日积月累所得，唯《读骚大例》不应最早撰成，只因篇幅较短，且集中反映其楚辞研究的思路、方法与结论，先后经郭氏易俟堂、日人桥川子雍促成，得以先期出版。

郭氏楚辞学著作撰成时间可以确考者，唯《屈赋章句古微》。该著卷前《离骚叙录》录有郭氏与友人湘潭孙文昺（凡民）、孙文昱（季虞）兄弟探讨屈赋创作的历史背景与韵读的往返文字四则，有"癸亥孟秋凡民奉读并笺""癸亥九月再读耘桂先生《屈赋章句古微》，……文昱谨识"等语。癸亥，为民国 12 年（1923），可见此时《屈赋章句古微》已撰成。

某些文献记载郭氏楚辞学著作，名称随意，需要厘清。如王啸苏的旧《郭焯莹传》："为《读骚大例》发其要旨，继成《楚词集解》。"文末自注："据拙撰《感旧录》。"而其新《郭焯莹传》则修改为："为《读骚大例》，发厥要恉，继成《屈子纪年》，暨《屈赋章句古微》与内、外《传》。"可见前文所言"继成《楚词集解》"，仅是一个模糊的说法，并非实有其书。李肖聃《湖南省志征集材料办法草案》《书〈玉池学略〉后》分别记为《楚

---

① 王啸苏：《郭焯莹传》，（民国）湖南文献委员会编《湖南文献汇编》第二辑，湖南人民出版社，2008，第 203 页。

② 定著，是指已写定的书稿。郭著频频使用此词指称王逸、洪兴祖等许多人物的著作。从郭著稿抄本看，《屈赋章句古微》《屈子纪年》是已完成的著作，唯《屈赋内传》《屈赋外传》稍有缺失。

辞补注》《楚词补注》①，亦同此例。郭群《湘阴郭氏遗著提要（续）》称
"别有《离骚注解》一书"②，似指《屈赋章句古微》中注解《离骚》的部分。

此外，需要说明的是，郭氏著作并没有"毁于火"。"毁于火"的说法
起于"杨跋本"的杨树达《读骚大例跋》："余颇闻去岁长沙之变，先生所
为骚注稿，不幸毁于火。"杨跋署作时为"民国二十年一月十二日"。可知，
"长沙之变"是指民国 19 年（1930）七月，中国工农红军攻入长沙，成立
长沙市苏维埃政府一事。杨先生所记只是传闻而已，后来其《积微居小学
金石论丛》收录此文，内容与前文大体相同，在文末补缀了数语："……顷
闻稿毁之说不实，乃大幸也。"③ 今学者不察，仍称："郭焯莹所著《楚辞集
解》不幸毁于战火。"④ 书名及结局皆误。

（二）郭氏楚辞学著作任抄本概貌

崔富章《楚辞书目五种续编》《楚辞书录解题》著录藏于湖南师范学院
（今湖南师范大学）图书馆的郭焯莹所著楚辞学著作者共三种，均有稿本和
抄本两种形式。郭著原稿皆未题"卷"，仅标数字，崔著以卷论，本文仍
之。兹将笔者所见与崔著比较，列表缕述同异。

1. 郭著存缺：

		崔著	说明
第 1 种	稿本	《屈赋章句古微》二十六卷《叙录》一卷。七册	任抄本卡片："《屈赋章句古微》，任抄本六册。"崔著亦作"六册"。按，前两册不属于任抄本系统，系一九五四年补抄（见下文·"版式等"）。崔著所言稿本之《叙录》当为《离骚叙录》，补抄本有此篇
	任抄本	《屈赋章句古微》二十六卷。六册	

① 李肖聃：《湖南省志征集材料办法草案》，载（民国）湖南文献委员会编《湖南文献汇编》
第一辑，湖南人民出版社，2008，第 4 页；李肖聃撰，喻岳衡点校《李肖聃集》，岳麓书
社，2008，第 153 页。
② 郭群：《湘阴郭氏遗著提要（续）》，载（民国）湖南文献委员会编《湖南文献汇编》第二
辑，湖南人民出版社，2008，第 180 页。
③ 杨树达：《积微居小学金石论丛》，科学出版社，1955，第 254 页。
④ 郭建勋、陈聪灵：《论郭焯莹〈读骚大例〉的研究方法》，《云梦学刊》2016 年第 2 期，
第 23 页。

		崔著	说明
第 2 种	稿本	《屈赋内传》五卷《内传杂篇》三卷。十册。存卷一至三、五，卷四存上、中	崔著所记任抄本，与笔者所见同
	任抄本	同上	
第 3 种	稿本	《屈赋外传》二十七卷附《屈赋校勘记》一卷《屈子纪年》一卷。七册。存十七卷（卷五至十五、二十四至二十七，附二卷全）	崔著未言任抄本册数，笔者所见为七册。抄本中未见《屈赋校勘记》，只见《屈子纪年》，故崔著所言"附一卷"，当指《屈子纪年》一卷。《屈赋校勘记》一卷，或未抄，或抄而后佚。 此外，崔著所言稿本、抄本卷次有同有异，实未经核对。今详除《屈赋校勘记》一卷存疑外，其余十六卷全同（见下文"按语"）
	任抄本	亦存十七卷（卷五至十五、二十九至三十三，附一卷）	

按，《屈赋章句古微》抄本第一册内有夹纸二页，题为"湘阴郭氏楚辞学任氏抄本目录 湘阴郭焯莹耘桂著"，是今湖南师大图书馆所藏郭著楚辞学著作任抄本的总目，应是 1954 年前后为整理出版郭著，经比对郭氏稿本和任抄本之后所作。兹列这个目录的主干如下，并略做说明。

（1）《屈赋章句古微》

内云"离骚缺"。按即缺第一、二册，可见其时此二册尚有待补抄。

（2）《屈赋内传》

按，与笔者所见相同。

（3）《屈赋外传》

内云"卷一、二、三、四不见""卷十六—二十三不见"，而于"息夫躬绝命辞 屈赋朱子外传二十九"下注："原稿卷二十四。"于"张衡思玄赋 屈赋朱子外传三十"下注："原稿卷二十五。"于"蔡琰悲愤诗 屈赋朱子外传三十一"下注："原稿卷二十六。"于"董生为蔡琰作胡笳（笳）十八拍 屈赋朱子外传三十二"下注："原稿卷二十七。"可见稿本、任抄本的卷次虽然不同，但内容完全相同，只是抄写者将稿本的卷次改动了，抄本的卷三十、三十一、三十二，就是原稿的卷二十五、二十六、二十七，也可推定崔著所言《屈赋外传》任抄本卷"三十三"误，当作"三十二"。

（4）《屈子纪年》

按，《湘阴郭氏楚辞学任氏抄本目录》没有著录崔著所言《屈赋校勘记》，可见其编目时，相应的稿本或已缺失，或崔著所言另有所据。另外，这个目录将《屈子纪年》单列出来，是合理的，因为其内容性质、用字习惯以及手书风格与其他三种著作不同。

2. 版式等

抄本共二十三册，其中《屈赋章句古微》的第一、二册，据书内一浮签所言，为"一九五四年补抄"。1954 年王啸苏所作《屈赋章句古微序》称"副本之缺者，别为补抄"，也应是指这二册。此二册，红色单边，每半页十行，版框左下印有"长沙市中山东路汉新和纸铺供应"红色楷体铅字。每行字数不一，多人手书，且不似他册老练。崔著未与他册区别，可补正。《屈赋章句古微》的第一、二册，是疏解《离骚》的，其重要性自不待言，今存郭著任抄本却缺了这两册，原因不详。

其余二十一册，每半页十行，行二十字，白口，左右双边，版框左下镌"戆父抄书用纸"。字体通为正楷，但字迹不一，有的端方，有的扁平，有的略带隶意，当为三四人分册抄写。其中《屈子纪年》一册颇有不同，纸张虽与他册相同，但系二人轮番抄写，合装成册，字迹也不同于他册，每行字数比较随意。所有二十一册首页有"湖南大学图书馆藏书""湘阴任凯南藏书"楷体阳文红印。个别册另有"戆父藏书"篆体阳文红印。任凯南（1884～1949），初字拱辰，后改字戆忱，是郭焯莹的学生①。李肖聃《书〈玉池学略〉后》说："（郭焯莹）死后其门人湘阴任凯南，假得手稿，属宁乡余生震华，钞写一通，积数巨册。今凯南以忧时发狂，饮鸩自杀，其家举其藏书，赠之岳麓湖南大学。"② 可知郭著是由任凯南嘱托宁乡余震华等人抄写的。题为"任氏抄本"者以此，而任氏并未亲任抄手。

---

① 《湖南省志》记载：任凯南，初字拱辰，后改字戆忱，1884 年（清光绪十年）8 月生于湘阴县塾塘乡（今属汨罗市）。少时以学行优异补廪生，选拔贡，又在湖南高等实业学堂卒业。先后留学日本、英国。1922 年，任湖南省立商业专门学校校长、湖南省立图书馆馆长。1926 年之后，在湖南大学、武汉大学任教，一度担任湖南大学校长。治学严谨，时在经济学界有"南任北马（寅初）"之称。抗日战争期间，曾出任湖南省参议员。1949 年农历六月辞世。（湖南省地方志编纂委员会编《湖南省志》下册，湖南出版社，1995，第 117～118 页。）

② 李肖聃撰，喻岳衡点校《李肖聃集》，岳麓书社，2008，第 153 页。

整个二十三册中，第一、二册没有封皮，其他二十一册的封皮上写有书名，但字迹、墨色不一致，均有"湖南师范学院图书馆藏书"蓝印。中华人民共和国成立之初，国立师范学院并入湖南大学。1953 年 8 月全国院系调整，湖南大学撤销，建立湖南师范学院和中南土木建筑学院，原湖南大学图书馆所藏古籍悉数划归湖南师范学院图书馆，郭著抄本经过不止一次封皮装订，系在这之后所为。

简言之，二十三册抄本中，《屈赋章句古微》第一、二册系 1954 年补抄，其他各册为"任氏抄本"；除《屈赋校勘记》存疑外，今藏湖南师大图书馆的郭焯莹楚辞学著作共四种（《屈赋章句古微》《屈赋内传》《屈赋外传》《屈子纪年》），均有稿本和抄本两种形式。

三　郭焯莹楚辞学的体系结构

郭焯莹《读骚大例》所列六条，揭示了其楚辞学的体系结构。兹摘抄如下：

第一条："事据史传取勘。""余定著《屈赋注商》，依循史迁，为加勘校，发正班、王之谬妄，祛除洪、朱之蔽滞，庶今古纷纭之说有所取定也。"

第二条："意由声音证入。""余定著《屈赋章句古微》，谨守先说，以涵泳辞气于屈子渊情，恍若有会，推致之二十五篇，颇详究其章分之指。"

第三条："谊本故训求通。""余定著《屈赋解故》疏证名物之类别，综合词言之条贯，凡通古读，兹事尤为先务，不可得略也。"

第四条："辞采众本是正。""余定著《屈赋异文笺》，主洪校，亦参取《集注》，疏发辞中失之指，别析词正假之由，虽未必悉当，庶犹贤于执中无权者夫。"

第五条："论依经训节中。""余定著《屈赋内传》，墨守史录，针班固之膏肓，起王逸之废疾，而推阐洪兴祖之渊情，绅绎朱子之大谊，以羽翼史氏，钩较刘勰、黄伯思、晁补之之歧说，以曲尽端末，屈赋指趣用益昭揭，兹抑千古得失之林也。"

第六条："说参异家互发。""余定著《屈赋外传》，尽班所录异家，引赋就骚，各附其章，其有溢出，或别次屈赋旁篇，兼及《补注》所甄引，《后语》所采摭，下逮《通释》所新入，咸无遗焉。"

崔富章评云："是六条，实郭氏《楚辞》著述之总纲也。"[①] 纲既如此，目又如何？将湖南师大馆藏的郭氏稿抄本详目抄录于下，就很明了。

《屈赋章句古微》

《离骚》叙录

附郭焯莹传　王啸苏

序　王啸苏

离骚上　屈赋章句古微一之上

离骚下　屈赋章句古微一之下

九歌一　东皇太一　屈赋章句古微二

九歌二　云中君　屈赋章句古微三

九歌三　湘君　屈赋章句古微四

九歌四　湘夫人　屈赋章句古微五

九歌五　大司命　屈赋章句古微六

九歌六　少司命　屈赋章句古微七

九歌七　东君　屈赋章句古微八

九歌八　河伯　屈赋章句古微九

九歌九　山鬼　屈赋章句古微十

九歌十　国殇　屈赋章句古微十一

九歌十一　礼魂　屈赋章句古微十二

天问　屈赋章句古微十三

九章一　惜诵　屈赋章句古微十四

九章二　涉江　屈赋章句古微十五

九章三　哀郢　屈赋章句古微十六

九章四　抽思　屈赋章句古微十七

九章五　怀沙　屈赋章句古微十八

---

① 崔富章：《楚辞书目五种续编》，上海古籍出版社，1993，第 163 页。

九章六　思美人　屈赋章句古微十九

九章七　惜往日　屈赋章句古微二十

九章八　橘颂　屈赋章句古微二十一

九章九　悲回风　屈赋章句古微二十二

远游　屈赋章句古微二十三

卜居　屈赋章句古微二十四

渔父　屈赋章句古微二十五

招魂　屈赋逸篇章句古微二十六

《屈赋内传》

司马迁太史公列传第二十四　　屈赋司马氏内传一之上

司马迁太史公书家世家第十　　屈赋司马氏内传一之中

淮南王刘安离骚说钩沉　　屈赋司马氏内传附录一之下

班固楚辞序录　　屈赋班氏内传二之上

刘勰文心雕龙辨骚第五　　屈赋班氏内传附录二之中

王夫之楚辞通释叙例　　屈赋班氏内传附录二下之上

王夫之楚辞通释卷末九昭　　屈赋班氏内传附录二下之下

王逸楚辞章句叙卷第十七上　　屈赋王逸内传三上之上

王逸楚辞章句叙卷第十七下　　屈赋王逸内传三上之下

刘向新序节士第七　　屈赋王逸内传附录三之中

沈亚之所造屈原外传　　屈赋王逸内传附录三之下

洪兴祖楚辞补注目录　　屈赋内传四之上

黄伯思新校楚辞叙　　屈赋内传四之中

朱子楚辞集注目录　　屈赋朱子内传五上之一

朱子楚辞后语目录　　屈赋朱子内传五上之二

晁补之重编楚辞离骚新叙　　屈赋朱子内传附录五之中

晁补之新叙录　　屈赋朱子内传附录五之下

周拱辰离骚草木史叙目　　屈赋内传杂篇之一

何乔新楚辞叙　　屈赋内传杂篇之二

王世贞楚辞叙　　屈赋内传杂篇之三

《屈赋外传》

淮南小山招隐士　　屈赋班氏外传五

王褒九怀	屈赋班氏外传六
东方朔七谏	屈赋班氏外传七
刘向九叹	屈赋班氏外传八
严忌哀时命	屈赋班氏外传九
不知作者惜誓	屈赋班氏外传十
皮日休九讽系述	屈赋洪氏外传十一
扬雄反离骚	屈赋洪氏外传十二
梁竦悼骚赋	屈赋洪氏外传十三
司马相如大人赋	屈赋洪氏外传十四
柳宗元天对	屈赋洪氏外传十五
息夫躬绝命辞	屈赋朱子外传二十九
张衡思玄赋	屈赋朱子外传三十
蔡琰悲愤诗	屈赋朱子外传三十一
董生为蔡琰作胡笳十八拍	屈赋朱子外传三十二

《屈子纪年》

屈子纪年叙

屈子纪年

从上述目录可知，《屈赋章句古微》疏解的是被郭氏认定为屈原所写的作品，共二十六篇：《离骚》、《九歌》（十一篇）、《天问》、《九章》（九篇）、《远游》、《卜居》、《渔父》、《招魂》。《读骚大例》第二条说"推致之二十五篇"，唯《招魂》在二十五篇之外，郭氏认为它是屈赋的逸篇。

以此为基点，郭氏将《史记·屈原列传》《楚世家》以下，凡涉及屈原生平、著作，如班固《楚辞序》等①，王逸《楚辞章句》大小叙、《九思》②，

---

① 《汉书志·地理志》云："始，楚贤臣屈原被谗放流，作《离骚》诸赋，以自伤悼。后有宋玉、唐勒之属，慕而述之，皆以显名。汉兴，高祖王兄子濞于吴，招致天下之娱游子弟，枚乘、邹阳、严夫子之徒，兴于汉、景之际。而淮南王安亦都寿春，招宾客著书。而吴有严助、朱买臣，贵显汉朝，文辞并发，故世传《楚辞》。"《志》中文字，《楚辞补注》"楚辞目录"下录作"班固云"。郭氏视为"楚辞序录"一类文字。

② 郭氏《王逸楚辞章句叙》第十七分上、下卷，上卷疏解《楚辞章句》的大序和各篇小序，下卷疏解王逸所作《九思》。郭氏云："《九思》虽别勒专篇，寒缀附叙末。"

洪兴祖《楚辞补注目录》①，黄伯思《新校楚辞叙》，朱熹《楚辞集注目录》《楚辞后语目录》均入列为"内传"，将淮南王刘安《淮南子》中与楚辞相关或与楚辞语意相合的遗说，刘勰《文心雕龙·辨骚篇》，王夫之《楚辞通释》中的《叙例》《九昭》，刘向《新序·节士篇》，沈亚之《屈原外传》，晁补之《重编楚辞》的《离骚叙》等作为"内传附录"，周拱辰《离骚草木史叙目》，何乔新《楚辞叙》，王世贞《楚辞叙》等作为"内传杂篇"杂厕其间。《读骚大例》第五条所说，在《屈赋内传》中得到了体现。

《读骚大例》第六条针对的是《屈赋外传》：

（1）淮南小山《招隐士》、王褒《九怀》、东方朔《七谏》、刘向《九叹》、严忌《哀时命》、不知作者《惜誓》等数家出于《楚辞章句》，而郭氏认为《楚辞》最初由班固编定，故题为"屈赋班氏外传"，即郭氏《读骚大例》第六条所谓"尽班所录异家"，实即《楚辞章句》屈作之外的作品，两者对比，《屈赋外传》所缺为《九辩》和《大招》两篇，但所题卷次却缺一至四，共四卷，未审何故。

（2）皮日休《九讽系述》、扬雄《反离骚》、梁竦《悼骚赋》、司马相如《大人赋》、柳宗元《天对》等数家为洪兴祖《楚辞补注》所甄引。《楚辞补注》于王逸《九思叙》后言及皮日休《九讽叙》、梁竦《悼骚》："皮日休《九讽叙》云：屈平既放，作《离骚经》。正诡俗而为《九歌》，辨穷愁而为《九章》。是后词人摭而为之，若宋玉之《九辩》，王褒之《九怀》，刘向之《九叹》，王逸之《九思》，其为清怨素艳，幽抉古秀，皆得芝兰之芬芳，鸾凤之毛羽也。扬雄有《广骚》，梁竦有《悼骚》，不知王逸奚罪其文，不以二家之述为《离骚》之两派也。"②《楚辞补注》于王逸《楚辞章句叙》后言及司马相如《大人赋》、扬子云《反离骚》："司马相如作《大人赋》，宏放高妙，读者有凌云之意。然其语多出于此。至其妙处，相如莫能识也。太史公作传，以为其文约，其辞微，其志絜，其行廉，其称文小而其指极大，举类迩而见义远。其志絜，故其称物芳。其行廉，故死而不容自疏。濯淖污泥之中，以浮游尘埃之外，推此志也，虽与日月争光可也。

---

① 洪兴祖《楚辞补注》于王逸注后，或加"余按"，或加"按"，或加"补"，或不加，郭氏剌取洪氏注语疏释之，篇次仍依洪本。

② 洪兴祖：《楚辞补注》，中华书局，1983，第314页。

斯可谓深知己者。扬子云作《反离骚》，以为君子得时则大行，不得时则龙蛇。遇不遇，命也，何必沈身哉！屈子之事，盖圣贤之变者。使遇孔子，当与三仁同称雄，未足以与此。班孟坚、颜之推所云，无异妾妇儿童之见。余故具论之。"①《楚辞补注》于王逸《天问章句叙》后云："柳宗元作《天对》，失其旨矣。"② 以上数家郭氏题为"屈赋洪氏外传"，即郭氏《读骚大例》第六条所谓"《补注》所甄引"。

（3）息夫躬《绝命辞》、张衡《思玄赋》、蔡琰《悲愤诗》（骚体）、董生《为蔡琰作胡笳十八拍》入录朱熹《楚辞后语》，以上数家，郭氏题为"屈赋朱子外传"，即郭氏《读骚大例》第六条所谓"《后语》所采摭"。

（4）《楚辞通释》除收传统篇目外，新入江淹（文通）《山中楚辞》（四篇）、《爱远山》及王夫之自撰的《九昭》。依内、外之例，《九昭》已列入《屈赋内传》，所以不再列入《屈赋外传》，但其他自"《通释》所新入"（《读骚大例》第六条）的江淹《山中楚辞》诸篇，也不见于现存《屈赋外传》，可能是郭稿未完，或已佚失。

综上所述，《屈赋内传》《外传》的区别在于：《内传》研究的是，记载屈原事迹的史传、屈作的叙录，还包括历史上治《骚》名家的骚体"叙传"，这些文献与屈原的关系较为直接；《外传》则选录和疏释屈作之外的骚体作品，是骚体作品的选本，目的在于说明屈赋的影响。

综上可见，《屈赋章句古微》是对屈原作品的解读，是郭氏楚辞学研究中最重要的部分；《屈子纪年》是编年传记，是屈赋的系年；《屈赋内传》《屈赋外传》是对《屈赋章句古微》的延伸，涉及《楚辞章句》《楚辞补注》《楚辞集注》《楚辞通释》等重要的楚辞学著作；再加上《屈赋注商》《屈赋解故》《屈赋异文笺》等文字训诂、名物考证一类著作作支撑，郭氏楚辞学自成体系，规模宏大，度越前人。

四　郭焯莹楚辞学的主要观点

这里就屈原作品篇数及系年，《离骚》《天问》《招魂》的主旨及结构

---

① 洪兴祖：《楚辞补注》，中华书局，1983，第 50～51 页。
② 洪兴祖：《楚辞补注》，中华书局，1983，第 85 页。

等问题，介绍郭焯莹楚辞学的主要观点。

（一）屈原作品篇数及系年

《汉书·艺文志》著录"屈原赋二十五篇"，王逸《楚辞章句叙》也称屈原所作"凡二十五篇"，而郭焯莹认为屈原作品有二十六篇，《屈赋章句古微》即是针对二十六篇作品加以疏解的。这二十六篇是：《离骚》、《九歌》（十一篇）、《天问》、《九章》（九篇）、《远游》、《卜居》、《渔父》、《招魂》。《招魂》一篇在二十五篇之外，郭氏认为《史记·屈原贾生列传》已明言其为屈原作，不应怀疑，而《楚辞章句》将之归于宋玉，郭氏推测其原因是："刘向第录屈原赋，未厕列二十五篇之末，班固定著《楚辞》，复标举作者为宋玉。疑屈子凤疾恶秦，为子兰所怒，适方赋《招》，宋玉惧重时忌，持狱益急，隐其言而不宣。私录藏之，及编玉赋，遂竟寄在宋篇，史公尚及详主名，至班固时已失考正。"（《屈赋章句古微》二十六《招魂》）即说，屈原作《招魂》，宋玉出于保护屈原的目的，私录藏之，未予公布，班固编《楚辞》时，作者已失考；之后，王逸遂以为宋玉所作。因为此篇在《汉书·艺文志》"屈赋二十五篇"之外，故郭氏称之为"逸篇"。郭氏认为《楚辞》是由班固编定的，所以又有"至班固时已失考正"等语。

屈原的生年，郭氏《屈子纪年》从曹耀湘说，定于楚宣王十五年（前355）正月庚寅，其卒年则定于顷襄王九年（前290）。

其作品系年是（以下未说明出处者，均出自《屈子纪年》）：

1.《远游》作于怀王十五年（前314）。郭氏认为，楚怀王十年（前319），屈原为楚怀王左徒；十五年（前314），草宪令，因上官大夫进谗，为怀王怒而疏之，屈原"感时俗故院，愿轻举远游，于是赋《远游》以自广"。具体而言，是"始疏夺官，忧谗畏讥，身不自适，因托求仙，以祛尘累、息群谤，未暇计及令绌之兆祸也"。《远游》是屈原最早的作品，《离骚》结尾辞旨多同，是对《远游》的阐发。

2.《九歌》作于怀王十七年（前312）。时，秦发兵击楚，大破楚师于丹、淅，遂取楚汉中地，《汉书·郊祀志》有载："楚怀王隆祭祀，事鬼神，欲以获福助，却秦师。"故屈原作《九歌》十一篇以托讽：《东皇太一》"托诸皇穆将愉、欣欣乐康，祝愿楚君以道自豫"；《云中君》"托诸览冀州、横四海，祝愿楚君之能安天下"；《湘君》"托诸交不忠、期不信，祝愿臣之能致身"；《湘夫人》"托诸沅茝澧兰，思未敢言，祝愿贤妃之无干政"；《大司命》"托诸乘清气、御阴阳，祝愿宪令之修举"；《少司命》"托诸拥幼艾、为民正，祝愿楚民之熙皞"；《东君》"托诸举长矢、操余弧，祝愿田齐之同仇"，"北斗平旦，建者魁。魁，海岱以东北，……是北斗之援寓齐①"；《河伯》"托诸送美人南浦，来迎媵予，祝愿三晋之争助"，"今楚有事于秦，傥三晋并坚守从约，楚亦得少息肩，有邻邻媵予之象，殆托讽焉"；《山鬼》"托诸含睇且笑、岁晏孰华，微警群小之谄谀"；《国殇》"托诸凌阵蹴行、左骖右伤，致悼将卒之凋丧"；《礼魂》"托诸春兰秋菊、无绝终古，祝愿楚祚之绵长"。

3.《卜居》作于怀王十八年（前 311）屈原出使齐国之前。此时，"屈原既放三年，不得已，往见太卜郑詹尹，于是赋《卜居》以自靖"。郭氏云："'放'谓不居其位，即十五年怒疏事也。绎其辞指，辩析吉凶之故、去从之谊，则为使齐之前，怀王召平计议，初闻命，自审所处之宜，因赋《卜居》，怒疏至是，适三年也。"

4.《离骚》作于怀王十八年（前 311），屈原使齐归来之后。屈原使齐归来，而怀王已释去张仪，屈原知宪令尽废，有亡国之危，"感退修初服，反顾游目，体解未变，于是赋《离骚》以寤君"。司马迁将屈原赋《骚》之指叙述于怀王十五六年怒疏之后，有"虽与日月争光可也"等语。郭氏认为："推本《骚》之由作，非即赋于是时也。平见疏而致疾，以宪令之废为病耳，安危之系在令，令废，斯国有危亡之惧。"故定《离骚》作于怀王十八年。

5.《天问》作于怀王三十年（前 299）。是年，秦昭王与楚婚，欲与怀王会武关，屈原谏毋行，怀王不听，遂客死于秦。顷襄王立。屈原"感时不寤改过，更告以不长，于是赋《天问》以儆众"。郭氏赞成曹耀湘之说："篇末赋楚昭复国，以讽顷襄；赋子西定乱，以讽昭睢，允已。"但又认为："楚怀客秦，繇失政以兆祸，故援天问之，当作于迎立顷襄之始，目睹国变，因发摅悲愤。耀湘定作于元年，时犹放居汉北，究嫌未安。"故定于作于怀王三十年。

6.《招魂》作于顷襄王三年（前 296）。怀王死于秦，归葬于楚。屈原

---

① 援寓齐，当作"寓齐援"，寄寓引外援于齐国。

"目极千里，重伤春心，于是赋《招魂》以写哀"。郭氏又说："怀王入秦在三十年春，今客死又值春初，故心益感春，而伤哀江南，则默揣怀王眷怀故国，求归不得，死后犹当痛心楚之臣漠视秦仇，故魂归大江以南，引为大哀也。"

7.《渔父》作于顷襄王三年（前296），"又作《渔父》以明志"。

8.《九章》之前四篇《惜诵》《涉江》《哀郢》《抽思》，作于顷襄王八年（前291）。

9.《九章》之后五篇《怀沙》《思美人》《惜往日》《橘颂》《悲回风》，作于顷襄王九年（前290）。

之所以定《九章》作于顷襄王八年、九年，郭氏的依据是："《哀郢》陈怀王客死之祸，而云'九年不复'，是作《九章》时，上距武关之会九载也，是必有感于七年秦楚之平，益决国事无可为，既赋《九章》明俗之宜改，复以一死求寤于君焉。观《抽思》感于'秋风之动容'，自前四篇作于顷襄八年之秋；《怀沙》兴于'滔滔孟夏'，自后五篇作于九年之夏。"郭氏定《悲回风》为屈原绝辞："终之以绝命之辞，盖痛心回风摇蕙，怨往悼来，以哀伤世变，赋《悲回风》"，"于是怀石，遂自投汨罗以死"。

（二）《离骚》的主旨与结构

《屈赋章句古微》一之上《离骚》上说明《离骚》的题意与缘由：

> 羅（離），《楚语》伍举谓"德谊（义）不行，则迩者骚羅（離），远者岠（距）违也"。羅即《诗·兔爰》"逢此百羅（俗雁）"，附著（著）牵缚意。扰曰骚。楚怀十六年，武信诈欺楚连岁伐秦，再败于丹阳蓝田，举国扰动，至十八年未挩（脱）焉，少释，复约连秦，自重缚牵，命篇本意，殆指此也。史迁定次《屈传》，释之曰："犹羅（離）忧也。"

郭氏以"罹"释"羅（離）"，以"扰动""骚动"释"骚"，又引司马迁"離骚，犹離忧也"相牵合。其述写作背景，可与《屈子纪年》相参。

《屈赋章句古微》将《离骚》分为上下两篇，上篇三章，下篇四章，全文共七章。

上篇：从开篇至"固前圣之所厚"。

大意：阐发宪令之造为，当患未形，先深规兴存，得绝"骚罗（离）"乎君国。大抵以正则为立言之纲，反覆讼君国之则。微纪秩其臣民，罔自拔之使正也。屈当日所正之者，视宪令定上下之位，致力为甚易而已。屈属草，本诸自任之重，内身体以植其本，外规时以尽其宜。下乃以危误其国，楚绌令大悖择谊之审。按验本事，则得失之相倚伏，两无一爽；征考党人，则凶害之从酝酿，岂能为掩？循省尽己，则道德之所依准，灼无可比。疑凡此皆正则之指矣。

第一章：从开篇至"恐皇舆之败绩"。

大意：明自任之重。首揭宪令所以造为大指，内度诸身，则内美修能，所学图足任天下之钜[①]；外度诸世，则抚壮弃秽，所务灼见为切要之规。《史》称"觊幸君寤"，寤所属草，固已忧骚动于未形焉。

第二章：从"忽奔走以先后兮"至"愿依彭咸之遗则"。

大意：明涉世之艰。次揭宪令所由绌罢本事。上官以党魁构谗，上愚弄其君，则谗齌以倾覆宪令，竟致君与离别。下武伤其国，则贪婪以悖宪令，无恤国之芜秽。《史》称"觊幸俗改"，改此邪曲，勿重兆骚动于难遏焉。时殷孟子"苟不志仁，终身忧辱，以陷死亡"之深惧。

第三章：自"长太息以掩涕兮"至"固前圣之所厚"。

大意：明择谊之审。程诸事情，情自内得，据绌罢宪令，瞻前可谂民艰所从以多，顾后可推所善尚犹足用，酌诸人利害不殽。据上官谗齌，始图遂其流亡，能乃见害。终仅坐取穷困，宠复何争？衡诸己，

---

① 钜：当作"矩"，据下文"规"可知。

从违不诬。据愿依遗则，征咸所明之天，德赋岂有间于人禽？征彭所信之古，达道岂有殊乎今昔？《史》称"不忘欲反"，反此惑误，庶得快骚动于遄已焉。雅负孟子"枉己者未有能直人"之夙志。

下篇："悔相道之不察"至篇末。

　　大意：推极宪令之绌罢，致乱益棘，因深觊窭改，庶免君国于骚罗（离）。大抵以灵均为立言之纲，反覆讼君国之灵，微乞假诸臣民，固罔自剂之使均也。屈当日所均之者，视宪令系存亡之几，收效为独钜而已。屈矢谏自陈勘过之密，身舍造宪令即莫可效忠，事舍行宪令亦不足为善。上官谗毁，罔顾贬道之诬，推彼挟妾妇之道相骄，岂能曲徇，自反耿中正之谊求尽，奚敢有亏。审度形势，内筮致身之宜，俗业一成不改，决难与迹。君自蔽谗且窭，可徐与图。思惟患害，外竭匡时之志，值人亡政熄，尚及从补救。观释因亲秦，将自速危亡，斯存君兴国，殆非可它诿。凡此皆灵均之指矣。楚怀信鬼，故屈赋托诸筵占巫告；顷襄好色，故宋玉托诸神女，意各有所感发也。而宓妃、娀女、二姚之譬，则以婴女斥①上官为材识无异妾妇，比类推致而已。

第四章："悔相道之不察"至"岂余心之可惩"。

　　大意：明勘过之密，溯往则造令，求及行迷，在位不入罗（离）尤见疏，系心信芳，存诸身，殆无贰操也；顾后则糅泽于秦欺，昭质赖保芳于造令以不亏；缤纷于伐秦，繁佩待弥彰于造令以成饰；为民使齐，好修恃有常于造令以同乐。规诸事，殆无异趣也。

第五章："女媭之婵媛兮"至"余焉能忍而与此终古"。所写为媭詈及反辞。

　　大意：斥贬道之诬。宪令所属草，始造其节中于用谊服善，固遏

---

① 斥：指；比况。

夏泯、浇之乱萌，以力矫桀侮天、辛毁古，成汤、禹、周之治理，以取天错辅民计极者也。宪令所定稿出布，其求索于上君下国，固上大昭君如日之明，光得耿及后王，成为望舒，下普被国扶桑之照，化得追蹱先功，振于飞廉而已。宪令初行，缘上官同列为屯离之飙（飘）风，用兴谗成帅云霓之御，致楚怀王诸执政为倚望之帝阍，辛绌令遏凤日夜之腾者也。宪令绌后，近于子兰，以宓妃而敢无礼，彼田齐为高丘远峙，宜两绝无女；亲于郑袖，以娀女而忍鸩媒，彼处在为二妃疏属，有导恐不固而已。……然则设为婹嫠，固取发上官之邪曲，谊难少有迁就焉耳。

第六章："索琼茅以筳篿兮"至"使夫百草为之不芳"。包括"筳占""巫告"之辞。

　　大意：规致身之宜。盖抉发赋《卜居》大意而冒言之。筳占，则矢其畏天之棐忱，篿（算）以撢象数之昭垂。……巫告，则摅其怀古之蓄念，神降以体休嘉所由钟集。……其系心怀王，亦得征之巫告，而不忘欲反，则所修存诸宪令。……一篇之中，三致志焉。不特筳占，巫告之托谊然也。要一篇之中，类可据此以推见。

第七章：自"何琼佩之偃蹇兮，众薆然而蔽之"至篇末。分上、中、下三部分，分别为"告反"（"巫告"之反辞）、"占反"（"筳占"之反辞）、乱辞。

　　大意：矢匡身之志。盖阐绎《远游》微情而推言之。告反，则悼君未寤阶乱于秽政污流，己因欲为调度以求。……占反，则深痛俗不改，重祸于释囚连秦，己致困为蜷局以顾。……乱辞，则自反身如退，孰复已乱忠君，己遂决从彭、咸所居。

郭氏对于彭咸的理解，不赞同王逸"殷贤大夫，谏其君不听，自投水而死"之说，而从王闿运"老彭、巫咸"之说："彭咸，王闿运释老彭、巫咸。遗则，张惠言《赋抄》指其道之存。《大戴·虞德记》：昔商老彭政之教之大夫，官之教士，技之教庶人，扬则抑，抑则扬，缀以德行，不任以言。《论语》又窃比其述而不作、信而好古，为彭遗则。屈原造令，来导先路，教政教官；偷乐之扬，畦杂抑诸在臣；零落之抑，纫佩扬诸在民；缀以纯粹之德、练要之行。……之法古道、能立人，即所依则于彭。《书·君奭》：在太戊，时则巫咸乂王家。《史·天官书》：殷商时传天数，为咸遗则。屈造宪令，指九天为正，上律天时，妙辟阖之用，酌消息之几，唯灵修之故，志存俾乂，忧图弭内伏，患谋绝外作，宪令之敬天德、能阜物，即依则于咸，而己不避人嫉妒，所愿存焉耳。"认为"既莫足与为美政兮，吾将从彭咸之所居"，"言身自宅以老彭信古，巫咸明天，成政之美耳"。屈赋"彭咸"凡七见，均以此解之。

（三）《天问》主旨

郭氏《屈赋章句古微》十三《天问》：

> 周拱辰曰：民方今殆视天梦梦，屈原藉天大其问，亦藉问大其天。凛凛乎衮钺指也。称天以问，犹称天以治，选于物知所贵，而帝以临之，于以奉厥严也。王夫之曰：杂举天地，次及人事，追述往古，终以楚先，所合缀成章，未尝无次叙。屈以造化变迁，人事得失，莫非天理昭著，举问憯不畏明，使问古以自问，原本权舆亭毒之枢机，以尽人事纲维之实用，规填备矣。曹耀湘曰：癸①《问》当在楚怀留秦初，大臣议立王子在国者，盖立子兰也。昭雎争之，迎立顷襄于齐，最为知大计。末隐托子西讽巫复楚怀尔。史公读而"悲其志"，悲兴国之志。丁乱已大甚，犹振奋不懈，为图兴焉。

郭氏《屈赋洪氏外传》十五《柳宗元天对》：

> 屈子发《天问》之目，寓敬畏于援天以治人者也。王逸定《章句》，壹程以"问天"之说相奖，导为恣人以怨天者也。逸叙《天问》旧为解说者，刘向、杨雄多连寒濛洍，谊不昭晳。度二家之说，仅粗诠

---

① 癸：揆度。

其词训，发挥其事证，至于辞义所未暇详。王逸章决句断，乃推天之问，以问之天。自后屈子本《问》之指遂隐，而王逸释《问》之说大昌，柳宗元《天对》，对王逸之问而已。宗元著《天说》果蘔视天，痛痒元气，视人不知天，并不知人，则抑且果蘔，王逸之问，而自以所对为元气痛痒欤？洪兴祖谓《天对》屈问本指，《天问》诚无所可置对也，持论特为精允。

郭氏《屈子纪年》：

> 楚怀客秦，縣失政以兆祸，故援天问之，当作于迎立顷襄之始，目睹国变，因发摅悲愤。

可见郭氏不赞成王逸"导为恣人以怨天"的"问天"之说，而从周拱辰、王夫之、曹耀湘之说，认为"藉天大其问，亦藉问大其天"，"称天以问，犹称天以治"，即敬天畏天，以尽人事纲维之说。楚怀留秦之初，国势倾危，王子王臣，不图规复怀王，兴复楚国，故屈原有感而作《天问》。郭氏于此篇揭示出屈原的思想境界，显然高于一般楚辞学者。

（四）《招魂》主旨

《招魂》的作者是谁？招的是谁的魂？众家解说不一。郭氏认为，楚怀王客死于秦，屈原作此招之。此与"招怀王亡魂"说无异，但他依据《史记·楚世家》"二年，楚怀王亡逃归，秦觉之，遮楚道，怀王恐，乃从间道走赵以求归。赵主父在代，其子惠王初立，行王事，恐，不敢入楚王。楚王欲走魏，秦追至，遂与秦使复之秦。怀王遂发病"的记载，认为《招魂》一篇反映了怀王身在西秦，心系故国，逃亡被执，发病客死的全过程，批评楚国君臣不记秦仇，不图进取，贪图淫泆的现实。

《招魂》开篇说："朕幼清以廉洁兮，身服义而未沫。主此盛德兮，牵于俗而芜秽。上无所考此盛德兮，长离殃而愁苦。帝告巫阳曰：'有人在下，我欲辅之。魂魄离散，汝筮予之。'巫阳对曰：'掌梦上帝其难从。若必筮予之，恐后之谢，不能复用。'"此为第一章。大意为："首设巫绥魂，伤矢心效忠之已无从也，既莫尽力得攀留，奚取致身以从亡邪？"朕为屈原自指,追述怀王留秦的根本原由在于不行宪令,以致国弱君辱。其谓:"盛德谓出宪令,惠利斯民","牵俗者,障蔽于谗","上无考"二句谓:"考,成也。……遭疏未得就功于宪令。长者,起楚怀十六年讫三十年,历时久远。离殃,谓未少释秦之凶祸。……""巫阳,虚构名族。""有人",从马其昶《屈赋微》之说"谓楚怀王","我欲辅之",谓帝欲"规度曲从相导"。

第二章从"巫阳焉乃下招曰"至"恐自遗灾些"。大意:"次命招戒之魂,哀楚怀求归之讫未得也,既四方靡逞,难得谋归计,抑上下局蹐,归奚可乐邪?"

第三章从"魂兮归来,入修门些"至"魂兮归来,反故居些"。大意:"又次设招诱魂,刺子兰安忍之忘君亲也。既居游、食饮、声色,僭窃自侈,岂兴国存君大谊无暇兼营邪?"郭氏揭示描写居游、食饮、声色的用意说:"较量客秦孤羁,岂有此娱奉邪?""较量亡归未得,岂有此静适邪?"

第四章:乱辞。大意:"末正论勉图继述,讽顷襄亟谋能复秦仇也。既嗣有国尊位,得谋合从,岂忘先君悲忿,不求雪耻邪?"其解"献岁发春","取譬太子承先君既薨,初即位,国人视听为一振也"。"汨吾南征","汨,治也"。"南征","至是迎其丧以归"。"本篇'南征',为归葬之路,而'江南'则举全楚言之。"庐江、长薄等,皆南归之路径。"青骊结驷"等语,是"寓齐方欲为纵长,与秦争帝","君王亲发兮,惮青兕"是"取譬东从之赵、魏,绝怀[王]归路,宜所声讨,俾服其罪","伤春心,谓痛悼楚怀以襄王季春死秦之遗恨","哀江南,谓楚怀在天之灵,反顾故国,固当哀其未能复兹仇也"。

通过这样的疏释,作品"悲愤惨怛"的现实情感得到突显。郭氏于《屈赋章句古微》十四《九章》一《惜诵》说:"疏后[之]《天问》,及别出二十五篇外之《招魂》,已悲愤惨怛,何减《九章》?"郭解与《史记·屈原贾生列传》所言"余读《离骚》《天问》《招魂》《哀郢》,悲其志"相呼应。

综上所述,郭氏治骚,诚如杨树达所言"多前人所未发",别出心裁,不随人后。

五　郭焯莹楚辞学与郭嵩焘的关系

郭焯莹称自己"谨守先说，以涵泳辞气于屈子渊情"（《读骚大例》），甚至将其父亲治骚的地位比肩于太史公："千古精读《离骚》者，唯史迁能明其谊，唯先公能明其辞。学人舍此奚从得导师哉？"（《屈赋章句古微》）引以为自己治骚的准绳。

从郭焯莹频频称引"先说"来看，郭嵩焘很可能对《楚辞》做过批注①，郭焯莹只是做了移录。当然，郭焯莹所引"先说"，还有一种途径就是面承庭训所得。郭焯莹对"先说"的采纳主要集中在屈原作品疏释上，尤其《离骚》一篇，从主题到结构，悉遵父亲遗说。屈原之外的作品，则鲜有称引。

郭嵩焘札《屈原贾生列传》首云："案屈贾同传，正以《吊屈原》一赋相牵合，亦是史公一种抑塞之气，随处发见，谓士不极其才力之所至，则皆不遇也。"② 此数语为郭焯莹《屈赋司马氏内传》一之上《司马迁太史公书列传第二十四·前言》所引用，并称："先公读《太史公书》先后不仅十数，每读各随所触引，加之发正，记注书眉。亦无达训，具条列援列传言③，下意疏别，以待质正。"前一句说的是郭嵩焘批注《史记》的情形，后一句叙述自己在郭嵩焘《史记札记》（尤其《屈原贾生列传》札记）的基础上所做的工作。这说明郭焯莹的楚辞学研究接受父亲的影响是非常全面的。

郭嵩焘是晚清著名思想家，也是著名的学者。其可贵之处，在于身为传统士大夫，却能够自觉吸纳西方文化，目光远大，迥拔流俗之上。李鸿章称其"病归后，每与臣书，言及中外交涉各端，反复周详，深虑长言，若忧在己。迄今展阅，敬其忠爱之诚，老而弥笃，且深叹不竟其用为可惜也"④。郭嵩焘这种际遇与情感，自然影响了他对屈原与楚辞的理解。其

---

① 郭嵩焘读书"皆笔其意于简端"，著有《韩文札记》《性理精义札记》《正学编札记》《史记札记》《庄子札记》《管子札记》等。依此，郭嵩焘亦当有《楚辞札记》。

② 郭嵩焘撰，梁小进主编《郭嵩焘全集》第 5 册，岳麓书社，2012，第 208 页。

③ 具条列援列传言，似当作"具条援引传言"。两"列"字，一衍一误。

④ 李鸿章撰，顾廷龙、戴逸主编《李鸿章全集》第 14 册，安徽教育出版社，2008，第 136 页。

《史记札记》云："怀王之贪愚亦云极矣，史公反复沉吟，推咎其不知人。君昏国危，而犹有人焉枝拄于其间，则其国可不至于亡。《诗》云：'邦国殄瘁。'是以君德又莫大于知人。"① 这是对《史记·屈原贾生列传》怀王"兵挫地削，亡其六郡，身客死于秦，为天下笑，此不知人之祸也"所做的推阐。再如解"巧匠不斫兮，孰察其揆正"云："此言楚至今日衰弱极矣，而其时固犹可为也；苟假乎贤者，拨而反之正，而其功效立见，特世人愦愦不自知耳。"解"同糅玉石兮，一概而相量"云："案同糅玉石，说尽衰世气象。好恶不分，贤否糅杂，终乃以成乎大乱，而莫之救也。"② 都围绕"君德又莫大于知人"一意展开。抱才不遇，异代一揆，不难理解郭氏父子在屈原及其作品的研究上寄予强烈的政治情怀。

当然，在一些细节上，郭焯莹对父亲的说法，并非绝对盲从。如《屈赋章句古微》二十一《橘颂》引"先说"云："此忽自况其持身之正，江南嘉橘为盛，今犹名之洞庭橘。盖始迁江南，见橘作颂以自慰也。橘树不易长，洞庭橘卑枝成林，结实尤盛，故有年岁虽少之言，原于此但托以自广。"郭焯莹说："今详幼志以溯性赋于生初，年少以综阅世于汩逝。先公循旧说释少为弱稚，因援卑枝结实为谊。卑枝结实，是处微贱而德益邵、业益崇之象，似本辞尚无此意。谓赋作于始迁，亦承《通释》'原偶值之，因比物类志'为说。疑《颂》次章之八，当广谊类推言之，时久谪洞庭以南，橘为所习见，不得云偶值。"又《屈赋章句古微》十五《涉江》引"先说"："屈原放逐江南，渡江越湘而已。沅、溆、辰阳皆非所经，盖并意拟之辞，以明所居之荒远也。"郭焯莹只取备一说而未从。至于郭焯莹治骚之广博，已远非乃父所及。

六　郭焯莹楚辞学稿本的校理

前文已述，在所有郭焯莹的楚辞学著作中，《读骚大例》是其唯一一部已出版的著作，其他楚辞学著作均未出版，而藏于湖南师大图书馆者实已经过两次整理。王啸苏《屈赋章句古微序》对此有明晰的述说，兹录于下：

① 郭嵩焘撰，梁小进主编《郭嵩焘全集》第 5 册，岳麓书社，2012，第 208 页。
② 郭嵩焘撰，梁小进主编《郭嵩焘全集》第 5 册，岳麓书社，2012，第 209 页。

吾国自人民政府成立以来，锐意昌明学术，即与古典文学有关之著作，亦可送科学院审查付刊，其事甚盛。今湖南师范学院图书馆藏有湘阴郭耘桂先生所著《屈赋章句古微》及内、外《传》，全书卷帙颇多，拟先择《古微》送审。其为之介绍者，则吾友杨积微翁。积微以《楚辞》之名由来已久，欲将所著名为《湘阴郭氏楚辞学》。余因以为允也。惟其书有正副二本，副本之缺者，别为补抄，并嘱啸苏雠校，凡所疑仍就积微翁是正。既毕役，乃略书其后曰：

自灵均著《骚》，扬芬百代，后之治此学者，以王叔师、洪庆善、朱晦庵为著。吾湘前辈，当明清间船山王子著《楚辞通释》，清季复有王湘绮、曹镜初二家，抒为论著。及后而耘桂先生治之益久而勤，用字多准《说文》，通谊务贯群籍，尤致意于当时贤奸之辨、治乱之原，独抱孤芳，上符千载，庶乎《骚》经之钜制、左徒之功臣巳。先生又尝称其父养知老人深于楚辞，至与太史公并举，然则源流所衍，洵有继往之功也。先生家世仕宦，淡泊自安，殚精述造，遂以①长毕中年，曾都讲湖南高等学堂②，成材甚众，湘阴任凯南戆忱尤所器许。任君后留学英伦，归国任湖南、武汉两大学教授，其任③湖大校长④时曾聘先生之⑤湘潭孙文昱季虞分教，先生既逝，其家人⑥以遗著属任君，君乃乞季翁为之厘定。越数年，倭寇入犯，季翁归老于乡，仍以郭书还之任君。及君弥留，遗言将所置书数万卷捐入湖南大学，郭氏稿本附焉，即今湖南师范学院所藏者也。啸苏昔见耘桂先生，获闻读《骚》之例，复与季翁、任君同教湖大有年，知君于师门著述，勤勤⑦护持，并已先钞副本，欲于校补后付之剞劂，又见季翁衰年授业，有暇辄手抚兹⑧书，寒暑靡间，凡所识补，今载卷中。师友风义，有可纪者。而追畴

---

① "以"字涂没。
② 此句旁增"优级师范□□"，旁增之字复又涂没，但字迹可辨。
③ "任"字改为"长"。
④ "校长"二字涂没。
⑤ "之"改作"挚友"。
⑥ "人"字旁添"因"。
⑦ 后"勤"字改为"恳"。
⑧ "兹"改为"此"。

昔，时近卅年。郭、孙、任诸君子皆已物化。是书中经兵乱，仍得藏
之名山，宿草虽悲，遗编重对，握椠已竣，乃为纪之，至于扬屈赋之
深微、举郭书之中失，当俟大雅论列，不具述焉。

公元一九五四年甲午仲冬长沙啸苏谨识

序作者王啸苏（1883～1960）生前与郭焯莹有交往，又与任凯南、孙
文昱同时任教于湖南大学多年。该序记载郭氏遗稿所经过的两次整理：第
一次是任凯南任湖南大学校长时（1928 年 4 月～1929 年 7 月），聘请孙文昱
校理郭氏遗稿，后因日寇犯境（1939 年 9 月～10 月，史称"长沙会战"），
孙文昱归老于湘潭而中辍。第二次整理，是杨树达（1885～1956）、王啸苏
一同执教于湖南师范学院的 1954 年前后。

需要补充说明的，有以下几点。

（一）作为郭焯莹的学生，任凯南酷好乡邦文献，特别有功于郭氏父
子。除保管郭焯莹遗稿、组织人员抄写其楚辞学著作之外，还可略举数端。
（1）郭嵩焘遗著《史记札记》，经任氏整理，于民国间由武汉大学刊行。
（2）任氏还将郭嵩焘读《管子》的札记集聚汇编，发表于武汉大学《文史
季刊》（1930 年第 2、3、4 期和 1931 年第 1、2 期）[1]。（3）任氏是 1946 年
由民国湖南省政府成立的湖南文献委员会的重要成员，负责新省志中的
"生计志"的编纂。同时参与省志编纂的李肖聃作《湖南省志征集材料办法
草案》，点名征集"郭焯莹之《楚辞补注》"[2]。任氏参与湖南文献委员会，
对于谕扬郭氏楚辞学成就、保护郭氏稿本无疑起到积极的作用。

（二）据张舜徽《湘贤亲炙录》记载，孙文昱"自清季讲授于湖南高等
学堂文科后，又任湖南大学教授，皆以小学为教"，其兄孙文昺"清季尝讲
学于京师大学堂"[3]，民国后任教于湖南大学[4]。可知郭焯莹曾与孙文昱为湖
南高等学堂同事。郭氏与孙氏兄弟讨论楚辞的文字，收入郭氏《屈赋章句
古微·离骚叙录》中，郭氏称二人为"大孙君""小孙君"。以郭焯莹与孙
氏兄弟的情谊，以及湖南高等学堂与湖南大学之间的渊源，任氏请孙文昱

① 郭嵩焘撰，梁小进主编《郭嵩焘全集》第 15 册，岳麓书社，2012，《本册说明》第 2 页。
② （民国）湖南文献委员会《湖南文献汇编》第一辑，湖南人民出版社，2008，第 4 页。
③ 周国林编《张舜徽学术文化随笔》，中国青年出版社，2001，第 346 页。
④ 寻霖、龚笃清编著《湘人著述表》，岳麓书社，2010，第 318 页。

校理郭氏遗著，是最合适的选择。据王序所说"先钞副本，欲于校补后付之剞劂"，"又见季翁衰年授业，有暇辄手抚兹书，寒暑靡间，凡所识补，今载卷中"，则孙氏所校笔录于任氏抄本上。笔者所见任抄本，《屈子纪年》有少量眉批和校改，或系孙氏所为。《屈赋内传》《屈赋外传》则几无校改。《屈赋章句古微》第一、二册系 1954 年补抄，不可能有孙文昱的校理痕迹，而其他四册改动较多，尤其添补了个别整行漏抄的字，当系孙氏最初与原稿对校时所为。

（三）郭焯莹生前与杨树达交好，彼此推重；郭氏去世后，民国 20 年《读骚大例》交由北京文字同盟社再版时，杨氏作跋，所以至 1954 年，由杨氏牵头，从其所在学校馆藏的郭氏著作中择出《屈赋章句古微》，先期整理出版，也是最合适的。其将书名改为《湘阴郭氏楚辞学》，可知前述"湘阴郭氏楚辞学任氏抄本目录"系同时所为。而之所以由杨氏将郭著介绍给中国科学院出版，除基于杨氏的学术声望外，还在于杨氏与中国科学院及其后来成立的科学出版社之间所具有的良好学术关系。杨氏著作由中国科学院、科学出版社出版的甚多；杨氏还于 1955 年当选为中国科学院哲学社会科学学部委员。

（四）1954 年，郭氏遗稿的校雠，具体由王啸苏负责，最后由杨树达定疑。此次整理，除按当时排印出版的要求，加句号、逗号，人名、地名加直线，书名加波浪线之外，最主要的是文字上的校改。由于郭氏"用字多准《说文》"，遵循古字古义，如"離骚"之"離"作"羅"，"卜居"的"居"作"凥"，"憂愁"的"憂"作"慐"等（抄本《屈子纪年》、民国 20 年铅印本《读骚大例》未尽遵此例），皆改为当时的通行字。实际参与此次校雠的，不止王啸苏，《屈赋章句古微·九歌》三《湘君》篇后有批语称："以上三卷长沙王启湘①代斠，一九五五年二月，时年七十又七。"此外，为应出版之需，书前还加了王啸苏的一《传》一《序》。但是，此次出版策划没有成功。此后，随着杨树达等人的离世，以及 20 世纪 60 年代以后风气的丕变，郭著《屈赋章句古微》等的出版便一直搁置了下来。需要说

---

① "以上三卷"是指《九歌》前三篇《东皇太一》《云中君》《湘君》。据李肖聃《王启湘商君书发微序》，王启湘，长沙人，曾供职山东、湖南法院，湖南大学（辰溪），《商君书发微》之外，另撰有《邓析尹文公孙龙三子校录》《鬼谷子校录》。李肖聃撰，喻岳衡点校《李肖聃集》，岳麓书社，2008，第 139～140 页。

明的是，在已出版的《积微翁回忆录》《积微居诗文钞》等文献里找不到杨、王商校出版郭著之事的记载。《积微翁回忆录》摘录自杨氏《日记》，此事或漏记，或漏录，只有查核杨氏《日记》原稿才能清楚。但杨、王商校出版郭著，是客观事实，不用怀疑。

（五）20 世纪 80 年代以来，楚辞文献的整理取得不俗的成绩。吴平、回达强主编的《楚辞文献集成》（广陵书社，2008）、黄灵庚主编的《楚辞文献丛刊》（国家图书馆出版社，2014）堪称代表。尤其后者，规模宏富，其中收录了一些民国时期的重要稿本。但此二编于郭著皆仅收《读骚大例》，而未收其稿本，未免遗憾。值得庆幸的是，郭氏遗稿，因为托付得人，加以图书馆的科学管理，笔者所见稿抄本，保存完好，字迹如新。倘能早日出版面世，则无疑为楚辞学界的一件幸事。

周敦颐《通书》释要[*]

周建刚[**]

摘　要：现存的周敦颐著作主要有《太极图说》和《通书》两种。历史上对《太极图说》的争议较多，但对《通书》则一直评价很高。《通书》是周敦颐最有代表性的著作。本文对《通书》的命名和由来、《通书》的版本流传、《通书》与《太极图说》的关系、《通书》的义理思想等方面进行细致梳理，一一评判其是非得失，并对《通书》的思想义理从本体论、道德论、礼乐论三个方面进行具体分析。

关键词：周敦颐　《通书》　《太极图说》　本体论　道德论

周敦颐，原名惇颐，字茂叔，晚年在庐山筑"濂溪书堂"，后人称为"濂溪先生"。周敦颐是宋明理学的创始者之一，与张载、邵雍、程颢、程颐并称为"北宋五子"。南宋以后，朱熹等人追溯理学源流，将他列为北宋诸儒之首，号称为"道学宗主""理学开山"。

元人编修《宋史》，特立《道学传》叙述两宋理学的发展历史，以周敦颐为首："千有余载，至宋中叶，周敦颐出于舂陵，乃得圣贤不传之学，作《太极图说》《通书》，推明阴阳五行之理，命于天而性于人者，瞭若指掌。"[①]

清代初年，黄宗羲、全祖望、黄百家等人编集《宋元学案》，对宋元时期的理学进行总结，其中也说："孔孟而后，汉儒止有传经之学，性道微言之绝久矣。元公（周敦颐）崛起，二程嗣之，又复横渠诸大儒辈出，圣学

---

[*]　基金项目：湖南省社科基金 2017 年度重大委托项目"《道南文献集成》整理与研究——周敦颐濂学与二程洛学、张载美学、朱熹闽学的传承关系"（17WT09）；湖南省社会科学成果评审委员会 2018 年度重大课题"周敦颐与湖南"（XSP18ZDA010）。

[**]　周建刚，哲学博士，湖南科技学院国学院教授。

[①]　《宋史》，中华书局，1977，第 12710 页。

大昌。……若论阐发心性义理之精微，端数元公之破暗也。"①

理学家认为，孔孟以后，汉唐诸儒皆为传经之学，至宋代中叶，周敦颐才破除汉唐经学的束缚，重新深入性理之精微。因此，周敦颐在儒学历史上的地位和作用，被论定为"直接孔孟"而跨越汉唐的宋代儒者第一人，他"阐发心性义理之精微"，有启发、先导性的"破暗"之功，为宋明理学的形成奠定了理论基础。这些评论，虽有程朱理学"道统论"的影响在内，不无夸张之处，但基本上还是有历史依据的。

周敦颐的著作，据宋人所说，原本有《太极图说》、《易说》、《易通》（即《通书》），还有诗集十卷，但多数已经散佚。现存的周敦颐著作，主要有《太极图说》《通书》。此外，还有遗文 22 篇，包括杂文 6 篇，书帖 6 篇，题名 10 篇，其中最有名的是《爱莲说》《养心亭记》《拙赋》这三篇。周敦颐的诗现存 38 首（《全宋诗》收录 33 首，钱钟书《宋诗纪事补证》辑录 5 首）②。周敦颐的著作、遗文和诗歌，宋代就有人开始收集整理，明清时还有人继续做这项工作，并以《濂溪集》《周元公集》《周子全书》等不同名目刊印行世。

在现存的周敦颐著作中，最重要的是《太极图说》和《通书》两种，这两种著作集中阐述了周敦颐义理思想之精微，因而最受理学家重视。历史上对《太极图说》的争议较多，但对《通书》则一直评价很高。《通书》是周敦颐最有代表性的著作。

一　《通书》由来和命名

关于周敦颐的著作，最早的记载见于潘兴嗣的《濂溪先生墓志铭》，其中说："（周敦颐）尤善谈名理，深于易学，作《太极图》《易说》《易通》数十篇，诗十卷，今藏于家。"

对此，朱熹认为，潘兴嗣《墓志铭》中提到的周敦颐著作是三种，即《太极图》《易说》《易通》。他在《太极图通书后序》中说："故清逸潘公志先生之墓，而叙其所著之书，特以作《太极图》为首称，而后乃以《易

---

① 沈善洪主编《黄宗羲全集》第 3 册《宋元学案（一）》，浙江古籍出版社，1992，第 586 页。

② 参见周建刚《周敦颐研究著作述要》，湖南大学出版社，2009，第 88～89 页。

说》《易通》系之，其知此矣。"朱熹还进一步指出，在周敦颐的这三种著作中，所谓的《易通》就是后世所流传的《通书》，"潘公所谓《易通》，疑即《通书》，而《易说》独不可见"。①

朱熹认为潘兴嗣《墓志铭》中所说的《易通》就是后世流传的周子《通书》，这一意见为后世的大部分学者所接受。如侯外庐等人主编的《宋明理学史》中说："《易通》即是世所传《通书》，朱熹谓'《易通》疑即《通书》'，疑的是。潘志明说《易通》，未说《通书》，《通书》乃后人去'易'字加'书'字后的名称，朱熹谓不知始于何时，则在南宋时已无从定考。"② 据此，则《通书》原名《易通》，在流传过程中改名为《通书》，具体时间已不可考。但根据祁宽的《通书后跋》，祁宽所见的在二程弟子中流传的周敦颐著作已称为《通书》，可见《易通》更名为《通书》，至晚应是北宋末年的事。

《通书》的内容，今本有 40 章，各有章名。朱熹认为，周敦颐的著作中，《易通》和《易说》的内容是相互关联的，"《易通》疑即《通书》。盖《易说》既依经以解义，此则通论其大旨，而不系于经者也"。③ 也就是说，《易说》是对《周易》的每一卦进行"解义"，而《易通》则是对《周易》全经的"通论"。这种区别，有点类似于王弼的《周易注》和《周易略例》。但是由于周敦颐的《易说》已经遗佚，我们很难判断朱熹的这一说法是否准确。从现存的《通书》来看，其中既有通论《周易》的内容，也有对《周易》中具体某一卦的解说，如第 31 章《乾损益动》，第 32 章《家人睽复无妄》，第 40 章《蒙艮》，此外，还有一些内容与《周易》完全无关。因此，有人怀疑，今本《通书》可能不是《易通》的原始面貌，其中掺入了《易说》乃至周敦颐的其他著作。

从《易通》的书名来看，朱熹判断此书为"通论其大旨"，应该是可信的。但今本《通书》中又确实有专门解释某一卦卦义的内容，与《易通》的书名立意不合。南宋时，朱熹的弟子度正访求周敦颐遗书，得知周敦颐生前曾以《姤说》和《同人说》寄赠友人傅耆，度正认为："二说当即所谓

① 朱熹：《太极图通书后序》（南康本），载《元公周先生濂溪集》，岳麓书社，2006，第 74 页。
② 侯外庐、邱汉生、张岂之主编《宋明理学史》（上），人民出版社 1984 年版，第 50～51 页。
③ 朱熹：《太极图通书后序》（南康本），载《元公周先生濂溪集》，岳麓书社，2006，第 74 页。

《易通》者。"① 对此说法，冯友兰先生反驳说，《姤说》和《同人说》当是周敦颐《易说》中的内容，"周敦颐大概对于《周易》，有专讲易卦的，这是《易说》；有通论《周易》的，这是《易通》。《易说》和《易通》的分别就像王夫之《周易内传》和《周易外传》的分别。大概这两部著作后来都残缺了，有人把剩余的部分混为一书，总名之曰《通书》。"② 冯友兰先生的这一解释比较合理，今本《通书》可能就是在《易通》的基础上，混合了《易说》的一部分内容而编成的。

二　《通书》的版本流传

周敦颐的著作在他身后的流传过程中，最早就是以《通书》的名义出现的，《通书》一度是周敦颐著作的总名。

南宋祁宽在绍兴十四年（1144）所写的《通书后跋》中说："《通书》即其所著也。始出于程门侯师圣，传之荆门高元举、朱子发。宽初得于高，后得于朱，又后得和靖尹先生所藏，亦云得之程氏，今之传者是也。逮卜居九江，得旧本于其家，比前所见，无《太极图》。或云图乃手授二程，故程本附之卷末也。校正舛错，三十有六字，疑则阙之。"③ 按祁宽所说，他所见到的《通书》版本，共有两个系统，一是"程门本"，在二程的弟子侯仲良（字师圣）、尹焞（号和靖先生）等人手中流传；二是"九江家藏本"，即九江周敦颐后人中流传的本子。据祁宽说，这两个版本在文字上相差不大，一共才有 36 个字的不同，主要区别在于"程门本"后附有《太极图》，而"九江家藏本"则无《太极图》。祁宽推断，之所以会出现这种差别，是由于《太极图》是周敦颐"手授"给二程的，所以"程门本"将其附录在《通书》之后，而"九江家藏本"则没有记载《太极图》。

祁宽本人也出于程门，是尹焞的弟子。尹焞所藏的《通书》，"亦云得之程氏"，是直接传自二程，这一记载应当出自祁宽亲闻尹焞所说，具有高度的史料价值，是可信无疑的。这也说明，周敦颐与二程之间确实存在学

① 度正：《〈贺傅伯成手谒〉跋》，载《元公周先生濂溪集》，岳麓书社，2006，第 106 页。
② 冯友兰：《中国哲学史新编》（下卷），人民出版社，1998，第 63 页。
③ 祁宽：《通书后跋》，载《元公周先生濂溪集》，岳麓书社，2006，第 72 页。

术授受，并非泛泛"从游"的关系。而《通书》最早的版本，就分成"程门本"和"九江家藏本"两个系统。

南宋初年，随着二程"洛学"学术地位的抬高，周敦颐的《通书》开始逐步流行。程门弟子中，被列为"二程再传"的胡宏，曾写过一篇《通书叙略》，其中说："《通书》四十章，周子之所述也。"① 胡宏没有说明他所见《通书》的版本来源，但他与二程弟子关系密切，"尝见龟山于京师，又从侯师圣于荆门"②，由此可以推测，他所得到的《通书》应该也是"程门本"的一种。胡宏所见的这种"程门本"《通书》，他说是"叙而藏之"，可见并没有刊印。朱熹在编印"长沙本"《通书》时，曾以胡宏所传的《通书》作为底本。

祁宽和胡宏所见的《通书》，可能都是北宋晚期到南宋初期流传的抄本，并没有刊印。南宋初年，最早以《通书》为名刊印的周敦颐著作，先后有"舂陵本"、"零陵本"和"江州本"。其中，"舂陵本"出现最早，南宋学者叶重开在《舂陵续编序》中明确说："濂溪先生《通书》，传之者日众，舂陵本最先出。"③ 其次则是绍兴二十八年（1158）曾迪刻印的"零陵本"《通书》，以及乾道二年（1166）林栗刻印的"江州本"《通书》。此外值得一提的是，刊印于南宋初年，由无名氏编纂的《诸儒鸣道集》中，卷首第一篇就收录有《濂溪通书》，这一版本可称为"鸣道本"《通书》。

"舂陵本"、"零陵本"和"江州本"《通书》的具体情况，今天已不太了然，但从南宋本《元公周先生濂溪集》留下的记载来看，"舂陵本"、"零陵本"和"江州本"都出自周敦颐后人的家藏本，但在刊印过程中有所改变。朱熹在多次编刻《通书》的过程中，对这些早期版本有所了解。据他所说，"右周子之书一编，今舂陵、零陵、九江皆有本，而互有同异"。④ 又说："故清逸志先生之墓，叙所著书，特以作《太极图》为称首。然则此图当为书首，不疑也。然先生既手以授二程，本因附书后。（祁宽居之云）传者见其如此，遂误以图为书之卒章，不复厘正，使先生立象尽意之微旨，

① 胡宏：《通书序略》，载《元公周先生濂溪集》，岳麓书社，2006，第 71 页。
② 沈善洪主编《黄宗羲全集》第 4 册《宋元学案（二）》，浙江古籍出版社，1992，第 669 页。
③ 叶重开：《舂陵续编序》，载《元公周先生濂溪集》，岳麓书社，2006，第 142 页。
④ 朱熹：《太极图通书后序》（建安本），载《元公周先生濂溪集》，岳麓书社，2006，第 73 页。

暗而不明。而骤读《通书》者，亦复不知有所总摄，此则诸本皆失之。"①
根据朱熹的说法，这些早期版本的《通书》都将《太极图》附录在后，这
可能是受到南宋初年"程门本"《通书》流行的影响。而见之于《诸儒鸣道
集》的《濂溪通书》，据陈来先生考证，"鸣道本"《通书》卷末没有收录
《太极图》，符合祁宽所说"九江家藏本"系统的特征，可能是出自这一版
本系统。"鸣道本"《通书》在章节上分为三十五章，也不同于胡宏本《通
书》的四十章。

朱熹针对这些《通书》早期版本，经过多方比较，最后决定采取胡宏
"叙而藏之"的"程门本"《通书》为底本，以"春陵本"、"零陵本"和
"江州本"作为参校，重新编一部他心目中理想的《通书》。朱熹先后编纂、
刊刻的《通书》共有四个版本，即"长沙本"、"建安本"、"延平本"和
"南康本"。"南康本"最后出，自"南康本"出现之后，《通书》就基本定
型为我们今天看到的样子。

朱熹第一次编刻的"长沙本"《通书》，刻印于乾道二年（1166）。"长
沙本"基本依据胡宏所传《通书》，在结构上没有做任何调整。他后来在编
刻"建安本"《通书》时曾加以反省说："而长沙《通书》因胡氏所传，篇
章非复本次；又削去分章之目，而别以'周子曰'加之，于书之大义虽若
无害，然要非先生之旧，亦有去其目而遂不可晓者，如《理性命章》
之类。"②

胡宏本《通书》出自程门，也将《太极图》附录在《通书》之后，对
于这一点，朱熹的"长沙本"《通书》一仍其旧，并没有进行更动。总体来
说，朱熹的"长沙本"《通书》与早期的"程门本"《通书》并没有太大区
别，也没有体现出朱熹个人的学术主张，所以他后来说："长沙本最后出，
乃熹所编定，视它本最详密矣，然犹有所未尽也。"③

朱熹第二次编刻的"建安本"《太极通书》，刻印于乾道五年（1169）。
相较于"长沙本"而言，"建安本"《通书》在结构、内容上都进行了重大
调整。最为重大的调整是，朱熹依据潘兴嗣《濂溪先生墓志铭》的记载，

① 朱熹：《太极图通书后序》（建安本），载《元公周先生濂溪集》，岳麓书社，2006，第73页。
② 朱熹：《太极图通书后序》（建安本），载《元公周先生濂溪集》，岳麓书社，2006，第73页。
③ 朱熹：《太极图通书后序》（建安本），载《元公周先生濂溪集》，岳麓书社，2006，第73页。

认为《太极图》是《通书》的提纲，因此一改以往诸本将《太极图》附录于《通书》之后的做法，将《太极图》置于《通书》之首，"故今特据潘志，置图篇端，以为先生之精意，则可以通乎书之说矣"。① "建安本"由于进行了这一重大的结构性调整，因此朱熹将书名改定为《太极通书》，以突出《太极图》在周敦颐著作体系中的首要地位。除此之外，"建安本"还对《通书》的篇章次序进行调整，改变了"长沙本"依据胡宏传本将《通书》章名削去的做法，恢复了每章的名称，删去了每章开头的"周子曰"，"至于书之分章定次，亦皆复其旧贯"。② 最后，则是在《通书》的附录部分，将旧有的蒲宗孟《墓碣铭》等"铭、碣、诗、文"一并删去，代之以朱熹自己撰写的《濂溪先生事状》。朱熹之所以要删去蒲宗孟的《墓碣铭》等诗文，主要原因在于这些记录不是出于程门系统，有损于周敦颐的"道学家"形象，所以他"又即潘志及蒲左丞、孔司封、黄太史所记先生行事之实，删去重复，参互考订，合为《事状》一篇。至于道学之微，有诸君子所不及知者，则又一以程氏及其门人之言为正，以为先生之书之言之行，于此亦可略见矣"。③ 通过朱熹的努力，"建安本"《太极通书》基本树立了周敦颐作为道学先驱者的地位和形象。

朱熹在编定"建安本"《太极通书》后，又意外得到另一种非"程门本"的"九江家藏本"系统《通书》版本，因传自临汀杨方，故又称"临汀杨方本"。朱熹以"建安本"《太极通书》与"临汀杨方本"《通书》互校，发现有十九处不同。朱熹以"理校"的方法对此进行处理，校正后的本子称为"延平本"。在校正"延平本"的当年，也就是淳熙六年（1179），朱熹最后一次整理周敦颐著作，编定为"南康本"《太极通书》。"南康本"《太极通书》的内容，朱熹在序文中的交代是："右周子《太极图》并《说》一篇，《通书》四十章，世传旧本遗文九篇，遗事十五条，事状一篇，熹所集次，皆已校定，可缮写。"④ 朱熹所编定的"南康本"《太极通书》，其实是周敦颐著作的总集，其中《太极图》、《太极图说》和《通书》已经分开为两种著作。这一分类方法，其后为各种陆续出现的周敦

① 朱熹：《太极图通书后序》（建安本），载《元公周先生濂溪集》，岳麓书社，2006，第 73 页。
② 朱熹：《太极图通书后序》（建安本），载《元公周先生濂溪集》，岳麓书社，2006，第 73 页。
③ 朱熹：《太极图通书后序》（南康本），载《元公周先生濂溪集》，岳麓书社，2006，第 74 页。
④ 朱熹：《太极图通书后序》（南康本），载《元公周先生濂溪集》，岳麓书社，2006，第 74 页。

颐著作集如《濂溪集》《周子全书》等沿用。

概括《通书》的版本情况，大致可以发现，自北宋末年到南宋初年，周敦颐的著作逐渐开始流行，而"通书"一名则是周敦颐著作的总称，并不仅指今本的四十章《通书》。以《通书》为名的周敦颐著作，有的包含《太极图》，有的则不含《太极图》。但即使是含有《太极图》的早期"程门本"《通书》，也仅仅是将《太极图》作为"书之卒章"，也就是《通书》的一部分，并不视其为一种独立的著作。直到朱熹编定"建安本""南康本"《太极通书》后，这种情况才得到改变。朱熹以潘兴嗣的《濂溪先生墓志铭》为依据，提出《太极图》是濂溪学术的精要，在"建安本"中将其由原本的篇末提升到篇首，在"南康本"中则彻底将《太极图》、《图说》与《通书》分开，由此才形成了今天所见的四十章《通书》。

三 《通书》与《太极图说》的关系

关于《通书》与《太极图说》的关系，历史上主要有两种说法。

一种意见以朱熹为代表。朱熹认为，《太极图说》是周敦颐最重要的著作，《太极图说》和《通书》是"宏纲"和"细目"的关系，因此必须将《太极图说》置于《通书》之先，领会了《太极图说》才能明白《通书》的义理，否则的话，"骤而语夫《通书》者，亦不知其纲领之在是也"。[1]

另一种意见则以陆九渊为代表。陆九渊对《太极图说》是否周敦颐本人所作有所怀疑，同时他指出，即使《太极图说》果真是周敦颐本人的作品，也只是少年时的不成熟之作，《通书》则是周子思想成熟时期的作品，其义理不但不需要依靠《太极图说》来阐明，而且与《太极图说》完全不一致。

朱熹的意见，主要见于他在完成编定"南康本"《太极通书》后写的《太极图通书后序》，在序文中他提出："盖先生之学之奥，其可以象告者，莫备于太极之一图。如《通书》之言，盖皆所以发明其蕴，而诚、动静、理性命等章为尤著。程氏之书，亦皆祖述其意，而《李仲通铭》《程邵公志》《颜子好学论》等篇，乃或并其语而道之。故清逸潘公志先生之墓，而

---

① 朱熹：《太极图通书后序》（南康本），载《元公周先生濂溪集》，岳麓书社，2006，第74页。

叙其所著之书，特以作《太极图》为首称，而后乃以《易说》《易通》系之，其知此矣。然诸本皆附于《通书》之后，而读者遂误以为书之卒章，使先生立象之微旨暗而不明；骤而语夫《通书》者，亦不知其纲领之在是也。"①

朱熹所指的《太极图》，包括《太极图》和《图说》。他除了指出《太极图》是《通书》之纲领，有时也强调《通书》对理解《太极图》所起的作用，"周子留下《太极图》，若无《通书》，却教人如何晓得？故《太极图》得《通书》而始明"。② 在朱熹看来，《通书》与《太极图说》的义理是一致的，《太极图说》比较宏观，《通书》则进一步细化了《太极图说》的义理，两者相辅相成，缺一不可。

但在陆九渊等人看来，朱熹的说法是不成立的。陆九渊之兄陆九韶首先提出疑问说："《太极图说》与《通书》不类，疑非周子所为；不然，则或是其学未成时所作；不然，则或是传他人之文，后人不辨也。盖《通书·理性命章》，言论中焉止矣，二气五行，化生万物，五殊二实，二本则一。曰一，曰中，即太极也，未尝于其上加无极字。《动静章》言五行、阴阳、太极，亦无无极之文。假令《太极图说》是其所传，或其少时所作，则作《通书》时，不言无极，则作《通书》时，盖已知其说之非矣。"③

陆九渊接续陆九韶的观点，在淳熙十四年到十六年之间，与朱熹有过著名的"无极太极之辨"。事后，陆九渊在《与陶赞仲》这一书信中总结自己的观点说："《太极图说》，乃梭山兄辩其非是，大抵言无极而太极是老氏之学，与周子《通书》不类。《通书》言太极不言无极，《易大传》亦只言太极不言无极。若于太极上加无极二字，乃是蔽于老氏之学。又其《图说》本见于朱子发附录。朱子发明言陈希夷太极图传在周茂叔，遂以传二程，则其来历为老氏之学明矣。周子《通书》与二程言论，绝不见无极二字，以此知三公盖已皆知无极之说非非矣。"④

南宋绍兴五年（1135），朱震在向高宗赵构进呈著作的《进周易表》中提出，周敦颐的《太极图》传自穆修，其渊源可以上溯至北宋初年著名的

---

① 朱熹：《太极图通书后序》（南康本），载《元公周先生濂溪集》，岳麓书社，2006，第 74 页。
② 朱熹：《通书总论》，载《元公周先生濂溪集》，岳麓书社，2006，第 79 页。
③ 《陆九渊集》，中华书局，1980，第 22 ~ 23 页。
④ 《陆九渊集》，中华书局，1980，第 192 ~ 193 页。

华山道士陈抟。这一线索，在胡宏的《通书序略》中也提到过，可见是当时流传甚广的说法。陆九韶只是怀疑《太极图》是周子"少时所作"，陆九渊则重提朱震《进周易表》中的说法，直接判断周敦颐的《太极图》来自陈抟一系的传授，因而《太极图》和《图说》体现的都是道家思想。但另一方面，陆氏兄弟对《通书》的评价并不因此而降低，他们认为《通书》真正体现了周敦颐成熟时期的思想，因而具有极高的思想价值。他们甚至举出例子说，《通书》中只提"太极"而不提"无极"，这正说明周敦颐后期已经明白《太极图说》的思想近于道家，因而摒弃不谈。

朱熹和陆九渊的"无极太极之辨"，有理学、心学之争的背景，双方所争论的，并不仅仅在于《通书》和《太极图说》的关系，主要还在于两家义理之不同。但朱陆之争客观上确实将这个问题凸显出来，成为历代理学家绕不过去的问题。自宋代以来，程朱学派在刊印、阅读周敦颐著作时，总是遵循朱熹的处理方法，以《太极图》《图说》与《通书》合为一体，将《太极图》《图说》置于《通书》之先。而陆九渊学派则反其道而行之，贬抑《太极图》《图说》而肯定《通书》。据朱熹的弟子陈淳记载，陆氏门人对周敦颐的著作存在区别对待的态度，重《通书》而轻视《太极图》，"读《通书》而不肯读《太极图》，而读《通书》只读白本，不肯读文公解本"。①

明代理学家罗钦顺也有类似的看法。他批评《太极图》"极力模拟，终涉安排"，但又赞美"《通书》四十章义精词确，其为周子手笔无疑。至如'五殊二实，一实万分'数语，反复推明造化之妙，本末兼尽，然语义浑然，即气即理，绝无罅缝，深有合于乎《易传》'乾道变化，各正性命'之旨，与所谓'妙合而凝'者有间矣"。②"五殊二实，一实万分"两句出自《通书》的《理性命》章，"妙合而凝"则出自《太极图说》。罗钦顺以《通书》和《太极图说》对比，认为《通书》与《太极图说》有区别，《通书》在思想的合理性方面明显要高于《太极图说》。罗钦顺的说法以他自己的"气本论"哲学为判断标准，并不见得完全合理，但客观上反映了一大批学者的看法。

明末清初之际，随着反理学思潮的升温，周敦颐的《太极图》和《图

①　沈善洪主编《黄宗羲全集》第5册《宋元学案》（三），浙江古籍出版社，1992，第965页。
②　罗钦顺著，阎韬译注《困知记全译》，巴蜀书社，2000，第268页。

说》再度成为攻击目标。黄宗炎、毛奇龄等人都运用考据学的方法，试图证明周敦颐《太极图》出自道教的陈抟系统。现代学者李申等人的研究表明，黄宗炎、毛奇龄等人的考证存在很大的缺陷，并不足以说明周敦颐《太极图》与道教的关系①。但在客观上，这股思潮对当时的思想界影响很大。黄宗羲在编撰《宋元学案》时，列有《濂溪学案》两卷，后经其子黄百家编定成书。黄百家在处理《通书》和《太极图说》的关系时，颇费踌躇，他最后没有遵循明代《性理大全》的编排法，而是反其道而行之，将《通书》置于上卷，《太极图》《图说》置于下卷，其实是受到他的叔父黄宗炎的影响。据他自己说："百家所以不敢乃依《性理大全》之例，列此《图说》于首，而止附于《通书》之后，并载仲父之辩焉。"② 全祖望在《周程学统》中也指出："若夫周子之言，其足以羽翼六经而大有功于后世者，莫粹于《通书》四十篇。而'无极之真'原于道家者流，必非周子之作，斯则不易之论，正未可以表章于朱子而墨守之也。"③ 黄百家、全祖望都认为《通书》是周敦颐最精粹的著作，而《太极图说》则存在诸多疑点，不能代表周敦颐的学术思想。这一观点是受到清初考据学的影响而形成的，《濂溪学案》以《通书》为首、《太极图说》为次的编排方法，就反映了当时学术界对周敦颐学术的看法。

综合起来看，对于《通书》和《太极图说》关系的争论，其实是宋学内部理学派和心学派争端的反映。以朱熹为代表的理学派和以陆九渊为代表的心学派，都是从自身的哲学立场出发，力图对"理学开山"周敦颐的学术性质作出分辨。其中理学派的朱熹等人，试图将周敦颐的学术看成一个整体，从而《太极图说》和《通书》是"纲"与"目"的关系。而心学派的陆九渊等人，乃至明清之际的这批儒家，则试图将周敦颐的学术看成是前后发展的连续关系，《太极图说》或是传自道家，或是周敦颐"少时所作"，总之是不成熟的作品，而《通书》才是周敦颐思想成熟时期的作品，因而只能以《通书》来阐释周敦颐的理学思想。这两种看法，各有其义理依据，但都缺乏有效的文献佐证，而清儒如毛奇龄等人的考证则纯粹出于

---

① 参见周建刚《周敦颐与宋明理学》第二章第五节"周敦颐太极图渊源考"、第七章第二节"清代考据学对《太极图》的证伪"，中国社会科学出版社，2019。
② 沈善洪主编《黄宗羲全集》第 3 册《宋元学案》（一），浙江古籍出版社，1992，第 628 页。
③ 沈善洪主编《黄宗羲全集》第 3 册《宋元学案》（一），浙江古籍出版社，1992，第 643 页。

意气之争，并无扎实的旁证材料。因此总的来说，如朱熹那样把《太极图说》看成是《通书》的纲领固然有失偏颇，但如陆九渊等人认为《通书》与《太极图说》完全无关，也是站不住脚的。

我们今天抛开学派之争，客观地对待这个问题，可以发现，《通书》中的内容是与《太极图说》密切相关的。尤其是《通书》中的《动静章》和《理性命章》，在内容上与《太极图说》很相似，可知出于同一思想体系。关于这一点，现代学者中有许多人进行过论述。如牟宗三说："案此《图说》全文，无论思理或语脉，皆同于《通书》，大体是根据《动静章》《理性命章》《道章》《圣学章》而写成。"① 但牟宗三另外又指出："《图说》固大体根据《动静章》《理性命章》《道章》《圣学章》而写成，然《通书》之论诚体者却不能见之于《图说》，此即示《图说》并不能为《通书》之先在纲领或综论。"② 牟宗三认为《太极图说》晚出于《通书》，是依据《通书》中的内容写成的，这一说法纯出于他的义理判断，并没有多少事实依据。但他从文本出发，通过对比而指出《通书》与《太极图说》的密切关系，这一意见，是值得我们参考的。此外，朱伯崑在《易学哲学史》中也分析了《通书》的《动静》《理性命》《道》《圣学》四章，得出了与牟宗三大致相同的结论："以上所引，说明《太极图说》中的基本观点及其辞句，见于《通书》，并非如陆氏所说，与《通书》没有关系。"③

《通书》既与《太极图说》有内在联系，剩下的问题就是，为什么《太极图说》中有"无极"观念而《通书》却只提"太极"而不提"无极"呢？对此问题，陆九渊等人认为，这是因为《通书》的思想较之《太极图说》更为成熟，因而主动舍弃了来源于《老子》的"无极"概念。朱熹对此所论不多，但从他的整体主张来看，"无极"就是"太极"，论"太极"而"无极"自在其中，因此《通书》不必再重复言及"无极"。今天看来，《通书》既然与《太极图说》义理相通，也就看不出周敦颐作《通书》时有何理由主动舍弃"无极"。《通书》中虽没有谈到"无极"，但《诚下》章"静无而动有"，《诚几德》章"诚无为"，《顺化》章"不见其迹，莫知

---

① 牟宗三：《心体与性体》（上），吉林出版集团，2013，第309页。
② 牟宗三：《心体与性体》（上），吉林出版集团，2013，第353页。
③ 朱伯崑：《易学哲学史》（二），昆仑出版社，2005，第114页。

其然之谓神"，都是对"无"的另一种表述。由此可见，《通书》中并没有放弃"无"或"无极"这一类思想。至于今本《通书》中没有提到"无极"，则是由于《通书》所重在于人伦道德与礼乐刑政，宇宙论已不是其重心所在，即使"太极"也仅在《动静》章中提到一次。另外，今本《通书》已非《易通》原貌，我们也不能排除后人在编辑周敦颐遗作时遗漏了相关章节的可能性。

四　《通书》的结构和主要思想

周敦颐的《通书》篇幅短小，共计 40 章，2601 字。全书的结构并不统一，40 章的内容看起来是随意编排的，并没有一定的章法布局。此书可能已不是潘兴嗣在《濂溪先生墓志铭》中所提《易通》的原貌了，后人在编纂过程中混入了一些其他内容，并打乱了原书的结构。全书主旨与《周易》和《中庸》相关，也涉及《论语》《春秋》，以及儒家一贯重视的"礼乐""刑政""师道"等主题，内容比较丰富。祁宽在《通书后跋》中概括说："此书字不满三千，道德、性命、礼乐、刑政，悉举其要，而又名之以通，其示人至矣。"① 比照今本《通书》，祁宽的这一说法是符合事实的。

《通书》尽管简略，在宋明理学的发展史上却起到了重要的作用。周敦颐的《太极图》和《图说》，其来源和思想实质，在历史上一直众说纷纭，颇具争议。但就《通书》而言，却从来没有人提出异议。黄宗羲等人编撰《宋元学案》，在《濂溪学案》中，一反明人《性理大全》中的次序，以《通书》为上卷，《太极图说》为下卷。之所以这样安排，黄百家提出的理由是："《性理》首《太极图说》，兹首《通书》者，以《太极图说》后儒有尊之者，亦有议之者，不若《通书》之纯粹无疵也。"② 不管黄宗羲等人对《太极图说》的看法是否客观公正，但由他们的意见可以看出，《通书》之"纯粹无疵"，在历史上是有定评的。

《通书》的结构，明儒曹端在《通书总论》中引用朱熹的一个说法。

---

① 祁宽：《通书后跋》，载《元公周先生濂溪集》，岳麓书社，2006，第 72 页。
② 沈善洪主编《黄宗羲全集》第 3 册《宋元学案》（一），浙江古籍出版社，1992，第 586 页。

《通书》文虽高简，而体实渊悫，且其所论，不出乎修己治人之事，未尝剧谈无极之先、文字之外也。①

南宋学者黄震也认为《通书》的结构就是"修己""治人"两部分，但说得更为详细，可以参考，抄录如下。

周子《通书》，《诚上》章主天而言，故曰"诚者，圣人之本"，言天下之诚，即人之所得以为圣者也。《诚下》章主人而言，故曰"圣，诚而已矣"，言人之圣，即所得于天之诚也。《诚几德》章言诚之得于天者皆自然，而几有善恶，要当察其几之动，以全其诚，为我之德也。《圣》章言由诚而达于几为圣人，其妙用尤在于感而遂通之神，盖诚者不动，几者动之初，神以感而遂通，则几之动也纯于善，此其为圣也，诚一而已。人之不能皆圣者，系于几之动，故《慎动》次之；动而得正为道，故《道》次之；得正为道，不沦于性质之偏者能之，而王者之师也，故《师》次之；人必有耻则可教，而以闻过为幸，故《幸》次之；闻于人必思于己，故《思》次之；师以问之矣，思以思之矣，在力行而已，故《志学》次之。

凡此十章，上穷性命之源，必以体天为学问之本，所以修己之功，既广大而详密矣。推以治人，则《顺化》为上，与天同功也。《治》为次，纯心用善也；《礼乐》又其次，治定而后礼乐可兴也。继此为《务实》章、《爱敬》章，又所以斟酌人品，而休休然与之为善。盖圣贤继天立极之道备矣。余章皆反覆此意，以丁戒人心，使自知道德性命之贵，而无陷辞章利禄之习。开示圣蕴，终以主静，庶几复其不善之动，以归于诚，而人皆可圣贤焉。呜呼！周子之为人心计也至矣。②

黄震将《通书》的结构划分为两个部分，即"修己"与"治人"，这和朱熹是一致的。《诚上》《诚下》《诚几德》《圣》《慎动》《道》《师》

---

① 《曹端集》，中华书局，2003，第25页。
② 沈善洪主编《黄宗羲全集》第3册《宋元学案》（一），浙江古籍出版社，1992，第601～602页。

《幸》《思》《志学》这 10 章的内容，主要阐述"修己之功"；《顺化》《治》《礼乐》《务实》《爱敬》诸章则"推以治人"。这一划分方法是有所见的，《通书》主要就是从"性命之源"的角度论述如何培养个人的道德主体性，进而推行礼乐教化，治理天下。这符合儒家"修己治人"的一贯主张，也是后世儒者一致认为《通书》"纯粹无疵"的主要原因。

《通书》文字简约，内容晦涩，但其中提出的一些思想概念，以及经典诠释方法，对理学的发展具有极其重要的影响。简单来说，《通书》原名《易通》，以《周易》经传中的"天道观"思想为根底，但其中又融合了《中庸》的"性命之学"内容，从而使思孟学派的心性学说接上了"天道"的源头，能够在理论高度上抗衡佛道的形上心性说。这是宋初理学在开创阶段的重大理论成就，因此朱熹等人推崇他"直接孔孟"，黄百家在《宋元学案》评论他说："若论阐发心性义理之精微，端数元公之破暗也。"这些评语，并非完全夸张，在一定程度上是符合实际的。

关于《通书》的思想内容，以下从本体论、道德论、礼乐论三个方面进行具体分析。

（1）"神妙万物"的宇宙本体论

《通书》中的有些内容，是与《太极图说》直接相关的。如《动静》章和《理性命》章，朱熹都说是"发明《图》意"，牟宗三等人也认为与《太极图说》直接相关。对这些章节内容的解读，就必须与《太极图说》联系在一起。

周敦颐的《太极图说》中的宇宙论思想，究竟属于本体论范畴还是属于发生论范畴，素来有争议。其中的原因在于，《太极图说》的首句"无极而太极"，在不同的版本中作"无极而生太极"（临汀杨方本）、"自无极而为太极"（洪迈《国史》本）。如果按照这些版本中的文句理解《太极图说》，那么"无极""太极"就分别是宇宙发生的两个阶段，以下依次演化出阴阳、五行和乾坤万物。这仿佛落入了《老子》的"有生于无"之说。陆九渊就是这样理解《太极图说》的，他说："无极二字，出于《老子》'知其雄'章，吾圣人之书所无有也。《老子》首章言'无名天地之始，有名万物之母'，而卒同之，此老氏宗旨也。'无极而太极'，即是此旨。"果如其言，《太极图说》所体现的是根源于道家的宇宙生成论思想。这种思想在汉唐儒家和道教中极其常见，即无形无相、浑沦为一的"太极"元气发生、演变出有形有象的宇宙万物。

我过去对此问题曾做过分析，现引据抄录于此。

> 周敦颐最为人熟知的概念就是"太极"。"太极"出自《易传》，但在自先秦到汉唐的儒学发展进程中，"太极"这一概念并不为人重视，也很少有人从学理上对其进行阐释。唐代孔颖达的《五经正义》中，《周易正义》的孔颖达疏将"太极"解释为天地未分之前的元气。唐代华严宗高僧在《原人论》中说："气形之始，即太极也。"可见宋代以前儒释知识分子都一致认为"太极"就是"元气"，这一概念本身并没有多高深的义理。宗密甚至以鄙薄的态度说："故知佛教法中，小乘浅浅之教，已超外典深深之说。"①

如果周敦颐思想仅止于此的话，那么也不过就是汉唐旧宇宙论思想的余波，他所谓"直承孔孟"的"破暗"之功，也就无从说起了。

我们仔细读《通书》，就会发现，《通书》中的宇宙论思想，表述得远比《太极图说》清楚。《通书》中与《太极图说》相关的内容，主要有《动静》和《理性命》两章。在这两章中，集中阐述了一种与汉唐旧宇宙论截然不同的宇宙本体论思想。

《动静》章说：

> 动而无静，静而无动，物也。动而无动，静而无静，神也。动而无动，静而无静，非不动不静也。物则不通，神妙万物。水阴根阳，火阳根阴。五行阴阳，阴阳太极。四时运行，万物终始。混兮辟兮！其无穷兮！

《理性命》章说：

> 厥彰厥微，匪灵弗莹。刚善刚恶，柔亦如之，中焉止矣。二气五行，化生万物。五殊二实，二本则一。是万为一，一实万分。万一各

---

① 周建刚：《周敦颐与宋明理学》，中国社会科学出版社，2019，第63页。

正，大小有定。

《动静》章里提出并区别了两种动静，即物之动静和神之动静。物之动静是"动而无静，静而无动"，而神之动静则是"动而无动，静而无静"。周敦颐最后总结说："物则不通，神妙万物。"也就是说，具体的事物或是动，或是静，局限于自身而彼此不能相通；而神的动静与一般事物不同，它脱离具体的动静之相，超出自身而"妙万物"，与万物贯通。从这一点上来看，与"物"所区别的"神"，必然不是阴阳、五行之类的具体"存在者"，而是超越于这类具体"存在者"之上的形上本体。此形上本体落实到具体存有中，由此而有阴阳、五行、四时、万物的产生，这就是《动静》章下半节所说的"水阴根阳，火阳根阴。五行阴阳，阴阳太极。四时运行，万物终始"。

《通书》中的本体论思想，在《理性命》这一章中也有所体现。《理性命》章也和《太极图说》一样，有一个"二气五行"而"化生万物"的宇宙发生演变的论述，但最后则总结说"是万为一，一实万分。万一各正，大小有定"。这就是说，现象世界由"二气五行"化生而来的万事万物，其存在都以"一"为体，"一"体现在万物之中，从而使万物各正性命。这里的所谓"一"，朱熹解释为"一理"，其实也就是"太极"。"太极"作为形上本体，不离于万物，而又不囿于万物，这就是"万一各正，大小有定"。后来理学家提出"理一分殊"的命题，其实也是从《通书》发展而来的。

《通书》中的思想，较之《太极图说》更为明确，是一种典型的宇宙本体论思想。在这方面，朱熹的解读比较准确。他用"月映万川"解释《理性命》章的"一实万分"：

　　本只是一太极，而万物各有禀受，又自各全一太极，如月映万川相似。
　　释氏云：一月普现一切水，一切水月一月摄。这是释氏也窥见得到这些道理。濂溪《通书》只是说这一事。[1]

---

① 《元公周先生濂溪集》，岳麓书社，2006，第 89 页。

朱熹认为，《通书》必须和《太极图说》对照阅读，他注解《通书》时，指出《动静》和《理性命》这两章完全是"发明图意"，也就是说这两章内容是对《太极图说》的阐释。如果遵照朱熹这种说法，那么《太极图说》中所体现的也是本体论思想，陆九渊等人的说法也就不攻自破了。

我们细读《动静》《理性命》等章的内容，确实和《太极图说》极为相似。但《太极图》和《太极图说》从整体上来看是对宇宙生成过程的描述，用生成论来进行解释也是合情合理的①。对此问题，朱、陆以来，直至当代，学术界争议颇多，至今没有定论，在此不拟进行详细解说。但有两点可以略作提示。第一，《通书》中的《动静》《理性命》等相关篇章，确实与《太极图说》有关，这一点从朱熹到牟宗三，均无异议，这也可见《通书》与《太极图说》的义理是相通的，陆九渊等人重《通书》而轻《太极图说》是错误的。第二，周敦颐的思想从总体上来说，是生成论和本体论兼而有之，《太极图说》固然展示了宇宙生成的过程，但《通书》更明确了生成背后的"神"之推动作用，因此周敦颐的思想应该是"生成中见本体"。"神"贯通于万物，但又"不见其迹，莫知其然之谓神"（《顺化》）。这似乎可以解释《太极图说》的"无极而太极"。所谓"太极"就是"神"，所谓"不见其迹，莫知其然"就是"无极"。"神"或"太极"，就体现在"天道行而万物顺"的生成过程中，这就是"生成中见本体"。

周敦颐"生成中见本体"的思想，与汉唐儒家阶段性的宇宙生成论不一样，但和朱熹的超越于时空之上的绝对本体"理"也有距离，处于生成论和本体论发展阶段的中途，可以视为宋明理学本体论思想的最初发端。《通书》中所阐述的本体论思想，有其时代性的意义。一方面，提高了儒学的哲学思维，从而有力地反击了隋唐以来佛家蔑视儒学为"世间法""人天小教"，欠缺形而上学思维的看法；另一方面，则奠定了宋明理学在哲学思想上的根基，从而从二程"天理"概念的提出铺平了道路，喊出了时代的

---

① 当代新儒学思想家方东美就曾指出："就哲学的观点而言，《太极图》及《太极图说》，它不是一种'本体论'（Ontology）。即使安上了一个'无极'，也不能像是正统道家哲学的'超本体论'（Me‐Ontology）。同时，从它把道教的小周天之行气向上逆行，反转成为二气五行向下衍生的过程看来，我们还不能称它是宇宙论（Cosmology）。充其量，它也只是个'宇宙开辟论'（Cosmogony）。"见方东美《新儒家哲学十八讲》，台北黎明文化事业股份有限公司，1983，第121页。

先声。

（2）"以诚为本"的道德修养论

周敦颐在《太极图说》中论述了天道之"太极"之后，又将其下贯为人道之"人极"，以构建其天人相贯的道德修养论思想。他在《太极图说》中对"人道"的道德论、修养论只是蜻蜓点水地提出了一个大纲，"圣人定之以中正仁义而主静，立人极焉"，而在《通书》中，则以"诚"的观念为中心，将《中庸》与《易传》的思想进行贯通，进行了比较细致的论述。

今本《通书》中，第一、第二章名为《诚上》《诚下》，第三章名为《诚几德》。这几章内容集中讨论了"诚"的问题。

《通书》第一章《诚上》说：

> 诚者，圣人之本。"大哉乾元，万物资始"，诚之源也。"乾道变化，各正性命"，诚斯立焉。纯粹，至善者也。故曰："一阴一阳之谓道，继之者善也，成之者性也。"元亨，诚之通；利贞，诚之复。

《诚上》章通篇引用《周易》经传，如"大哉乾元，万物资始"等引文，都出自《易传》。但《诚上》章引用《易传》中的文字，却主要是为了说明、阐释"诚"的概念。在儒家经典中，《中庸》对"诚"的阐述最为著名，也最为精彩，如"诚者，天之道也；诚之者，人之道也"，"诚者，物之终始，不诚无物"。因此，《通书》在第一章中提出"诚"的观念，并以《易传》的思想对"诚"进行阐释，说明《通书》试图做到将《易传》和《中庸》的思想贯通为一体，建立一个以天道为本的道德性命学说体系，这在儒学发展历史上具有重大的意义。

《易传》和《中庸》虽同为儒家经典，但其核心思想却并不相同，因而在儒学发展历史上所起的作用也不一样。《易传》的思想，主要涉及关于宇宙自然的"天道观"；而《中庸》的思想则主要是关于人类的德性修养之"诚"。当然《中庸》也简单地提到了天道之"诚"与人道之"诚"的关系，但如何将两者贯通以实现"天人合一"之"诚"，却是《中庸》始终没有解决的问题。《通书》的《诚上》章，以简明扼要的语言，指出"诚之源"的问题，这就将《中庸》的"诚"挂上了《易传》的"乾元"。有了《易传》天道观念的支持，道德之"诚"就是宇宙之"诚"，而不再是人类社会孤立突兀的价值观。这一说法，对于宋明理学的形成极为关键。

明儒刘宗周说："濂溪为后世儒者鼻祖，《通书》一编，将《中庸》道理又翻新谱，直是勺水不漏。第一篇言诚，言圣人分上事，句句言天之道也，却句句指圣人分上家当。继善成性，即是元亨利贞，本非天人之别。"①《通书》对《中庸》道理的翻新处就在于，"句句言天之道也，却句句指圣人分上家当"，也就是将宇宙之"诚"落实为圣人之"诚"，从而为人类的道德本性寻找到了天道的根源。由此，《通书》就将宇宙论和道德论合而为一，实现了天道、性命贯通意义上的"天人合一"，所以刘宗周强调指出："继善成性，即是元亨利贞，本非天人之别。"

"诚"的概念在《通书》中十分重要。《通书》中"诚"字凡二十见，涉及八章内容。侯外庐等人在《宋明理学史》中指出，《通书》中的二十个"诚"字，大部分是道德论范畴，少部分是宇宙论范畴②。这一意见是十分准确的。《通书》之所以大费周章地从"天人合一"角度来阐述"诚"的意义，主要是为了论证儒者如何通过道德修养而成为圣人。宋明儒者皆怀有"成圣"之理想与信念，实际上也是从周敦颐开端的。《通书》中的《志学》章说："圣希天，贤希圣，士希贤。"圣人的境界就是"同天"的境界，这个境界其实就是"诚"。"诚"是天道流行的真实无妄，也是人类道德本性之"纯粹至善"。

《诚下》章说：

> 诚，五常之本，百行之源也。静无而动有，至正而明达也。五常百行非诚，非也，邪暗塞也。故诚则无事矣，至易而行难。

就人类道德实践的"五常百行"而言，都以"诚"为本源，人之所以能成为圣人，也是因为"诚"。但在人类的实际生活中，往往不能完全体现"诚"，而所谓的"五常百行"也就虚有其表，徒具形式，实质上为"邪

---

① 沈善洪主编《黄宗羲全集》第3册《宋元学案》（一），浙江古籍出版社，1992，第586～587页。
② 参见侯外庐、邱汉生、张岂之主编《宋明理学史》（上），人民出版社，1984，第69页。

暗"所塞。面对这种状况，《通书》提出："故诚则无事矣，至易而行难。"也就是说，行为的发动要顺应"诚"，就能自然而然（"无事"）地在生活中体现儒家道德所要求的"五常百行"。因顺"诚"而行是自然的，所以"至易"；又因做到"诚"需要有高度的精神修养功夫，所以"行难"。

通过《通书》的论述，我们可以了解到，"诚"是一个宇宙论和道德论、价值论合一的命题。就宇宙之"诚"而言，它表现为气化流行、万物生长过程中的创造性力量；就圣人之"诚"而言，它是"五常百行"的本源，也就是道德行为的推动性力量。这两者在本质上是合一的。《二程语录》中说，周茂叔窗前草不除，欲以观万物生意。这实际上说明，周敦颐是从宇宙的创生力量中领悟到了人性的存在奥秘，因而结合《中庸》和《易传》，阐发道德性命之本源。

《通书》对"诚"这一概念的阐释，对宋明理学有深刻的影响。众所周知，儒家的理想在于"内圣外王"，理学更是将"内圣外王"融为一体，试图由道德主体的重塑而构建合理的人间秩序。在塑造道德主体性方面，先秦思孟心学派的《中庸》一贯为人重视。唐代李翱的《复性书》就指出《中庸》是儒家的"性命之书"。但如何将《中庸》的"诚"与天道挂上钩，从而确立其根源性、本体性的地位，却始终是儒家学者所要面对的难题。宋儒远绍先秦孔孟，意在于摆脱汉唐经学，重溯儒家智慧的"活水源头"。周敦颐的《通书》，融合《易传》与《中庸》，就为儒学的发展解决了这一难题，从而为理学的"内圣"开拓了新的境界、新的领域。不但如此，《通书》还围绕着"诚"提出了一系列的概念和方法，如"诚""神""几""主静"等，这就为宋明理学提出了一个粗略的"心性学"的纲领，为理学的发展铺平了道路，其意义之重大，不言而喻。

（3）"礼先乐后"的礼乐政治论

按照宋人黄震的说法，《通书》中的论述，除了"上穷性命之源"的"修己之功"，还要"推以治人"，也就是涉及实际政治领域的礼乐教化和刑政措施。《通书》中对于这些问题的论述是丰富的，大致可以分为"顺化""礼乐""刑政"等具体问题。值得注意的是，《通书》在阐述"礼乐""刑政"等具体社会政治问题时，都将其与天道运行的阴阳气化、春生秋杀联系在一起，认为人间社会与自然世界的运行规律是一致的。因此，《通书》中的"礼乐政治论"，其特色还是在于"天人合一"。

《顺化》章说:

> 天以阳生万物,以阴成万物。生,仁也;成,义也。故圣人在上,以仁育万物,以义正万民。天道行而万物顺,圣德修而万民化。大顺大化,不见其迹,莫知其然之谓神。故天下之众,本在一人。道岂远乎哉!术岂多乎哉!

《通书》中的政治观,是与天道观联系在一起的。周敦颐认为,理想的政治与天道的表现是一致的,这也是一种"天人合一"的关系。天道以阴阳生成万物,圣人则以仁义养育万民。天道运行、四时有序而万物生长顺遂,圣人修仁义中正之德而万民感化,自然界和人类社会的运行规律是一样的。天道运行是一种"神化"的作用,也就是自然而然,无形无迹,却又鼓舞万物之生长,使天地之间充满生机。人类社会中的圣人治世,秉要执本,以德行感召而使人民潜移默化地受到教化,发挥的也是这种作用,因此说是"大顺大化,不见其迹,莫知其然之谓神"。《顺化》章的政治理念,主张圣人奉行天道,以德化民,反对繁琐的"治术",所以黄百家在《宋元学案》的按语中说:"此圣人奉若天道,以治万民也。道不远,术不多,胡为后世纷纷立法乎!"[①]

儒家的教化首重"礼乐",《通书》中有四章论及礼乐,可见对这个问题的重视。《通书》论"礼乐"的篇章有《礼乐》《乐上》《乐中》《乐下》,后三章其实是一篇内容被拆分为上、中、下三章。《礼乐》章阐述礼乐教化的原理和纲领,以及礼和乐的关系是"礼先乐后";《乐上》《乐中》《乐下》三章专论音乐,指出"乐本乎政",主张恢复平和中正的古乐,反对"妖声艳辞"的"新声"。

《礼乐》章说:

> 礼,理也;乐,和也。阴阳理而后和,君君,臣臣,父父,子子,兄兄,弟弟,夫夫,妇妇,万物各得其理而后和。故礼先乐后。

① 沈善洪主编《黄宗羲全集》第 3 册《宋元学案》(一),浙江古籍出版社,1992,第 592 页。

《通书》对"礼"的定义是"理"。周敦颐在这里所说的"理"，尚没有二程兄弟所说"天理"的形而上意义，只是阴阳气化的"条理"，因此他接下来说"阴阳理而后和"。这和《顺化》章如出一辙，也是从"天人合一"的角度阐释礼乐的根源性意义。阴阳气化的运行有条不紊，宇宙万物就有了和谐的秩序；同理，人世间有了"君臣、父子、兄弟、夫妇"的伦常规则，就自然会人心平和，在音乐上体现出来就是"和乐"。因此礼乐教化的原理在于"万物各得其理而后和"，首先要有和谐的伦常秩序之"礼"，而后才有中正平和之"乐"，所以礼和乐的关系是"礼先乐后"。

在《乐上》《乐中》《乐下》这三章中，周敦颐进一步阐述了他理想中的音乐形态。这三章的内容，今人有所概括："在《通书》中，周敦颐特别重视乐的作用。与'乐'有关的一共有三章，即《乐上》《乐中》《乐下》。其中主要讲两个方面：第一，乐以正为本。再好的乐都源自治理，和谐的音乐一定来自好的治理，没有好的治理一定不会有乐之和。第二，好的乐一定是'淡而不伤''和而不淫'的，《论语》里讲'哀而不伤'，这里讲'淡而不伤'。在周敦颐看来，淡与和是好的乐的标准，这是儒家基本的艺术观点。"[1]

周敦颐论礼乐，主要是从教化和治理的角度出发的，他说："乐者，本乎政也。政善民安，则天下之心和。故圣人作乐，以宣畅其和心，达于天地，天地之气感而太和焉。"（《乐中》）"乐声淡则听心平，乐辞善则歌者慕，故风移而俗易矣。妖声艳辞之化也亦然。"（《乐下》）周敦颐重视音乐，但他所注重的并不是音乐本身的美学意义，而是音乐在社会治理中可能发挥的潜在作用。他认为，理想的音乐本质上是天地之和、治理之和的反映，而"和乐"反过来又对人心风俗有化导作用。因此他主张"复古礼""变今乐"，"不复古礼，不变今乐，而欲至治者，远矣！"（《乐上》）用今天的眼光来看，《通书》中的"礼乐论"，对音乐的独立性的美学意义是有所忽视的，但从儒家传统的教化观念来说，音乐是教化的工具，而非审美、欣赏的对象，周敦颐的"礼乐论"是符合儒家的一贯主张的。

儒家以礼乐教化民众，但并不放弃刑政。周敦颐长期担任"司理""提刑"等司法官员，对此是深有体会的。《通书》中有《刑》一章，专论刑政

---

① 杨立华：《中国哲学十五讲》，北京大学出版社，2019，第 159～160 页。

司法。此外，侯外庐等人主编的《宋明理学史》统计指出："考《易》有五卦论刑狱，讼、豫、噬嗑、旅、中孚。……周惇颐引用了其中的四卦。可见周惇颐论刑狱，根据《易》义。"[①]《通书》中《刑》章指出："天以春生万物，止之以秋。物之生也，既成矣，不止则过焉，故得秋以成。圣人之法天，以政养万民，肃之以刑。民之盛也，欲动情胜，利害相攻，不止则贼灭无伦焉，故得刑以治。"（《刑》）这里如《顺化》《礼乐》等章一样，一以贯之地以天道的运行规律为刑政的基本原理，天道运行而有春生秋杀，因此圣人效法天道，以仁政养育万民，又以刑政来约束人民的"欲动情胜"，以避免其"利害相攻"而"贼灭无伦"，所以刑是治理的必要手段，"故得刑以治"。

五 《通书》的阅读参考书目

周敦颐的《通书》，皆为短章札记，长者百余言，短者二十来字，然词约而义丰，义理蕴含丰富，向来号称难读。

历史上对《通书》进行过注解的，最为著名的是宋儒朱熹的《通书注》、明儒曹端的《通书述解》，这两种注解代表的都是程朱学派的看法。陆王心学派对《通书》没有进行过单独的笺注，但在《宋元学案》中，黄宗羲曾根据刘宗周的观点，对《通书》进行过一遍笺注，保存在《濂溪学案》上篇中，可以视为明末心学派的《通书》注本。这些都是我们今天读懂《通书》的必要参考著作。

朱熹是宋代理学的集大成者，也正是由于他的推崇和表彰，周敦颐才有了"理学开山""道学宗主"的历史地位。朱熹曾多次整理周敦颐著作，今本《通书》即是朱熹参校多种早期版本而最后确定的。朱熹的《通书注》是他经过三十多年潜心研究而取得的成果，凝结着他的理学观点。朱熹认为《太极图说》与《通书》互为表里，因此他基本上以《太极图说》中的观点来诠释《通书》。由于朱熹权威性的学术地位，这部著作在宋以后一直被奉为研读周敦颐《通书》的首要注释作品，有着巨大的历史影响。朱熹的《通书注》，附见于宋代以后各种版本《濂溪集》的《通书》正文之下，

[①] 侯外庐、邱汉生、张岂之主编《宋明理学史》（上），人民出版社，1984，第77~78页。

并收录于朱杰人等人主编的《朱子全书》（上海古籍出版社、安徽教育出版社，2002）第 13 册。

曹端，字正夫，号月川，河南渑池人。明初著名程朱派理学家，号称"明初理学之冠"。《通书述解》成于明宣宗宣德二年（1427），是曹端应门人之请而作，既成，四方学者争传诵之。是书先列《通书总论》，叙胡宏、朱熹、真德秀、黄瑞节等人对《通书》的评论，而后就《通书》本身逐句进行笺注，并在《通书》每一章的题目下加以简略的说明，以概括本章的大意，最后则附以《通书后录》，记载周敦颐的《养心亭说》及其遗事数则。其书皆抒所心得，大旨以朱子为归，文字简洁平易，条理清晰畅达，为初学所便。清代的四库馆臣称《通书述解》："其言皆明正通达，极详悉而不支蔓，使浅学见之易解，而高论者亦不能逾。"曹端的《通书述解》，收录于"理学丛书"《曹端集》（中华书局，2003）卷二。

黄宗羲等人在编撰《宋元学案》时，对《濂溪学案》进行了特殊处理，在排列周敦颐著作时，没有依据宋明时代一般的编排方式，而是将《通书》列为上卷，《太极图说》列为下卷，体现出明代心学派重《通书》而轻《太极图说》的倾向。黄宗羲在编撰《濂溪学案》上卷时，依据刘宗周的学说思想，对《通书》逐条进行笺注，黄百家又加以按语，形成了一篇完整的《通书》笺注。黄宗羲笺注《通书》，主要是对程朱理学派朱熹、曹端的《通书》注释有所不满，因而以刘宗周的心学思想重新加以笺注。《濂溪学案》上卷实际上已经是一个独立的《通书》注本，体现了明代心学派对《通书》义理的发挥，具有高度的学术价值。《濂溪学案》（上）收录于《宋元学案》卷十一。《宋元学案》的常见通行版本，有中华书局 1982 年版和浙江古籍出版社 1992 年版。

今人对《通书》进行注解并单独出版印行的不多见，但很多学者都在自己有关宋明理学的论著中，对《通书》做过整体性的注释、译释、疏解工作，这些著作对我们读懂《通书》有很大的帮助。以下对此择要进行分别介绍。

陈郁夫的著作《周敦颐》中，附录有《通书译释》。陈郁夫为台湾师范大学国文系教授，从事宋明理学研究。他的《通书译释》，对《通书》四十章逐章进行白话文翻译和注释。每章的译释分为"章旨""语释""说明"三个部分，"章旨"揭示大意，"语释"将每章内容翻译为现代语体文，"说明"则阐释义理思想。陈郁夫的《通书译释》言简意赅，对《通书》义理把握准确，是初学者读懂《通书》的入门之作。《通书译释》附录于陈氏所著《周敦颐》一书，该书 1991 年由台湾东大图书有限公司发行出版。

钱穆的著作《宋代理学三书随劄》，第二部分为《周濂溪〈通书〉随劄》。该书为钱穆 1981 年秋至 1982 年夏为台湾中国文化大学史学研究所博士班讲课的"札记式"讲稿。1983 年台北东大图书公司出版，2002 年三联书店有简体字版。全篇共有九个标题，选讲《通书》中的二十章内容，并联系《太极图说》而阐发其义理。此书为"札记"形式，但有结构和条理，将《通书》中的相关篇章以专题串联在一起进行讲解，极其深入细致，有助于我们对《通书》的理解。

牟宗三的著作《心体与性体》（上），第二部第一章为《周濂溪对于道体之体悟》，其中第一节专门论述《通书》，题为《濂溪通书（易通）选章疏解》。牟氏疏解《通书》，纯从义理入手，选章内容则有《诚上》《诚下》《诚几德》《圣》《道》《师》《思》《志学》《圣学》《顺化》《动静》《理性命》十二章。牟宗三是现代新儒学的中坚人物，他从现代新儒学的立场解读《通书》，哲学气息浓厚，是我们深入了解《通书》义理的必要参考著作。《心体与性体》一书，有台湾联经出版社、上海古籍出版社、吉林出版集团等多种版本。

苏舆佚文二篇辑释*

马延炜**

摘　要：作为晚清湖南地方政治、学术舞台上的知名人物，苏舆著述的整理与刊行一直较为学界所重视。20 世纪以来，仅其诗文集就先后出版了两个选本，但仍有部分遗漏。本文辑录并整理了两篇未见于上述选本的苏舆文章，冀对相关研究有所助益。

关键词：苏舆　湘学　晚清

苏舆（1874～1914），字嘉瑞，号厚庵，湖南平江人。早年随父亲苏渊泉读书，补县学生员后，入长沙校经书院为肄业生。后经学者杜贵墀介绍，随王先谦受学，为王氏得意门生。苏舆政治主张保守，反对维新变法。戊戌湖南新政期间，曾收集张之洞、王先谦、叶德辉等反对维新的书信、奏折、论述等，编为《翼教丛编》一书，是清末湖南地方政治舞台上的守旧派干将。光绪三十年（1904）成进士，改庶吉士，官邮传部郎中，清帝逊位后去职。乡居期间，又撰有阐发春秋公羊学的《春秋繁露义证》一书。

苏舆著述颇丰，除《翼教丛编》《春秋繁露义证》等外，尚有诗文集多种。其中，诗集有《自怡室诗存》《辛亥溅泪集》，文集有《自怡室文存》。《自怡室诗存》为苏氏生前手订，民国 13 年（1924）由弟子萧子和整理，交长沙龙云印刷局石印出版，《辛亥溅泪集》后亦在此间出版。令人费解的是，苏氏弟子此次在整理乃师诗集的同时，并未将文集一并印行。1948 年民国《湖南省志》编纂期间，青年时期曾与苏氏有所交往的杨树达先生为撰墓志铭一篇，称其"《自怡室诗存》四卷，《辛亥溅泪集》四卷，皆行于

　＊　本文系国家社科基金青年项目"晚清湖湘汉学研究"（14CZS025）的阶段性成果。
　＊＊　马延炜，湖南省社会科学院历史文化研究所副研究员，历史学博士。

世。《自怡室文存》四卷，稿藏于家"[1]。

值得注意的是，进入 21 世纪以来，海峡两岸先后编辑出版了两种《苏舆集》，均未收录有《自怡室文存》。其中，2005 年台湾"中央研究院"中国文哲研究所出版的由林庆彰、蒋秋华编辑，杨菁点校的《苏舆诗文集》，将《自怡室诗存》、《辛亥溅泪集》及散见各书之单篇苏氏文章汇为一帙，似编者并未见过（大概也不知道）《自怡室文存》。2008 年，岳麓书社出版的由胡如虹点校的《苏舆集》，则是《翼教丛编》《自怡室诗存》《辛亥溅泪集》三书的合编，并未收录苏舆文章。由此当可推断，《自怡室文存》或仍藏于苏氏后人手中，抑或已经散佚。

近日，笔者在阅读史料的过程中，发现两篇苏舆文章，均不见于《苏舆诗文集》。特将其辑录如下，并略加注释，以供学术界苏舆研究者参考。

曹母王太孺人传

王太孺人，益阳曹摅沧大令佐熙[2]母也，父源棣，母氏曰曾。王氏诗礼旧家，自源棣以上七叶为学官弟子。有方坦者，以副贡官芷江训导，用程朱义理之学提挈后进，士论归之，源棣伯曾祖也。太孺人世习典训，目濡耳染，不学以能。年十七，归载轩赠君[3]，表顺衷和，曲尽妇道。赠君生事贫薄，修业以佐之。冬月纺纱，日课四两以上，朔风凄厉，手足瘃皲，织成，先衣赠君，而后及己。夏月则芸瓜莳蔬，锄芜灌园，汗淋漓衣尽湿，不终事不止。自余辟□织笠，伏鸡荞豚，咸目营手治，规划井井，数十年如一日，子妇之尤者莫能及焉。一被用至三十余年，一衣用至二十余年，补缀累累，视同新制。林有落叶，竈有余薪，胥料而存之。夜作则率子妇六七人环坐一灯，无独照者。

---

① 杨树达：《平江苏厚庵先生墓志铭》，载（民国）湖南文献委员会：《湖南文献汇编》第一辑、第二辑，湖南人民出版社，2008，第 234 页。按，关于杨树达参与修撰民国《湖南省志》的有关史事，参见拙文《杨树达先生与湖湘学术》，《船山学刊》2011 年第 2 期。

② 曹摅沧大令佐熙，即曹佐熙。曹佐熙（1869～1921），世名文济，字摅沧，号毅庵，湖南益阳人。早年在长沙求学。1911 年后相继在益阳县议会和湖南省议会任职，参与创办了船山学社。（参见拙文《曹佐熙的生平与史学思想》，《求索》2016 年第 4 期。）曹佐熙著述颇多，其中又以史部的种类最为宏富。学术界曾认为，曹著《史学通论》为迄今所见 20 世纪中国最早的一本论述史学理论的专书，"比之梁启超提出史学史做法早了十余年"。（参见张越《新旧中西之间——五四时期的中国史学》，北京图书馆出版社，2007，第 44 页。）

③ 载轩赠君，即曹佐熙父。名方炜，字载轩，有七子，曹佐熙排行第六。

非岁时伏腊，酒肉未尝入口，园蔬自用其次者，而蓄其尤者餐宾。或怪而问之，则曰："吾遇若斯，敢自侈逸以重累吾夫邪？"事尊长，视膳问安，无失礼。忌日寝荐，必洁必诚。生子男七女三，艰苦鞠育凡四十年。嫁娶及时，衣履整洁，里党指目，以谓难能。诸子就傅受书，尝典衣珥，以给膏火，有补学官弟子者，则曰勉之。士道远大，无以是止也。赠君性任侠，周急□穷，皇皇如恐失，不足者谋诸太孺人，周不同意者。赠君有舅母，年七十矣，蛰病无子，赠君迎养于家，太孺人以事姑者事之，终其身。舅母且死，泣谓太孺人："吾无以报汝，惟时祝上天佑汝得佳儿，以为门户光。"视姒娣如同胞，视从子如子。饥而食，渴而饮，寒而衣，蚊而扇，靡不为之，乃至一糕一饼，一瓜一果，分惠必周，与人言温温长厚，卒之日，亲党咸哭之哀，从子哀尤至，如丧母云。

苏舆曰：撼沧博雅笃实，与予同出杜仲丹①先生之门，先生书赠君事所称为诚笃士②，溺苦于学，为古文高简有法者也③。光绪戊申秋，寓予京邸，语及太孺人，则色惨而泪欲下。庚戌廷试，以知县签分岭南④，临行出所为先妣事略，属予为传其事，率庸近无奇而能者辛鲜次而论之，俾语妇事者有考焉。

按：是文为苏舆应曹佐熙之请，为曹母王氏所撰写的叙述其生平事迹的传记，后编入《益阳三峰曹氏先德传别录》一书中，湖南图书馆藏有民国铅印本。一同收录的还有几篇曹父方炜的传记，分别为杜贵墀撰写的《书益阳曹君遗事》、严家邑撰写的《曹府君述后序》、颜昌峣撰写的《曹府君墓志铭》等。严家邑，字秬香，长沙人，同治三年（1864）举人，官桃源教谕，著有《无可名斋文存》《长沙严氏家行略》等。颜昌峣（1868 ~

---

① 杜仲丹先生，即杜贵墀。杜贵墀（1825 ~ 1901），字吉阶，一字仲丹，湖南巴陵（今岳阳）人，光绪元年（1875）举人，先后在湖北经心书院、湖南校经书院主讲，为学"恪守先儒义训，不持汉宋门户之见"。

② 杜贵墀在《书益阳曹君遗事》中说："校经堂益阳曹生佐熙书仓，诚笃士也。"

③ 刘声木所编《桐城古文渊源撰述考》，曾将杜、曹二人共同列入桐城派古文家中。参见刘声木《桐城古文渊源撰述考》，黄山书社，1989，第 84 页。

④ 宣统二年（1910），曹佐熙到北京参加举贡考试，名列三等，补广东知县。参见《举贡知县掣签单》，载《政治官报》第 33 册，文海出版社，1965，第 91 页。

1944），号息庵。湘乡（今属涟源）人。早年以官费留学日本，归国后历任湖南高等学堂、优级师范等校教师。1927 年任武昌中山大学教授，曾主讲船山学社，著有《管子校释》《珍珰山馆文集》等。本文虽是寻常颂德之文，对于了解苏氏文笔，仍不无意义。

训真书屋诗存叙

外舅贵筑黄再同先生①以学行重一时，年未及艾，居父丧毁卒。合肥李文忠公②暨今湖广总督南皮张公③交章奏闻，立传国史，生平撰述，未及汇次。卒后，其子厚成本甫④衷藏遗稿，尝为元和江建霞学使⑤假观，佚其泰半。岁甲辰，婿于黄氏，于是距先生卒十四年矣，外姑傅夫人⑥命与本甫重为写定，今夏本甫随使英吉利，与覆加诠次，得《训真书屋杂存》若干卷，《诗存》二卷。诗刻既成，谨为叙曰：

古者，朝廷士大夫下逮氓庶妇女，类皆游学校，娴文词，劳思悲愉，颂美讽刺，往往托为讴吟，发为胸臆，是故太史采之以观俗，宴飨赋焉而见志。唐宋以来，益为体物雕□之词，以广其途径，下迨里衖传奇，旁暨域外译述，杂引繁运，恣奇聘靡。沿及国朝，学风大邕，乃至金石书绘，点画缺□，推勘考索，琐碎毕登，才思所极，蔚为大观，盖诗境至是而弥辟矣。曩者窃怪唐宋造士，偏重词艺，以昌黎之贤，殷勤荐士不过盛推东野诗学。东坡称鲁直天下才，亦第喜诵其诗，比诸贤韶，毋亦风会之说，趋者好之所尚，未免有张皇过甚邪？吾以

---

① 贵筑黄再同先生，即黄国瑾。黄国瑾（1849～1890），字再同。湖南醴陵人，迁居贵州贵筑。名宦黄辅辰孙，湖北布政使黄彭年子。苏舆岳父。光绪二年（1876）进士，选庶吉士，授编修。著有《夏小正集解》《训真书屋文存》《训真书屋诗存》《段氏说文假借释例》等。

② 合肥李文忠公，即李鸿章。

③ 南皮张公，即张之洞。

④ 其子厚成本甫，即黄厚成。号本甫，黄国瑾子，曾任二品衔湖北候补道。

⑤ 元和江建霞学使，即江标。江标（1860～1899），字建霞，号师祁，又自署谇笤，江苏元和（今苏州）人。光绪进士，官翰林院编修，光绪二十年（1894）参加强学会。任湖南学政期间，整顿校经书院，增设史地、算学等学科。光绪二十三年（1898）刊《湘学报》，组织南学会。变法失败后被革职，永不叙用。

⑥ 外姑傅太夫人，即黄国瑾夫人，苏舆岳母。六十岁时，苏舆曾为其作《外姑傅太夫人六十寿序》，收入《自怡室诗存》中。

为历代以文治天下，则夫词翰篇咏之事固士职也，然而行己无以树表坊，学不周天下之用，虽工轶卿云奚翅玩物，且时方无事，士人以吟咏之末奔走声气，酿为浮虚，值世艰迄智不出雕虫绣悦无以应变，而给求末流乘之，乃得别鼓其蜩螗蛙蝈之浮声，侈新知而悔旧学，论者徒归咎往日文字之无用，岂不诬哉！

先生少秉家训，博览坟典。通籍以后，亦与二三同志讲求经世之务，固非专溺文词者。至其为学，考证赅洽，屏祛空谈，诗中鉴赏诸作，翔核精采，体于东野、鲁直为近无末俗剽浮习气，殆亦肖其为人。外姑言先生官翰林，供职会典馆，于旧制典例二门外推广图表，综理繁劳，持己傲岸，不肯苟且干徼以希倖遇，是以身劬而仕不进。然则先生之足为世重，诚不在诗，而诗之出而有传于后愈可决已。

光绪三十二年丙午岁冬十一月子婿平江苏舆敬撰。

按：是文为苏舆将其岳父黄国瑾之《训真书屋诗存》（以下简称《诗存》）整理刊布后，为全书撰写的序言，载于《诗存》卷首，湖南图书馆藏有清光绪三十二年（1906）黄氏家塾刻本。文章叙次《诗存》结集、散佚、整理刊行的曲折经过，同时还涉及苏舆岳家的部分情况，不仅是了解《诗存》的重要资料，对于研究苏舆生平事迹亦有助益。

《中国书法全集·何绍基卷·作品考释》校读

陈国明*

摘 要：梅墨生主编的《中国书法全集·何绍基卷》在何绍基研究方面有开拓之功，但也存在诸多瑕疵亟待校正，其中以作品考释问题为多，计有人物考订及作品系年、诗文收录、评书论画语、图版命名、《致石泉信札》释读及系年问题、图版真伪考辨等诸方面，本文就此六方面进行了校勘辩正。

关键词：《中国书法全集·何绍基卷》 梅墨生 《致石泉信札》

刘正成先生主编的《中国书法全集》是对中国历代书法名家名作的系统性学术性巡礼，是中国书法史上里程碑式的皇皇巨著，对当代和后世正在而且必将产生越来越深远的影响。刘正成先生和每一分卷的主编可谓居功至伟！丛书大部分分卷成书于20世纪90年代，当时计算机和网络技术尚未普及，资料的搜集整理面临着我们现在难以想象的困难，其钩摭幽隐、别择甄录真是戛戛乎难哉。刘正成先生说曹宝麟先生主编《北宋名家卷》"搞了一年多，天天晚上干到凌晨两点钟"，可谓一语道出其中甘苦。或许是望之愈殷，故而责之愈切吧，总是希望《全集》每一分卷的瑕疵越少越好。近段时间仔细翻阅梅墨生先生主编的《中国书法全集·何绍基卷》时，这种念头就更是挥之不去，因此冒昧提出一些愚见，敬请海内方家批评指正。应该声明的是，本文若有些微收获，实在是得益于大数据时代信息检索之便利，并没有任何抹杀梅先生在何绍基研究方面开拓之功的意思。

---

* 陈国明，中国书法家协会会员，福建省惠安县嘉惠中学一级教师。

梅先生在作品考释中的人物考订及作品系年、诗文收录、评书论画语、图版命名、《致石泉信札》释读及系年问题、图版真伪考辨等方面均存在不同程度的瑕疵，实有加以修正的必要。刍荛芹献，谨供采择。

一　人物考订及作品系年

（一）图版 8《为叙斋书涪老诗卷》

按语云："此卷是何绍基抄录黄山谷的数首诗给魁伦的。魁伦字叙斋，满洲人，工诗画。亦擅指头画。官福州将军。生卒年不详。从款上看，魁伦曾经教过何，故何称'馆晚'，即馆晚生的意思。"

此处误认"馆晚"为塾师弟子自称。实则"馆晚"乃指翰林院晚辈之意。"翰林最重前辈，凡先本人在七科以上入翰林者，称大前辈，亦曰老前辈，自称晚生；……如前辈已放外官而现时不在翰林院者，则自称加一馆字，如馆晚生、馆侍生之类。"① 如张元济宣统元年（1909）致缪荃孙手札自称"馆晚生"，即因缪荃孙是光绪二年中进士入翰林院，张元济则是光绪十八年中进士入翰林院之故。

《清史稿》卷三百五十五列传一百四十二记载，魁伦，完颜氏。满洲正黄旗人，袭世管佐领，兼轻骑都尉，授四川漳腊营参将，累擢建昌镇总兵。尝入觐，高宗询家世，魁伦陈战功甚悉。乾隆五十三年（1788）擢福州将军。嘉庆四年（1799），署吏部尚书，命赴四川署总督。五年（1800）春，上以数年在川剿匪不力，初革职留任，继以褫职逮京赐死。其时何绍基二岁。

故"叙斋"显然另有其人。再查《东洲草堂文钞》有《跋陈叙斋藏赵文敏书千文》，则图版 8《为叙斋书涪老诗卷》之"叙斋"或为陈叙斋。

陈叙斋，名功，字克敏，号叙斋，福建侯官县人，清嘉庆丁丑（1817）进士。道光二年（1822）为翰林院编修，道光十五年为御史，道光十六年（1836）充山东兖沂曹济道，道光二十三年（1843）十月为江苏按察使，后

---

① 商衍鎏：《清代科举考试述录》，故宫出版社，2014，第 118 页。

为湖北按察使。

作品落款云:"癸卯杪春,叙斋前辈由沛上驰柬索书。行便甚迫,草得涪老数书应命。率劣为愧,仍请教定。馆晚道州何绍基。"癸卯,即道光二十三年(1843),其时,陈功尚充充沂曹济道,与"沛上"合。又陈功道光二年为翰林院编修,到何绍基道光十六年中进士入翰林院时,陈功已就外任,故何自称"馆晚"。

(二) 图版 13 《拜潜邱生日》

按语云:"何绍基此诗不仅写给潜丘看,并示苗仙露……"。后又释云:"张石舟,号潜邱,又作硕舟、石州,与何子贞友善。"指"潜邱"为张穆,误。

"潜邱"乃阎若璩之号。阎若璩,1636 年十月十四日生。他是继顾炎武之后另一位享有盛誉的朴学大师,最重要的成就是《尚书古文疏证》,他指出《古文尚书》二十五篇是魏晋间伪作,把长期被奉为儒家经典的《古文尚书》拉下神坛,被梁启超在《清代学术概论》中誉为"近三百年来学术解放之第一功臣"。

曰潜邱者,若璩本太原人,寄居山阳,《尔雅》曰,晋有潜邱。

何绍基诗云:"五月廿八顾子寿,十月十四阎悬弧。月日盈缩宛相应,二子学术固合符。""顾子",即顾亭林,生日为五月廿八日。"悬弧",古生男之谓,故古称生日为"悬弧之辰","十月十四阎悬弧"即阎若璩生日为十月十四日。

张穆(1805～1849),张穆知,初名瀛暹,字石舟,穆之,亦字石州,号月斋。何诗题《丁未十月十四日拜潜邱先生生日于震雷书屋,得诗三十韵,呈主人张石舟同年……》之"主人张石舟"即张穆。诗中有云"昔年顾谱述且作,甄辑前溯车徐胡。今年阎谱君创构,黄羊尚书初刊橅。两君生年廿载隔,二谱并出相唯俞。"则指张穆编先后著《顾亭林年谱》和《阎若璩年谱》事。

(三) 图版 27 《赠仲云楷隶杂书册》

按语云:"吴观礼在此册后跋中称:'此册为外舅东洲先生咸丰丁巳在都时所临,藏箧中有年。光绪纪元人日持赠安圃前辈。观礼敬识'……写明系给'仲云姻世讲属'。考吴观礼，字子儁……吴观礼是否为'仲云'之子？而'仲云'当为吴振棫。何款题谓：'仲云姻世讲属'，则何绍基此册是 1857 年三月回京期间赠给姻亲吴仲云的，后来被吴仲云之子吴观礼一直收藏，至光绪改元的第一年（1875 年）的正月初七日吴观礼又将这册书作转赠'安圃前辈'。"

这里首先要明确吴观礼其人。吴观礼，字子儁，同治十年（1871）进士，改翰林院庶吉士。散馆，授编修。光绪元年（1875）大考二等，充四川乡试副考官。其父吴怀宝。娶何绍基三弟何绍祺之女彤云为妻，彤云咸丰七年（1857）殁于京寓，后以何绍基女韶云为继室，同治二年（1863）合卺。故其在此册跋语称何绍基为"外舅"（《尔雅·释亲》："妻之父为外舅"）。

其次要明确"姻世讲"之义，指有姻亲关系之朋友后辈也。则吴振棫大何绍基七岁，不是同宗，显非后辈，且无姻亲关系。字仲云，巧合而已。

最后再来探讨此册"仲云"其人，当为李概。李概（1824～1881），字仲云。湖南湘阴人。李星沅次子。李星沅之女李楣嫁与何绍基之子何庆涵为妻。故何绍基称李概为"仲云姻世讲"。李概酷嗜何绍基之书作，收藏有何绍基不少佳作，最著者为《小楷书太上黄庭内景玉经册》，落款即有"仲云姻世讲索作小字"之语①。

至于本要赠予仲云的此册为何最终落入吴观礼之手，则有可能是仲云转赠之故，也可能是此册完成后未及送出即被吴观礼横刀夺爱了。

此外，吴观礼持赠之"安圃前辈"当为张人骏。张人骏，字千里，号安圃。同治七年（1868）进士，入翰林院。早吴观礼一科，故吴称其为"前辈"。又吴观礼与张人骏之堂叔张佩纶为挚友，他们两人与陈宝琛一起被章士钊誉为"翩联三士壮同光"。因此，吴观礼与张人骏有交集亦在情理之中。梅墨生先生认为是姚培炎，姚乃一诸生，未入翰林，"前辈"无从说起，当非。

（四）图版 53 《为醇卿书羲之雅好服食语轴》

按语云："'醇卿'乃钱塘人龚孙谋，字诒伯，号醇卿，生平不详。"笔

---

① 《中国名家法书全集 24·何绍基法书集（二）》，翰墨轩出版有限公司，2004，第 83 页。

者以为"醇卿"当为汪廷儒。这可从何绍基的落款"醇卿大兄同年"看出端倪，顾亭林先生云："今人以同举为同年"，而龚孙谋未有功名，则"同年"无从说起。

汪廷儒（1804~1852），字醇卿，仪征人。道光二十年举人，道光二十四年（1844）进士，官翰林院编修。何、汪两人并非同年中举或进士，而称"同年"者，或为皆有"贡生"经历。"拔贡之举以酉年，与前后酉年所举者及本科中式之举人，皆认同年，优贡亦与本年之举人、拔贡称同年"①。

何绍基为主要发起人的顾祠会祭活动，汪廷儒与祭的有：道光二十六年春祭，道光二十八年秋祭，道光二十九年生日祭②。而这三次何绍基亦均与祭，两又人均供职于翰林院，熟识自不待言。

综上所述，此轴书赠汪廷儒的可能性最大。创作时间当在何、汪两人同时参加顾祠会祭的道光二十六年（1846）至道光二十九年（1849）间。

（五）图版60《祁大夫字说》

按语指"尚书"疑为程恩泽，误。当为祁寯藻。

祁寯藻（1793~1866），字叔颖，一字淳甫，避讳改实甫，号春圃、息翁，山西寿阳人。清朝大臣，三代帝师。嘉庆十九年（1814）进士，由庶吉士授编修，累官至体仁阁大学士、太子太保。谥号文端。因其祖籍寿阳，历任兵部尚书、户部尚书、礼部尚书，故称其为寿阳尚书。

何绍基咸丰九年（1859）入都，与祁寯藻多有唱和，如《次韵答寿阳相国三首》《馤訒法华连日与老猿唱和静夜感怀次前韵》《次韵奉酬寿阳相国招饮松筠庵谏草堂见赠之作》《相国命书勤获斋额识宸训也谨缀小诗》《题寿阳相国借园寒趣卷》《题寿阳相国馤訒亭图》等诗③。"寿阳相国"即祁寯藻，有诗集《馤訒亭集》《馤訒后集》存世。

《祁大夫字说》之"祁大夫"乃祁奚，字黄羊，春秋时晋大夫，祁寯藻远祖。祁寯藻惑于远祖之名（奚）与字（黄羊）似未响应一事，不耻下问，

---

① 商衍鎏：《清代科举考试述录》，故宫出版社，2014，第118页。

② 国家图书馆藏《顾先生祠会祭题名弟一卷子》。

③ 何绍基：《东洲草堂诗钞》卷二十一，《续修四库全书》第1529册。

遍询当时小学名家以求释惑，计有苗夔、王筠、何绍基、陈瑑、何秋涛诸人。其事自道光十八年（1838）至道光二十七年（1847），历时十年。

按语云：此文之"尚书"疑为程恩泽（1785～1837）……如果上说成立，则此册当作于道光十七年（1837）之前，即程氏故世之前数年中。甚至不妨估计年限约在道光十一年（1831）至道光十七年（1837）之间。此间何氏在 33 岁至 39 岁。书学颜楷，略有"馆阁书"气。

因已明确文中之"寿阳尚书"为祁寯藻而非程恩泽，故按语关于此册创作时间的推断便不能成立。

祁寯藻在癸卯（1843）八月十日诗《次韵王篆友孝廉（筠）四首》其四云："析疑为我证群书，咀嚼菁华弃土苴。梦觉云雷动科斗，笑看杨柳贯鲂鱼（君顷与何子贞为余撰祁大夫字黄羊说，又与张石州释虢季子白盘铭见示）。通经合称无双品，载笔空惭第七车。但许从君问奇字，雄文奚必慕相如。"① 诗中夹注特别提到"君顷与何子贞为余撰祁大夫字黄羊说"一事，《一切经音义》卷十三云："顷，近也。""顷"字说明其诗与王筠、何绍基两人各自所撰《祁大夫字黄羊说》之文的创作时间间隔很短，因此可以断定何绍基此册当创作于道光二十三年（1843）。

二　疑未入诗文集者

"作品考释"中误把六件作品中的诗文疑为何绍基所作而未收入《东洲草堂诗钞》及《东洲草堂文钞》者，如果属实，则于何绍基诗文辑佚、人生履历、生活情趣等方面均有研究价值，故宜审慎对待。遗憾的是，经查证，此六篇诗文皆非何绍基所作，仅为抄录而已。

（一）图版 9《行书五言春来诗轴》按语云："自作五言诗一首"，"不载于《东洲草堂诗钞》"，误，非自作诗。实为杜甫的五律《早起》。

（二）图版 22《〈苦雨奇晴〉诗稿册》。按语云："此诗未见载于《诗钞》"，误。诗题"奇"字释读错误，当为"苦雨喜晴"。载于《东洲草堂诗钞》，诗题为《苦雨喜晴，柬黄寿臣制军作，时乙卯六月廿六日》②，何绍

① 祁寯藻：《𬪩欨亭集》卷二十七，《清代诗文集汇编》第 583 册，上海古籍出版社。
② 何绍基：《东洲草堂诗钞》卷一五，《续修四库全书》第 1528 册，第 707 页。

基时年 57 岁。

（三）图版 36《为小帆书〈徐老海棠〉诗轴》按语云："诗为六言，为猿叟少见之作，《诗钞》中亦未载。"误。实为黄庭坚六言诗二首，一为《题瀟峰阁》，二为《题山谷石牛洞》。

（四）图版 48《为定孙书七绝诗轴》按语云："此诗不见载于《诗钞》"，按此诗非自作诗，乃黄庭坚《睡鸭》诗。

（五）图版 69《鱼枕冠颂》及《豆粥》诗册，按语云："诗未见载于《诗钞》。"实际上，《鱼枕冠颂》及《豆粥》乃苏轼所作。

（六）图版 82《记东坡羹卷》，按语云："猿叟一生服膺东坡，屡屡于诗文中及之，此卷内容即述名肴东坡羹做法。"误为何绍基撰。当为《节录苏轼〈东坡羹颂（并引）〉》①

三　评书论画语

何绍基作品中多见评书论画语，梅先生可能先有何绍基精通书史画论的定见，故于其所抄录的评书论画语未做深究，一概以为出自何绍基之隽语妙论，实则不然。

（一）图版 53《为醇卿书羲之雅好服食语轴》按语云："何绍基一生学识博洽……对于王羲之及谢安这些与《兰亭》有关的东晋名流娓娓道来。"误认所书内容为何绍基语，实际上当出自《说郛》卷六十二，文字略异。"醇卿"其人详见上文。

（二）图版 62《为澹如书〈论元人画〉四屏》，当为录吴历《墨井画跋》三则，文字略有出入。按语云："四屏内容系评元代著名画家黄子久、王蒙两家山水画的，语多推崇，体察细微，诚行内人见地。"实属张冠李戴。

（三）图版 67《为兴榆书〈论唐人画法〉轴》按语云："此轴内容系何绍基评论唐代画家李思训等人画法的文字。何亦善画墨兰及山水，于画史画理画法甚明了，故随口评骘亦能中的也。"误，当为节录荆浩《笔法记》。

---

① 宋苏轼著，李之亮笺注《苏轼文集编年笺注·诗词附三》，巴蜀书社，2011，第 169 页。

所书文字当是凭记忆所写，与原文略异。

《笔法记》原文："李将军理深思远，笔迹甚精，虽巧而华，大亏墨彩。项容山人树石顽涩，棱角无踪，用墨独得玄门，用笔全无其骨。然于放逸，不失元真气象，元大创巧媚。吴道子笔胜于象，骨气自高。"①

《全集》释文："李将军理深思远，笔迹甚精，惟巧而能华，颇乏墨彩。项容山人树石完密，（棱角无踪，）用墨独得古法，（用笔全无其骨，然于放逸，不失元真气象，元大创巧媚。）吴道子（笔胜于象，）骨气自高。"按：括号内文字何书略去。

（四）图版 73《为兰轩书〈论画语〉四屏》当为节录《山谷题跋》三则，分别为：《题辋川图》《题洪驹父家江干秋老图》《书文湖州山水后》。按语云："何绍基工画兰及山水，深通画史画理，故书每及之，此屏内容似亦随手而出的议论。"实属主观臆断。

（五）图版 76《赠敏斋论画语轴》，实为抄录龚贤《画决》。按语云："此轴内容是关于山水画中皴法的论述，似可从中窥见猿叟对于山水技法的认识。"误为何绍基画论。

（六）图版 83《为芷谷书〈论画梅语〉轴》当为书吴瓘论《画梅语》。按语云："何绍基精通画理，亦工画，此轴内容所及即其叙作梅'聊自吟啸，岂在悦人心目'之志，并记其作之所以附于《禹功卷》后的因缘"，亦属臆断。所云《禹功卷》当为南宋画家徐禹功之画梅作品。②

四　图版命名

作品图版命名关涉到该作品的内涵、欣赏、传播和研究等诸方面，似不宜简单草率。如对联命名，即当以"上下联首二字 + 书体 + X 言联"这样的格式命名为宜，如图版 1《为坦斋楷书七言联》——"安得仙人九节杖，壮哉昆仑方丈图"，可改为《安得壮哉楷书七言联》。

（一）图版 15《为子香书苏轼〈和文与可洋州园池诗〉四屏》，按语

---

① 荆浩、王伯敏标点注译，邓以蛰校阅《笔法记》，人民美术出版社，1963，第 5 页。

② 朱存理集录，韩进、朱春峰校证《铁网珊瑚校证》（下），广陵书社，2012，第 704 页。

云："录苏轼七言古诗一首"，误。当为七绝十首。组诗总题为《和文与可洋川园池诗》（图版命名把"洋川"误为"洋州"，当更正）都三十首，子贞选抄十首。按抄录次序分别为：《湖桥》《横湖》《书轩》《冰池》《竹坞》《荻浦》《蓼屿》《天汉台》《待月台》《二乐榭》。当命名为《为子香书苏轼〈和文与可洋川园池诗〉（十首）四屏》①。

（二）图版77《七绝诗轴》，当为《书东坡七绝诗轴》，诗题为《予前后守停余杭凡五年夏秋之间蒸热不可过独中和堂东南颊下瞰海门洞视万里三伏常萧然也绍圣元年六月舟行赴岭外热甚忽忆此处而作是诗》②。

（三）图版96《怀绝世之清音语轴》按语云："此轴内容不详出处。待考。"实为节录岳珂《苏文忠潘墨诗帖赞》。见岳珂撰《宝真斋法书赞》卷十二。故当命名为《节录岳珂〈苏文忠潘墨诗帖赞〉》。

（四）图版100《赠凤冈议神人语四屏》当为《书戴逵〈闲游赞〉》。

（五）图版107《记宋思陵事语轴》当为《节录孙承泽〈庚子消夏记〉语》。按语云："所书内容似为何绍基记述语一段，大致述自家藏宋代人诗画合卷之作品情况。"亦是臆断。

五　关于《致石泉信札》释读及系年问题

图版41《致石泉信札》中杨石泉其人和此札的释文及系年问题，王贞华先生曾做详细考订，兹略述并稍做补充如下。

此札述及何绍基身体状况，应聘孝廉堂讲席，思习狂草和时政大事等方面内容，对于何绍基研究具有重要意义，故对释文及系年都宜详加推究。

在释文问题上，由于此札书写潦草加以纸似略生致很多字墨浣成团（见下图），极难释读，梅先生误释及未释之处达二十多处（对此，梅先生在回应王贞华的文章中解释是录入校对的问题），王贞华虽有所纠正，但还是有十处释读错误，兹重做释读如下：

---

① 《乾隆御览本·四库全书荟要·集部》第11册，第145~146页。
② 宋苏轼著，李之亮笺注《苏轼文集编年笺注》，巴蜀书社，2011，第407页。

《致石泉信札》（一）

《致石泉信札》（二）

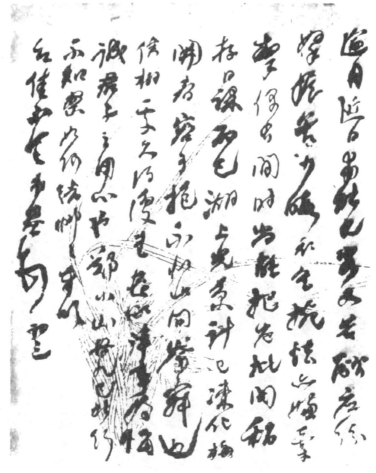

《致石泉信札》（三）

石泉仁兄中丞大人阁下：

　　前奉复书，具知拳注。岁底寒疾，久未奉笺。比惟新祺畅集，霖绩逾闳，定如臆祝。吴门雪雨颇多，浙中气候是否相同？节届中和，重裘未卸，笔砚虽解冱寒，尚未能畅所欲挥。兴致阑珊，饮啖依然少味。金陵、扬州思一往游，大约在三月后。承湖山佳约，恐须待夏间方得良晤矣。孝廉堂一席开课当在何时？如或行踪迟至，尚希示期寄课为恩。寿衡学使船次耽延，新年解缆，闻其小住维扬。保举人才，乃蒙严议，嗣后当益加敛才就范耳。岂非福泽耶？自见尊藏自叙帖后，忽思习狂草，以补篆分之不足。不意新年病卧忽已逾月，近日甫能见客。又苦

酬应纷拏，握管少暇，衣重捥怯，亦嫌牵掣。偶有闲时，尚能把卷批阅，
稍存日课而已。湖上光景，计已冻化梅开，春容可把，不似此间岑寂也。
侯相处久得复书，甚以津事为悔，诚君子之用心也。郑小山廿九已北行，
不知案如何结。草草。奉颂台佳。不具。弟基顿首。初三。

此札系年，梅先生认为约书于六十六岁。王贞华先生推断此札的写作
时间在同治十年（1871）春季的某月初三，何绍基七十三岁①。根据为：
（一）同治庚午（1870）跋《板桥书道情词》之"连日借得杨石泉中丞所
藏怀素自叙帖，把玩不忍释"；（二）梅墨生《何绍基年表》：同治十年
（1871）"正月寓吴门，天冷，患寒疾"；（三）同治十年夏，何有金陵、扬
州之行；（四）杨昌浚聘何绍基孝廉堂讲席时间等。可从。

事实上，此札尚有诸多佐证：（一）杨昌浚（石泉），同治八年（1869）
十二月署理浙江巡抚，故有"中丞"之称。（二）徐树铭（寿衡）保举人
才事。同治九年（1870）十二月徐寿衡侍郎因奏保俞樾、谭献等十七人，
上干严遣，吏部议以降四级调用。（三）曾国藩处理天津教案事，事在同治
九年（1870）。（四）郑敦谨（字小山）审张汶祥刺杀马新贻案事。同治九
年（1870）八月初三马新贻被张汶祥刺杀。同年十一月郑敦谨受命前往江
宁会同曾国藩审案。根据以上信息，此札的写作时间当在1870年后，参以
札中"寿衡学使船次耽延，新年解缆，闻其小住维杨"之"新年"，则可知
为1871年。

六　图版真伪考辨

在图版真伪方面钱松博士多有考辨，推断扎实过硬，当可信从。下面
笔者略作补充。

图版7跋阮氏《秦公望钟、秦公□钟、齐侯罍拓本》。钱博士把该作品
放在何绍基书法演进谱系中进行观照，觉此欧体书风与何书格格不入，认
为当是晚年命子孙誊写之稿②，此说有道理。何绍基50岁后开始临习《道

---

① 王贞华：《砚边余墨》，中国书画出版社，2011，第166~169页。
② 钱松：《关于若干何绍基作品的考辨》，《中国书画》2016年第9期。

因碑》，对此碑推崇备至，曾先后三次题跋。但他本人对于《道因碑》的取法仅限于参考，而非改头换面。他认为入手功夫当从此入，门人林昌彝云："尝教人学书，先从《和尚碑》《道因碑》二家入手，而后归宿于颜，或归宿于李。"其六十四岁时《跋道因碑拓本》说"大孙能习是帖"，此处的大孙即何维朴。可见何绍基晚年教子弟学书多从《道因碑》入门，再观何庆涵、何维朴晚期书作，又都为颜行，则"归宿于颜"不虚。

与图版 7 同属欧体书风的是图版 43《见国朝先正事略》，但又显非一人所书。查《东洲草堂诗钞》，知此诗撰于同治四年（1865），图版内容为诗前小序。何维朴在跋乃祖书小楷《黄孝子传》云："六十以后目力渐衰，小楷遂不复作。"① 则可推断此册当非何绍基所书。何庆涵于乃父六十岁后开始收集、整理、誊录其诗文稿，观台湾学生书局出版的《东洲草堂文钞》抄本，根据书风可以断定誊录者当有五六人之多。何绍基于同治三年（1864）十二月十五日，曾抄寄《金陵杂述四十绝句》给京师何绍京，嘱咐他"令保、成、斌、升辈抄出，与同人一看也"②。这里的"保、成、斌、升"当是何家所雇抄手，加上何庆涵、何维朴，则《东洲草堂文钞》的誊抄之人就很清楚了。图版 7 和图版 43 的抄写者当即在这六人之中。而《文钞》中有避家讳的，如遇"汉""基"字皆缺笔，可知抄者为何氏子孙，而不避讳的则显然为"保、成、斌、升"辈誊录。图版 43 的"绍基昔值史馆"之"基"字没有缺笔，当为"保、成、斌、升"之一所抄。

此外，图版 37《致谢杨海琴寄赠乡物》诗册，图版 38《次韵答裴澍田五古诗》，图版 39《题罗砚生藏〈李义山为金松园画扇头小景〉》诗稿，图版 47《题〈潘玉泉竟宁雁足灯本〉》诗册，钱博士认为这些作品都是何氏子弟所抄，非子贞亲笔。但钱博士除对图版 38《次韵答裴澍田五古诗》稍作辨析外，对另外三件作品则一笔带过。

图版 37、38、39、47 内容都为何绍基所作诗歌，《致谢杨海琴寄赠乡物》《次韵答裴澍田五古诗》作于 1863 年，《题罗砚生藏〈李义山为金松园画扇头小景〉》作于 1864 年，《题〈潘玉泉竟宁雁足灯本〉》作于 1870 年。考诸何绍基晚年所作诗稿，有两种情况：一是呈给诗友的酬唱之作，当是

---

① 《历代名画大观·题跋书法》上集，上海书店出版社，1996，第 234 页。
② 《中国古代书画图目》第 6 册，文物出版社，第 136 页。

亲手誊写稿，书写虽较为整饬，但更多的是不衫不履，率性而为，没有圈点，较少修改；二是初稿，书写狂放不羁，老笔纷披，无意于佳，又大多行间密密加圈，且多有涂改。后者的誊抄，非长期陪侍在侧的何庆涵莫办。

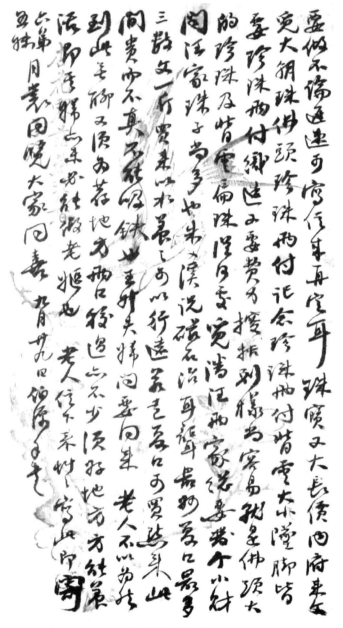

何庆涵致弟妹书

《中国书法全集·何绍基卷》图版 38

而这四件诗稿并无加圈，图版 37、38 未见涂改，图版 39、47 亦仅见一二处改正，书写拘谨，给人战战兢兢，唯恐出错之感，故知为誊录稿，且为一人所书。对照何庆涵致弟妹书①，书风几无二致，几乎可以断定为何庆涵所书。而何庆涵为父代笔可以追溯到咸丰三年（1853），且已经到了真赝莫辨的程度，这可以从何绍基写给何绍京的家书中窥出个中消息——"前夹片仍是桂桂写，人认不出耳"②（"桂桂"乃何庆涵小名）。

---

① 湖南图书馆编《湖南省博物馆藏近现代名人手札》二，岳麓书社，2012，第 609~613 页。

② 何绍基：《致何绍京家书》，载何绍基墨迹编委会编《何绍基墨迹》（三），湖南美术出版社，1996，第 18 页。

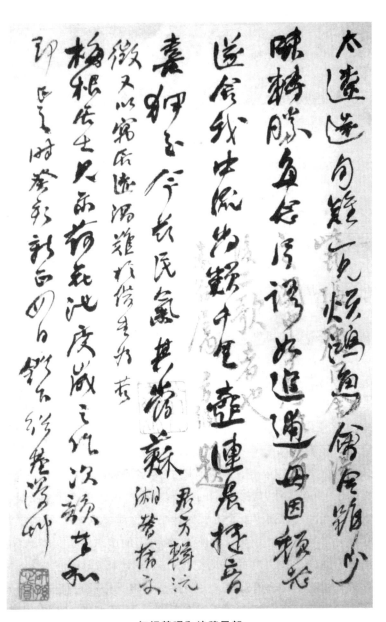

何绍基唱和诗稿局部

溯道德之源，补精神之钙

——《善卷源流》及其作者周友恩

王国宇*

古史研究，尤其是先秦、史前史研究，自古被学人视为畏途，非有深厚的学术功底与淡泊名利的心态，是不愿去触碰这一领域的。而周友恩先生不畏其难，潜心研究史前人物善卷，推出了《善卷源流》一书，为研究这一中华文明起源史上的重要人物，做出了重大贡献。

《善卷源流》2018 年由团结出版社出版，内容由两个部分组成，一至七部分分别论述了善卷的历史文化地位、主要事迹、对中华文化的主要贡献，以及地域影响等，第八部分则介绍了善卷的有关史料，全书 1120 千字。总体而言，本书属于一部颇具特色、资料翔实的创新性著作。

第一，资料丰富翔实。该书集中展现了有关善卷的研究资料。善卷属于传说中的史前人物，年代久远，有关典籍记载零星分散，搜集整理十分不易。为此，作者查阅了有关省、市数十部省志，以及相关的府、州、县方志，从中发掘出有关善卷事迹、遗迹的文字记载。同时，作者通过各种途径，查阅了 1000 多种史料，访问了十多家图书馆，足迹涉及湖南、四川、陕西、山东、江苏、江西等十余省，共搜集、整理了 50 多万字的善卷史料，作了 100 多万字的笔记，并发现了 1972 年出土的山东临沂银雀山汉墓竹简中有尧向善卷请教治国方略的对话记载，这成为十分珍贵的史料。在此基础上，作者去粗存精，分门别类，去沙拣金，将其中的可信文献录入此书，从而使本书较全面地展现了有关善卷的资料，为后人进一步开展对善卷的研究做出了奠基性的贡献。

尤其难能可贵的是，为方便读者，作者对有关文献的难点、疑点进行

---

* 王国宇，湖南省社会科学院研究员。

了考释、补正，并适当阐述了自己的创见，并在全面梳理善卷的主要生平事迹的基础上，考证了善卷许多具体的史实。比如，通过古籍、古迹、文物考证，作者坐实善卷出生于山东单县，其两个隐退之地一为江苏宜兴，二为湖南沅陵，从而进一步提高了该书的学术价值。

第二，还原善卷道德圣人形象。由于善卷属远古人物，后人知之甚少。为还原这一中华民族历史上的重要代表人物的道德形象。作者通过对浩如烟海的史料的研究，从重义轻利、轻名务实、敢谏守节、清廉自守、修身谦让、耿直知止、顺时自得、勤劳果敢等诸多美德方面还原了善卷的道德圣人形象。作者认为，善卷是历代朝廷认定的道德典型。唐尧自愧德行达智不如，拜善卷为师，虞舜亦崇尚善卷之德，"有善卷者，舜以天下让卷"。魏文帝曹丕，崇尚善卷的谦让与不降之德；梁敬帝萧方智盛赞善卷的德行达智；宋真宗赵恒，因慕善卷高德，赐善卷"高蹈"，并为其立祠堂，修道院，封墓，禁樵采。明代有祠庙，载在祀典，有司春秋致祭的564个圣贤人物中，以善卷为首位。康熙帝亦敕封善卷寺，尊其为"东南第一祖庭大觉普济能仁国师道场"。这样，作者将中华道德文化的始祖善卷丰满地呈献给后人，使"古人不可攀，往往称善卷"这一谚语，有了真实的历史文化佐证。

第三，光大善卷文化价值。上古时代，产生了一批"高士群体"，尤以尧舜时期为盛，据传尧舜时期的有名、有姓、有事迹记载的高士就有50多位，许由、蒲衣子、被衣、啮缺、王倪等均是其代表人物，善卷更是其中的杰出代表，在有关古代典籍中其历史定位最高，被称为"古之贤人""尧时贤人"。作者通过对有关史料的发掘研究，认为善卷身上集中体现了中华优秀传统文化的众多基因，就其历史文化地位而言，善卷是上古时代的优秀文化代表人物，是"古代中国第一高人"，与尧舜比肩，为唐尧、虞舜之师，拒绝接受尧舜禅让。在宋代被朝廷封为"遁世高蹈先生"，是"中华道德之祖"。其对中华文化的主要贡献为：禅让思想的主要源头，中华民族精神的重要源头，丰富了中国的语言文字等。这些论述，虽有值得商榷之处，但都并非凭空捏造，而是作者根据有关史料认真研究的心得，言之有理，言之有据。作者这一开创性的研究工作，涉及大量有关典籍的整理、诠释，因而在发掘出善卷巨大的历史文化价值的同时，也是对中华传统文化的整理与研究，使其中的优秀成分通过作者之笔，重新呈现给读者，在新时代焕发出更加耀眼的光辉，这也是本书的一大贡献。

最后需要说明的是，周友恩先生早年从教，后长期从事编辑工作，出于对历史文化的热爱，出于对善卷这一"高人"的景仰，不图名利，在几乎没有任何研究经费支持的情况下，矢志不移，20 余年来潜心研究善卷这一史前人物，并取得了累累硕果。此前，他还推出《德山——上古高士善卷评传》《德祖善卷》两部著作。这一系列成果不仅把传说中的善卷这一史前人物全面真实地呈现给了读者，而且对于弘扬中华优秀文化，补当代国人精神之钙，均具有十分重要的意义。

Table of Contents

Interpretation of Yuelu Academy's Gatepost Couplet

Li Yuelong

Abstract: Yuelu Academy is one of the four major academies in ancient China. Its four – word gatepost couplet "Wei Chu You Cai, Yu Si Wei Sheng" which means "Chu kingdom has the most genius especially in Yuelu academy" is also well – known. However, the source of the couplet is ambiguous, causing many people to misunderstand it. This paper presented the two – thousand – year's legendary journey of the gatepost couplets from "the most genius as Chu kingdom has" originated from Zuo Zhuan written in the twenty – sixth year during Xianggong's reign to the writing and hanging of the couplet by Yuan Mingyao who was Yuelu Academy's president in the Jiaqing years Qing Dynasty through arranging, sorting and selecting the historical documents, and fully displayed the cultural charm of Hunan humanities and couplets from the study of gatepost couplet and the perspective of Hunan culture.

Key words: Chu Has the Most Genius; Yangchun Academy; Yuelu Academy

Legal Case of Drowning Rescue Reflected in the Picture "Tong Guan Gan Jiu Tu"

Wang Lihua

Abstract: Tongguanzhu in Jinggang, outside Changsha City, was the site of Zeng Guofan's defeat and committing suicide with Zhang Shoulin's rescue. After more than 20 years, Zhang Shoulin painted an picture describing the rescue with an autobiography. He also asked witnesses such as Li Yuandu, Chen Shijie, Zuo Zongtang and Wang Kaiyun to write poems or articles on the subject. After his death, his son Zhang Tong and Zhang Hua invited dignitaries and poets to write poems and articles. In 1910, he published four volumes of *Collection of Tongguan Nostalgia* by lithography. While the manuscript reappeared recent years, the word "nostalgia" in the article written by Li Yuandu was "rescue". The lithographic fabricated it for Zeng Guofan's situation. The article written by Li Yuandu first put forward the theory of "Helping a man to help the world" and "No saying the rewards and No coming the rewards". This subject became one of the controversial focuses of the follow - up inscriptions and postscripts, which went beyond and deviated from Zhang Shoulin's original intention of drawing and feeling the old.

Key Words: *Collection of Tongguan Nostalgia*; Zeng Guofan; Zhang Shoulin; Li Yuandu; Rescue

The Modernization of Weapons and Equipment of Huang mian and Xiang Army

Li Chaoping   Peng Shixu

Abstract: It is generally believed that the thought of "Practical Use" in the study of Xiang Xue is mainly aimed at governing the country and the state. Therefore, people have been paying more attention to someone who have played long - term a part in military and political such as Zeng Guofan, Zuo Zongtang and Hu Linyi. Butpeople who has ability to build warships and shells for the Xiang Army such as Huang Mian is hardly known. The author has carried out in - depth investigations of Huang Mian for several years, starts with the genealogy of Huang Mian and the manuscripts, anthologies, letters, diaries of Zeng Guofan, Lin Zexu, Wei Yuan and many other related person, combed his complicated experience and outstanding achievements in the Xiang Army. Not only affirmed the extreme importance of Huang Mian to the Xiang Army, but also tried to reveal his patriotic heart although he was repeatedly depreciated. Therefore, Huang Mian is a historical figure who needs "compassionate understanding", and alsoamodern character who carried out the "Practical Use" thought and explored modern Chinese industry. The study can further enrich the connotation of Xiang Xue.

Key Words: Huang Mian; Xiang Army; Practical Use; Xiang Xue

A New Study on Tan Sitong's Works

Zhang Yuliang

Abstract: Research on Tan Sitong, with substantial literature published, is believed by many scholars to have apparently reached its "saturation point". Based on examination of Tan Sitong's own writings and relevant historical facts, this study aims to provide a new perspective on Tan Sitong's " works on old Chinese learning before turning 30" , " writings on western learning after 30" and Doctrine of Benevolence so as to appeal to aspirant researchers for further exploration of Tan Sitong's rich legacy.

Key words: Tan Sitong; Tang Caichang; "Tan's Works on Old Chinese Learning Before Turning 30"; Western Learning; Doctrine of Benevolence

Research on the Contribution of Zhao Bizhen's Translation Works

Xian Ming

Abstract: On the basis of the background of the translated works by Zhao Bizhen, this paper analyzes the process of translation from the perspective of eco - translatology and summarizes the contributions of these works. The contributions of these works are introducing a series of terminologies and new ideas to the Chinese at that time. The translation of Zhao Bizhen still has some practical guiding significance today.

Key Words: Zhao Bizhen; Eco - translatology; Translation in Late Qing Period

Thoughts on the Innovation and Development of Huxiang Culture

Tian Fulong

Abstract: In the new era of socialism with Chinese characteristics, the innovative development of Huxiang culture needs to grasp three key points. The first is based on the construction of the socialist core value system; the second is based on the spiritual characteristics of Huxiang culture; the third is based on socialist moral construction. The socialist core value system provides the guiding ideology, development direction and basic principles for the innovative development of Huxiang culture. The spiritual characteristics of the Huxiang culture, such as worrying the world, using the world, seeking truth from facts, eclecticism and courage, constitute the basic connotation of the innovation and development of Huxiang culture in the new era. The innovative development of Huxiang culture also needs moral development as an entry point.

Key Words: Huxiang Culture; The Socialist Core Value System; Socialist Moral Construction.

The "source" and "flow" of Hunan Higher Industrial School

Zeng Changqiu

Abstract: Hunan University and Central South University have different "flows" from "source", all originating from Hunan Higher Industrial School. Liang Huankui founded Hunan Higher Industrial School in 1903. The earliest disciplines were "Mineology" and "Road". From 1917, the school moved to Yuelu Academy. In 1926, it became the main body of the newly established Hunan University. "Mineology" and "Road" were successively separated from Hunan University after the establishment of New China, and developed as the Central South Institute of

Mining and Metallurgy and Changsha Railway Institute. Eventually became the main body of Central South University established in 2000. Today, Hunan University and Central South University have entered the "double - class" ranks of national key construction, and are the "Gemini Stars" under Yuelu Mountain.

Key Words: Liang Huankui; Hunan Higher Industrial School; Hunan University; Zhongnan Univercity

Mountain and City: the Spiritual Practice and the Tradition of Helping Others Shown in the Inscription of Lushan and Kaifu Two Temples

Zhou Rong

Abstract: Historical documents, such as inscriptions on stone tablets and poems of different dynasties remained by Lushan and Kaifu temples, are rare first - hand materials. These documents show that in history Lushan temple is more characterized by the world famous mountain Taoist temple, while kaifu temple plays an important role in local affairs as a famous temple in the provincial capital. This difference is closely related to the location of the two temples, one in the remote mountain and the other in the city.

Keywords: Lushan Temple; Kaifu Temple; Zhu Fachong

From the Leader of Constitutionalists to the Governor of Hunan for Three Times

——Searching of Tan Yankai's Life in Law and Politics

Xia Xinhua   Chen Bing

Abstract: Tan Yankai came out of Presented Scholar. When Qing Dynasty prepared for the constitution, he was the leader of Constitutionalist of Hunan Province and served as the Speaker of the Consultative Council of Hunan Province. When Xinhai Revolution took place, he turned to the revolution, serving as the military governor of Hunan Province, and presided over Hunan politics three times. Finally, he served on the Three Principles of the People, occupying an important position in Hunan modern legal history . Tan Yankai's old life in Hunan is scattered in the old site of the Consultative Bureau building on Changsha Democratic East Street, the old site of the Hunan Governor's Bureau in Youyi Village, the old site of Tan Yankai House in Zuoju Street, and the old site of Tan Yankai House in Lotus Pool. Through field visits, we learned about Tan Yankai's rich and legendary legal career, which is the epitome of the changing legal and political situation in Hunan and even China. We can also see the Huxiang law culture spirit like "dare to be the first" "Practical Statecraft" and "all – inclusive" from the career of Tan Yankai.

Key Words: Tan Yankai; Leader of Constitutionalists; Consultative Council; Military Governor of Hunan Province

On the Central Officials of Huxiang in the Eastern Han Dynasty

Jiang Bo   Yang Shuangshuang

Abstract: Since the pre – Qin period, the overall level of development of the Huxiang area has lagged behind the northern region, and it has always been a land of officials and literati because of its remote terrain and humid climate. During the development of the Eastern Han Dynasty, under the background of the imperial court's vigorous advocacy of Confucianism, the Huxiang area had advanced development, and the cultural quality of the local scholars was improved. Therefore, a group of Huxiang relative to local officials emerged. As a political group, they have entered the historical stage as a political force, participated in the political life of the country, and promoted the development of civilization in Hunan, thus laying the foundation for the development of Hunan culture.

Key words: Eastern Han Dynasty; Huxiang Area; Central Officials

Exploring You Yi Cun Garden in the Qing Dynasty by Analyzing Literary Works？

Yang Xigui

Abstract：By taking the case study method, the article sorts out the historical evolution of the ancient government official garden You Yi Cun in Changsha and explores the relationship between You Yi Cun and celebrities in the Qing Dynasty. Based on the details of relevant literary works, the author explores the features of government official gardens and the activities of the upper – class figures. This article reveals the appearance of a typical ancient garden in Changsha and highlights the meaning of studying Changsha garden culture.

Key Words：Hunan Governor；Changsha；You Yi Cun；Jiang Pu

The Academic Value of Guo Songying's Works on Chu Ci
——Centering on Guo's Manuscript in the Library of Hunan Normal University

Chen Songqing

Abstract：It is obviously not enough to understand Guo Zhuoying's research on Chu Ci from *Reading Sao's Case*. People can really realize Guo's research scale, characteristics and core only through his unpublished manuscript on Chu Ci. Guo's asserted that among those who read Li Sao's only Sima Qian could be able to understand its contents and spirit, and only his father could make a clear statement of its language and images. He believe that all Qu Yuan's works are composed of two levels – "fitness" (reality content and spirit) and "rhetoric" (language, image etc), are related to the abolition of Qu Yuan's drafting of constitutional order, the rise and fall of Chu Kingdom, and thus resulted in a series of unusual conclusions. Guo's works shows a broad vision and a grand system. It is considered as the statement of a school and a great piece in the history of Chu study.

Keywords: Guo Zhuoying; the Study of Chu Ci; *Reading Sao's Case*

Interpretation of Zhou Dunyi's *General Book*

Zhou Jiangang

Abstract: Among the existing works of Zhou Dunyi, there are two types "Taiji Diagram" and "General Book" . Historically, there has been more controversy about "Taiji Diagram", but it has always been highly commended for "General Book" . The Book is the most representative one of all Zhou Dunyi's works. At present, the research on the "General Book" in the academic circles at home and abroad mainly involves its naming and the origin, the circulation of its version, the relationship between "General Book" and "taiji Diagram", and the argumentative thought of "General Book" etc. This article carefully sorts out these problems, judges whether they are right or wrong, and analyzes the ideological principles of "General Book" from three aspects: ontology, morality and ritual theory.

Keywords: Zhou Dunyi; *General* Book; *Taiji Diagram*; Ontology; Ethical Theory

Two Collections of Su Yu's Collected Articles

Ma Yanwei

Abstract: As a well - known figure on the local political and academic stage of hunan in the late qing dynasty, the collation and publication of Su Yu's writings have always been valued by the academic circle. Since the beginning of the new century, two anthologies of his poems and articles have been published, but there are still some omissions. This paper compiled and collated two articles of Su Yu that were not included in the above - mentioned anthologies, hope to be helpful to relevant research.

Key Words: Su Yu; Xiang Learning; the Late - Qing Dynasty

The Proof Reading of "Works' investigation, He Shaoji Volume, Complete Set of Chinese Calligraphy"

Chen Guoming

Abstract: Mei Mosheng who edited *He Shaoji Volume*, *Chinese Calligraphy* contributed a lot of hard work in the part of He Shaoji's research. However, there are still many problems to be corrected, especially in the investigation and explanation of the works like the exact characters and the years of the works, the collection of the poems and articles, the commentary on the books and paintings, naming of the pictures, the interpretation and the issue of the year of the letter to Shi Quan, and the authenticity of the pictures. This article collated materials, clarified and correct the problems from these six aspects.

Keywords: *He Shaoji Volume*, *Chinese Calligraphy*; Mei Mosheng; the Letter to Shi Quan

《湘学研究》征稿启事

千年湘学，源远流长，博大精深，是中华传统文化的重要组成部分。湖南以其厚重的文化底蕴和独特的文化张力，孕育了一大批经邦济世的杰出人才，为推动中国社会变革和发展做出了重要贡献。研究湘学、弘扬湘学，乃发展湖南和当代中国、繁荣中华文明之要务。《湘学研究》系湖南省湘学研究院主办的学术集刊，拟刊布湘学研究的高水准成果。本刊由社会科学文献出版社出版，每年出版2辑。

《湘学研究》主要设置以下栏目：湘学专题研究；湖南人文历史；湘学文献整理研究。发稿方向和范围包括：湘学研究的基本理论；湘学与国学的关系；湘学文献搜集整理与研究；国内各地域文化与湘学的比较研究；湘学传统与湖南现代化研究；湘学与当代湖南发展研究；湘学与当代中国发展研究。

本刊不收版面费，出版后奉致稿酬并样书两本。

本刊来稿要求如下。

一、来稿须是未经发表的学术论文，一般以不超过1万字为宜，要求政治导向正确，学术观点新颖，论据充足，论证严密，文字通达。

二、来稿须提供中英文摘要200~300字，关键词3~5个。

三、作者简介务必简洁，所任职务、职称不超过2个，并在文末附以联系电话与电子邮件地址。

四、所有来稿，编辑部有权做适当修改，如不同意者请予以注明。

五、正文采用5号字体；注释采用小5号字体，一倍行距，A4纸页面。文内章节采用如下顺序："一""（一）""1.""（1）"。

六、注释格式：

（一）总要求

1. 采用页下注。注释序号用①，②，③……标识，每页单独排序。卷数、册数、页码均使用阿拉伯数字。多页码之间使用一字线连接号"~"

连接。

2. 责任方式为著时，"著"可省略，著者后接"："；其他责任方式不可省略，不接"："。

3. 中国作者无须标明所属朝代；国外作者须加国别，如：〔美〕。

（二）出版物主要引用格式

1. 专著

（1）标注顺序

责任者与责任方式：文献题名，出版者，出版年，页码。

（2）示例

赵景深：《文坛忆旧》，北新书局，1948，第 43 页。

谢兴尧整理《荣庆日记》，西北大学出版社，1986，第 175 页。

〔日〕实藤惠秀著，谭汝谦、林启彦译《中国人留学日本史》，生活·读书·新知三联书店，1983，第 11 ~ 12 页。

2. 析出文献

（1）标注顺序

责任者：析出文献题名，"载"文集责任者与责任方式文集题名，出版者，出版年，页码。

文集责任者与析出文献责任者相同时，可省去文集责任者。

（2）示例

杜威·佛克马：《走向新世界主义》，载王宁、薛晓源编《全球化与后殖民批评》，中央编译出版社，1998，第 247 ~ 266 页。

鲁迅：《中国小说的历史的变迁》，载《鲁迅全集》第 9 册，人民文学出版社，1981，第 325 页。

3. 古籍

（1）标注顺序

责任者：析出文献题名，文集责任者与责任方式：文集题名卷册次数，丛书项，卷册次数，版本或出版信息，页码。

（2）示例

管志道：《答屠仪部赤水丈书》，《续问辨牍》第 2 卷，《四库全书存目丛书》第 88 册，齐鲁书社，1997，第 73 页。

4. 期刊

（1）标注顺序

责任者：文献题名，期刊名年期 。

（2）示例

何龄修：《读顾诚〈南明史〉》，《中国史研究》1998 年第 3 期。

5. 网络

若存在相同内容的纸质出版物，应采用纸质出版物的文献源。若唯有网络来源则标注顺序为：

责任者：电子文献题名，站名，文献标注日期，访问路径。

赐稿邮箱：xiangxueyj@ 163. com

通信地址：410003　湖南省长沙市德雅村湖南省社会科学院《湘学研究》编辑部

图书在版编目（CIP）数据

湘学研究. 2019 年. 第 2 辑：总第 14 辑 / 湖南省湘
学研究院主办. -- 北京：社会科学文献出版社，
2020.4
ISBN 978 - 7 - 5201 - 6313 - 2

Ⅰ.①湘… Ⅱ.①湖… Ⅲ.①学术思想 - 思想史 - 研
究 - 湖南 Ⅳ.①B2

中国版本图书馆 CIP 数据核字（2020）第 028655 号

《湘学研究》2019 年第 2 辑（总第 14 辑）

主　　办 / 湖南省湘学研究院

出 版 人 / 谢寿光
组稿编辑 / 任文武
责任编辑 / 李　淼
文稿编辑 / 徐　宇

出　　版 / 社会科学文献出版社·城市和绿色发展分社（010）59367143
　　　　　　地址：北京市北三环中路甲 29 号院华龙大厦　邮编：100029
　　　　　　网址：www.ssap.com.cn
发　　行 / 市场营销中心（010）59367081　59367083
印　　装 / 三河市尚艺印装有限公司

规　　格 / 开　本：787mm × 1092mm　1/16
　　　　　　印　张：14.75　字　数：242 千字
版　　次 / 2020 年 4 月第 1 版　2020 年 4 月第 1 次印刷
书　　号 / ISBN 978 - 7 - 5201 - 6313 - 2
定　　价 / 88.00 元